AF589717

JACQUES SALY

DE L'ACADÉMIE DE PEINTURE DE PARIS

SCULPTEUR DU ROI DE DANEMARK

L'HOMME ET L'ŒUVRE

PAR

M. HENRY JOUIN

LAURÉAT DE L'INSTITUT

(Académie Française et Académie des Beaux-Arts).

SECRÉTAIRE DE L'ÉCOLE DES BEAUX-ARTS

AVEC QUATRE PLANCHES HORS TEXTE

Tiré à petit nombre

N'EST PAS EN VENTE

MACON

PROTAT FRÈRES, IMPRIMEURS

1896

Ministère
de l'Instruction Publique
et des Beaux-Arts

République Française

Paris, le 10 Xbre 1898

École Nationale et Spéciale
des
Beaux-Arts

Monsieur le Directeur général
de la Bibliothèque nationale,
Paris.

Par votre lettre en date du 29 avril 1896 vous avez informé M. Jouin, auteur de l'ouvrage intitulé : Jacques Saly (Saly) sculpteur du roi de Danemark, que les 4 planches hors texte faisant partie de cet ouvrage ne figuraient pas dans l'exemplaire déposé à la Bibliothèque nationale. Vous priiez en même temps M. Jouin de mettre ces 4 exemplaires à votre disposition.

J'ai l'honneur de vous adresser sous ce pli les 4 gravures réclamées.

Veuillez agréer, Monsieur le Directeur général, avec les excuses de M. Jouin pour ce retard involontaire, l'assurance de mes sentiments distingués.

P. Chauvel [?]

JACQUES SALY

OUVRAGES DU MÊME AUTEUR

David d'Angers, sa vie, son œuvre, ses écrits et ses contemporains. Deux portraits du maître d'après Ingres et Ernest Hébert, de l'Institut, 23 planches et un fac-similé gravés par A. Durand. Paris, 1878, 2 vol. grand in-8. — Ouvrage couronné par l'Académie française.

David d'Angers et ses relations littéraires. Correspondance du maître avec Victor Hugo, Lamartine, Chateaubriand, de Vigny, Lamennais, Balzac, Charlet, Louis et Victor Pavie, lady Morgan, Cooper, Humboldt, Rauch, Tieck, Berzelius, Schlegel, etc. Paris, 1890, 1 vol. in-8 avec portrait.

David d'Angers. Nouvelles lettres du Maître et de ses contemporains, suivies de « Dernières lettres de l'artiste et de ses correspondants ». Paris, 1894, 1 vol. in-8, avec portrait.

Le Musée David. Histoire et description des Musées d'Angers : Musée de peinture et de sculpture, Cabinet Turpin de Crissé, Musée Saint-Jean. Paris, 1885, 1 vol. gr. in-8°.

Antoine Coyzevox, sa vie, son œuvre et ses contemporains, précédé d'une étude sur l'Ecole française de sculpture avant le XVIIe siècle. Paris, 1883, 1 vol. in-12. — Ouvrage couronné par l'Académie des Beaux-Arts.

Charles Le Brun et les arts sous Louis XIV. Le Premier Peintre, sa vie, son œuvre, ses écrits, ses contemporains, son influence, d'après le manuscrit de Nivelon et de nombreuses pièces inédites. Un portrait du maître par Eugène Burney, d'après le buste de Goyzevox. Paris, 1889, 1 vol. in-4.

L'Art et la Province. Le Comité des sociétés des Beaux-Arts ; les sessions annuelles des délégués des départements, suivis des rapports généraux lus à l'issue de ces sessions. Première et deuxième séries. Rapports de 1877 à 1892. Paris, 1893-1896, 2 vol. in-8.

Esthétique du Sculpteur. Philosophie de l'art plastique : la Statue, le Buste, le Groupe, le Bas-relief, les Pierres gravées, les Médailles. Paris, 1888, 1 vol. in-8.

La Sculpture en Europe (1878). Précédé d'une conférence sur le Génie de l'art plastique. 1 vol. in-8.

La Sculpture aux Salons, de 1873 à 1883. 11 vol. in-8.

Maîtres contemporains : Fromentin, Corot, Henri Regnault, Léon Cogniet, Jouffroy, Gustave Doré, Baudry, etc. Paris, 1887, 1 vol. in-12.

Ancien Hôtel de Rohan affecté à l'Imprimerie nationale. Histoire et description. Avec 34 planches. Paris, 1889, 1 vol. gr. in-fol.

Les Hauts dossiers des stalles de la chapelle du Grand séminaire d'Orléans, sculptés par J. Du Goullon. Avec 25 planches par Désiré Dubreuil. Orléans, 1889, 1 vol. in-fol.

Les Sculptures du château de Montal (Haut-Quercy). Avec 36 planches. Paris, 1881, 1 vol. in-4.

Hippolyte Flandrin. Les frises de Saint-Vincent-de-Paul. Conférences populaires faites à la salle du Progrès, à Paris, les 12 et 19 janvier 1873. 1 vol. in-8.

Conférences de l'Académie royale de Peinture et de Sculpture, recueillies, annotées et précédées d'une étude sur les Artistes écrivains. Paris, 1883, 1 vol. in-8.

MACON, PROTAT FRÈRES, IMPRIMEURS.

JACQUES SALY

DE L'ACADÉMIE DE PEINTURE DE PARIS

SCULPTEUR DU ROI DE DANEMARK

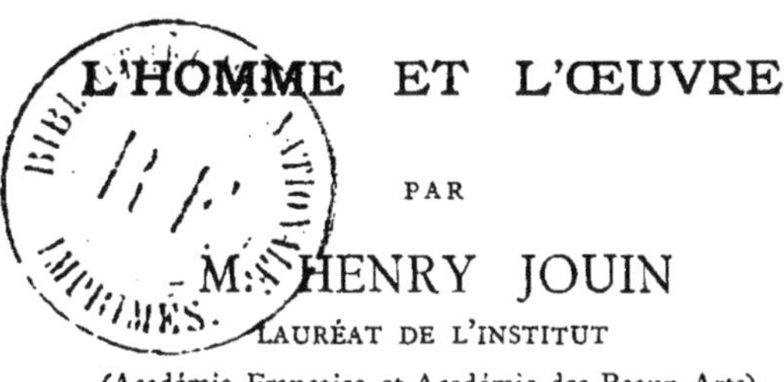

L'HOMME ET L'ŒUVRE

PAR

M. HENRY JOUIN

LAURÉAT DE L'INSTITUT

(Académie Française et Académie des Beaux-Arts).

SECRÉTAIRE DE L'ÉCOLE DES BEAUX-ARTS

AVEC QUATRE PLANCHES HORS TEXTE

Tiré à petit nombre

N'EST PAS EN VENTE

MACON

PROTAT FRÈRES, IMPRIMEURS

1896

A

MONSIEUR THÉOBALD STEIN

STATUAIRE

PRÉSIDENT DE L'ACADÉMIE ROYALE

DES BEAUX-ARTS

DE COPENHAGUE

HOMMAGE DE GRATITUDE ET DE RESPECT

H. JOUIN

PRÉFACE

Le plan suivi dans la composition de ce court volume peut paraître étrange.

La coutume veut que, dans un ouvrage historique, le récit de l'historien tienne la première place.

Que si l'auteur est en possession de documents, d'autographes, de pièces d'archives pouvant ajouter à l'autorité de ses propres jugements, il groupera ces pièces en un faisceau formant annexe à son travail personnel.

Autre a été notre méthode dans cette *Vie* d'un sculpteur français du dernier siècle, qui a passé vingt ans à la Cour de Danemark.

La statue pédestre de Louis XV est l'objet d'un premier chapitre entièrement rempli de lettres et de notes manuscrites émanant de l'artiste.

Notre second livre, *La statue équestre de Frédéric V*, renferme deux plaquettes rarissimes écrites par *Saly* et relatives au monument de Copenhague.

Œuvres diverses est le tableau critique et résumé des sculptures, dessins ou eaux-fortes exécutés par le maître tant en Italie qu'en France ou en Danemark.

Vient enfin l'*Essai biographique*. Ici l'historien prend la place du statuaire et condense les événements multiples d'une vie trop tôt brisée, et qui, à n'en considérer que l'aspect général, semblait ne pas offrir d'intérêt. Grâce aux sources nombreuses où il nous a été permis de puiser, on se convaincra de l'abondance des faits qui remplissent la vie de *Jacques Saly*. Désormais la phase française de son existence, — mal connue en Danemark, — la phase danoise, — ignorée en France — se trouvent exposées dans leurs détails essentiels. Et voilà restituée, avec le coloris et le relief qui lui conviennent, une figure d'artiste évanouie dans le lointain d'un siècle. A la vérité, l'honneur de cette restitution ne nous appartient que pour une faible part. *Saly* a été le premier artisan de ce portrait ; après lui, nous devons nommer ceux dont les écrits ou le concours dévoué nous ont si puissamment aidé dans notre tâche : Caylus, Mariette, Cochin, Thiele, Ch. Blanc, MM. Guiffrey, Foucart, Hénault, Henri Stein, Etienne Parrocel, V. Loboykoff, H. de Scavénius, Bloch, Weilbach, Lubschitz et, au premier rang, M. Théobald Stein, le président de l'Académie des Beaux-Arts de Copenhague, à qui nous nous faisons un devoir de dédier ces pages.

JACQUES SALY

SCULPTEUR DU ROI DE DANEMARK

L'HOMME ET L'ŒUVRE

CHAPITRE PREMIER

LA STATUE PÉDESTRE DE LOUIS XV ET LA VILLE DE VALENCIENNES

Nous avons publié dans la *Gazette des Beaux-Arts* une étude sur *Saly*[1]. Quel motif a pu nous déterminer à choisir ce sculpteur entre dix autres également célèbres au dernier siècle pour lui consacrer une notice ? On le pressent; la découverte de pièces inédites est le plus souvent la cause première d'un travail écrit. Ce fut notre cas au sujet de *Saly*. Un document d'une importance exceptionnelle sur cet artiste est entre nos mains. Son étendue, son caractère donnent à cette pièce la valeur d'une autobiographie et d'un plaidoyer. Le mémoire dont nous parlons, daté de Copenhague le 1er mai 1766, ne pouvait trouver place dans la *Gazette des Beaux-Arts*. Nous n'avons donc extrait jusqu'ici que de courts passages de l'autobiographie du sculpteur. Le texte intégral du document doit être sauvé de l'oubli. Aussi bien, cette pièce avait sa place indiquée dans les archives communales de Valenciennes. C'est là que depuis 1766 les historiens l'ont vainement cherchée. Par quels chemins l'autographe original de *Saly* est-il venu échouer dans la boutique d'un libraire parisien de la rue Serpente où nous l'avons découvert en 1886 après cent vingt ans de pérégrinations ? Nous ne saurions le dire. Mais afin que le papier voyageur ne se dérobe pas plus longtemps à la curiosité des écrivains d'art, hâtons-nous de publier ici le texte que nous avons en mains.

1. Livraison du 1er juin 1895.

A MESSIEURS LES PRÉVÔT, JURÉS ET ÉCHEVINS
DE LA VILLE DE VALENCIENNES

Messieurs,

La distance des lieux et des tems, ni les faveurs dont je suis comblé par la cour de Dannemarc ne sçauroient affoiblir les sentimens d'amour que je dois à ma patrie, ni la reconnoissance dont les bontés m'ont pénétré; et l'intérêt que vous vous êtes empressés, Messieurs, de prendre dès ma jeunesse à ce qui me regardoit, m'est toujours présent à l'esprit. Je n'ai point oublié, Messieurs, que le 23 octobre 1737 vous daignâtes, dans la vue de soutenir l'émulation parmi vos concitoyens, m'envoyer les vins d'honneur de la ville, à l'occasion des petits prix et du second grand prix que j'avois remportés à l'Académie royale de Paris, ni que le 1er avril 1740, après que j'eûs remporté le premier prix de la même Académie et qu'on m'eut nommé pensionnaire du Roi à l'Académie de France à Rome, vous voulûtes bien donner une nouvelle preuve de votre amour pour les beaux-arts, en m'envoyant derechef les vins d'honneur, et en m'en donnant un certificat que je conserve encore.

Je ne me rappelle pas avec moins de sensibilité le 8me de mai 1749, jour auquel dans la vuë d'honorer mes foibles talens, vous m'invitâtes à paroître dans votre assemblée et vous me demandâtes un morceau de mon ouvrage pour le conserver dans l'hôtel de ville; demande qui fut la source du bonheur que j'eus d'offrir de faire gratuitement une statue pédestre du Roi, pour décorer la place d'armes de Valenciennes; de voir enfin cette offre acceptée, et de me trouver par là dans la possibilité de donner à ma patrie un tribut de mon amour et de ma reconnoissance, en lui consacrant les prémices de mes travaux. Non, Messieurs, votre compatriote n'oubliera jamais toutes ces marques de bonté, dont le souvenir fait la douceur de sa vie.

Ma satisfaction auroit été complette, si en exécutant la statue du Roy j'eusse pû aussi exécuter les accessoires, tels que je les avois projettés dans mon esquisse; mais il ne me fut pas possible de suivre mon inclination dans ce point, parce que, né sans fortune, mes facultés ne me permettoient pas de me passer du fruit de mes ouvrages pendant tout le temps qu'il me faloit faire la statue du Roi laquelle ne me produisoit aucun secours. Je fus donc forcé d'entreprendre d'autres ouvrages pour subvenir à mes besoins domestiques, et pour soutenir une famille qui s'étoit épuisée en me procurant les secours nécessaires pour pousser mes études dans l'art que je professe [1].

Il ne me faloit pas moins que des raisons aussi fortes, Messieurs, pour m'empêcher de terminer ces accessoires immédiatement après la pose de la statuë et pour me forcer d'en suspendre l'exécution jusqu'à ce que j'eusse rempli les engagemens que j'avois contractés avec la cour de Dannemarc, pour faire la statue équestre de son souverain.

Si à mon arrivée dans ce païs j'avois été servi par les ouvriers, comme j'aurois désiré l'être, dans les préparatifs nécessaires pour commencer le grand modèle de cette statuë équestre, je serois de retour dans ma patrie, et les accessoires de la statue de Valenciennes seroient certainement finis; mais malgré la sage prévoyance du ministre préposé par Sa Majesté Danoise pour présider à l'exécution de ce monument, et malgré toute l'ardeur qu'il a pü mettre pour tâcher de me procurer promptement les choses nécessaires, ces préparatifs étoient composés de tant de parties, ces parties se trouvoient susceptibles de tant de détails, ces détails dépendoient de tant d'ouvriers et de fournisseurs différens, que leur excessive lenteur m'a fait perdre bien des années, de sorte que par un enchaînement de circonstances, occasionnées par des causes

1. Indépendamment de la statuë pédestre du Roi, de son piédestal, et d'une figure de Faune pour ma réception à l'Académie royale de Paris qui ne me rapportoit pas plus que la statuë de Valenciennes, j'ai fait, pour Mme la marquise de Pompadour, un Amour de 3 pieds de proportion en marbre, une figure d'Hébée de six pieds de haut en pierre de tonnaire; pour Mme Geaufrin (*sic*) deux Cariatides de 14 pieds de proportion, aussi en pierre de tonnaire; pour Mr Calabre, un bronze de mon Faune; pour M. le comte de la Marche, un Tombeau en marbre de 9 pieds 6 pouces de proportion, placé dans l'église de Saint-Rocq à Paris; pour M. de Valory, un autre Tombeau de la même proportion en marbre et plomb doré posé à la cathédrale de Quenoy; pour M. Pineau de Lucé, un petit Tombeau en marbre et bronze doré, posé à Tours; pour M. le duc de Beauvillier, son portrait en marbre. Pour lesquels ouvrages et autres de moindre valeur, j'ai reçu, sans y comprendre différents présents en vaisselle d'argent, 21844 l.

secondes, la statuë n'est pas encore jettée en fonte, quoique le grand modèle soit fini depuis le 5 janvier de l'année 1764; et si les quatre groupes accessoires à ce monument, qui par la nature de sa composition devoit être le plus considérable qui se soit fait avoient eu lieu, cela m'auroit encore retenu un grand nombre d'années en Dannemarc, quelque diligence que j'eusse pû y apporter; mais le roi Frédéric V, par un trait de générosité qui seul lui mériteroit une statuë, au mois de juin dernier, retrancha de la composition générale du monument quatre groupes que les bienfaits de ce prince m'avoient porté à ajouter au delà des conditions de mon contrat. Les dépenses considérables qu'entraînent avec eux les ouvrages de fonte, déterminèrent feue Sa Majesté à épargner à la Compagnie des Indes qui lui consacre cette statuë, des dépenses aussi immenses. Quoique j'eusse fort désiré pouvoir donner à ce monarque une preuve de plus de ma sensibilité et de ma reconnoissance, je ne puis cependant m'empêcher d'admirer cette supériorité dans la façon de penser d'un roi, père de son peuple, laquelle le porta à sacrifier de plein gré une gloire personnelle au bien être de ses sujets.

Cette circonstance abbrégera de beaucoup mon séjour dans ce païs, me procurera la possibilité de retourner dans ma patrie beaucoup plustôt que je ne croyois, et me donnera les moyens de vous prouver, Messieurs, que toujours animé du même zèle patriotique qui m'a porté à offrir de faire le monument de Valenciennes, je n'ai d'autre désir que de finir les accessoires de ce monument. Ce désir est si grand que non seulement je les exécuterai avec le même désintéressement que j'ai exécuté la statuë; mais que s'il m'en faloit faire les dépenses moi-même cela ne seroit pas capable de m'arrêter. Je proteste donc, Messieurs, qu'après que la statue équestre pour laquelle j'ai été appellé ici, sera achevée (ce qui pourra aller à deux ou trois ans au plus) je n'entreprendrai aucun autre ouvrage, quelque avantageux et lucratif qu'il puisse être, avant que les accessoires de votre statuë soient finis.

Après m'être acquitté, Messieurs, d'un tribut de reconnoissance, et après vous avoir donné des assurances qui auroient eu lieu depuis plusieurs années, si de tems à autre je ne m'étois flatté de pouvoir faire un voyage en France et de mieux

m'expliquer de bouche que par écrit; souffrez, Messieurs, que je vous expose les désagrémens qu'un silence trop long et une absence prolongée m'ont mis dans le cas d'éprouver, tant de la part des discours de quelques personnes inconsidérées ou mal instruites, que de la part d'un livre qui a parü au commencement de l'année dernière, et dont l'auteur ne semble pas avoir été suffisamment instruit des particularités qui concernent la statuë de Valenciennes.

Depuis quelques années il ne m'étoit pas possible d'ignorer que bien loin de rendre la justice duë à mon zèle pour la gloire du Roi et pour l'honneur de ma patrie, certaines gens, au mépris de la vérité, altéroient la plus part des faits, qui ont rapport à cette statuë, et les racontoient aux étrangers d'une façon peu flatteuse pour moi. Ces faits cependant méritoient bien qu'ils les rendissent tels qu'ils se sont passés, puisqu'il s'agissoit de la gloire de leur ville et de l'honneur de leurs concitoyens, honneur qui rejaillissoit par conséquent sur eux-mêmes.

Comment des choses vuës et connuës de toute une ville, ont-elles pû s'effacer de la mémoire ou se déguiser de la sorte? Cela paroît incroyable. Cependant rien de plus certain. Trop de personnes dignes de foi m'ont fait ce récit pour que je puisse en douter. Dans la bouche de ces gens-là : ce n'est plus ce citoyen zélé qui par amour pour sa patrie lui consacre gratuitement son premier ouvrage : ce n'est plus cet artiste appellé par la cour de Dannemarc, et qu'on étoit charmé de voir partir pour Copenhague avec des conditions aussi honorables que lucratives, pour y faire la statue équestre du souverain; c'est au contraire un homme qui après avoir reçu, dit-on, de la ville des sommes considérables pour faire la statuë du Roi, s'en est allé sans la finir. Quel contraste! Comment ces gens-là peuvent-ils ignorer que je n'ai rien reçu à titre de payement [1], que j'ai rendu mes comptes [2], des sommes que

1. Le 19 juin 1749, après que la cour eut donné son consentemant pour l'exécution de la statuë du Roi, M. de Lucé me dit qu'il me feroit tenir lui-même tous les mois, par des rescriptions, les fonds nécessaires pour les frais de cet ouvrage; que je tiendrois un état de recette et de dépense et que je rendrois mes comptes après que tout seroit entièrement fini.

2. Je présentai le 1er avril 1753 ces comptes à M. de Lucé qui les approuva. M. de Moras son successeur dans l'intendance de Valenciennes, les accepta et écrivit à M. de Croix pour qu'il m'en donnât une décharge, ce qu'il fit le 9 septembre de la même année. J'ai cette décharge entre les mains, et mes comptes doivent être au gréfe de la ville, ainsi que la lettre de M. de Moras.

j'ai touché de la ville, et que j'ai donné ma parole d'honneur que je finirois les accessoires de ce monument dès que j'aurois rempli mes engagemens avec la cour de Dannemarc. D'ailleurs comment aurois-je reçu des sommes considérables? puisque la totalité de celles qu'on m'a envoyé pour la statuë et son piédestal ne monte qu'à 27786 l. 17 sols somme [1] bien modique pour les dépenses d'un tel monument, en comparaison de tous ceux qui se sont faits jusqu'à présent; comme on peut en juger par la note ci-jointe.

Malgré l'inconséquence de ces propos si déplacés, et malgré la persuasion où je suis qu'ils ne sont tenus que parmi le peuple; je ne vous dissimulerai point, Messieurs, qu'ils me touchent sensiblement, tant par le regret que j'ai de me voir privé d'une réciprocité d'amour de la part de quelques uns de mes concitoyens; que parceque le mal ne trouve que trop de partisans et qu'un préjugé une fois établi, quelque absurde qu'il soit, se détruit difficilement. M. Dubelloy qui n'était cependant point de Calais a éprouvé un sort bien différent de la part du peuple Calaisien [2].

Soutenu néanmoins, Messieurs, par cette tranquillité d'âme inséparable de la vérité, par la satisfaction que le cœur ressent en faisant le bien, et par l'espérance que j'avois de mettre avec le tems les choses dans tout leur jour, me flattant que les faits devoient être couchés dans les registres de l'hôtel de ville, comme cela est d'usage partout, je m'assurois que ces témoins respectables déposeroient enfin contre ces injustices; mais c'est en vain que je m'en suis flatté; et quel a été mon étonnement lorsque j'ai vû le *Traité des monumens érigés à la gloire de Louis XV*, que M. Patte publia au commencement de l'année dernière! Cet auteur dans son prospectus promettoit l'Histoire détaillée et particulière de chaque monument d'après des mémoires envoyés par les intendants des provinces dans le département desquels ont été élevées des statuës à Sa Majesté. Un tel ouvrage par sa nature et suivant son énoncé devoit rapporter les choses dans la plus grande exactitude;

1. L'état des sommes envoyées de Valenciennes me fut remis par M. de Lucé le 8 décembre 1752. Je communiquai cet état à M. de Moras et à M. de Croix; je l'ai encore entre les mains et j'en joins copie ici.
2. M. Dubelloy, auteur de la tragédie du *Siège de Calais*. Voyez la *Gazette d'Amsterdam*, n° XXV de l'année dernière.

mais, bien loin de là, il supprime beaucoup de particularités essentielles et en défigure entièrement quelques autres. Vous n'y apercevrez, Messieurs, ni les motifs qui m'engagèrent à offrir de faire ce monument; ni le désintéressement avec lequel je l'ai exécuté; ni les attributs caractéristiques du pacificateur de l'Europe qui suspend ses conquêtes pour offrir la paix qu'il désire, objet que je me suis proposé lorsque je composai ce monument; ni le don fait par le Roi des marbres de revêtissement du piédestal; ni la nature des présents qui m'ont été faits à ce sujet par le prince de Tingry, par M. de Lucé et par la ville; non plus que la façon honorable et éclatante avec laquelle ces présents me furent faits; autant de circonstances néanmoins qui en augmentent infiniment la valeur.

En lisant au commencement de la description historique [1] que je fus chargé de l'exécution de ce monument, qui ne croirait pas que j'aie fait un marché avec la ville pour un payement convenü? De plus, en lisant l'article des aumônes faites par la générosité et la piété du prince de Tingry, et où il est dit : « M. le prince de Tingry n'ayant pas jugé convenable de jetter de l'argent au peuple à cause des accidents qui arrivent ordinairement dans ces sortes d'occasions, pour mieux placer les marques de sa générosité, fit distribuer des sommes considérables tant aux couvents de religieux et religieuses mendiants, qu'à tous les hôpitaux, à toutes les maisons de charité, et aux pauvres familles de la ville. Il fit encore un présent considérable au s[r] *Saly* qui fut imité par M. de Lucé et par les magistrats; qui pourroit se figurer que le présent du prince de Tingry fût une magnifique boëtte d'or avec le portrait du Roi, que cette boëtte me fût donnée au pied de la statuë, au moment d'une cérémonie aussi auguste que celle de l'inauguration, et lorsqu'après avoir fait tirer le voile qui couvroit le monument, je fus descendû pour faire mon offrande à la ville, en la priant de recevoir cette preuve de mon amour et de ma reconnoissance; et que ce prince daignât encore accompagner ce présent du remerciment le plus flatteur pour le citoyen et pour l'artiste?

Qui s'imagineroit en lisant cette description que le présent

1. J'en joins la copie à ce mémoire.

des magistrats consistat dans une vaisselle d'argent aux armes de la ville, du gouverneur et de l'Intendant ; et que le lendemain de l'inauguration M. Desbleumortiers, lieutenant prévôt de la ville de Valenciennes, qu'elle avoit député, me présentât cette vaisselle qu'il accompagna de ces paroles : « La ville est très-satisfaite du monument que votre zèle lui a procuré. Elle vous prie d'accepter cette foible marque de sa reconnoissance. Elle aurait désiré vous faire un présent plus digne de l'ouvrage et de vous ; mais cela ne lui a pas été possible vû l'état où elle se trouve. »

Qui croiroit que le présent de M. de Lucé fût un grand et superbe étui de mathématique en or ?

Comment la circonstance du présent, fait par le gouverneur de la ville, circonstance qui tient si fort à tout le reste de la cérémonie de l'inauguration [1] et qui s'est passée non seulemeut à la vuë de tous les habitans, mais encore de tous ceux que la beauté de cette cérémonie avait attiré ce jour-là, a-t-elle pû s'obmettre dans la *Relation historique* ? Comment la nature du présent des magistrats s'y trouve-t-elle supprimée puisqu'elle étoit si propre à faire honneur à la noblesse de leur façon de penser ? C'est ce qui ne se conçoit pas. D'où provient donc cette obmission ? Est-ce des registres de la ville, ou de l'auteur de la relation ? Mais le moyen de supposer que des magistrats respectables, préposés pour rendre la justice à leurs concitoyens ayent pû manquer à faire coucher dans les registres de la ville tout ce qui a eu trait à une époque de cette importance, ou qu'ils ayent souffert que les circonstances en fussent altérées ! D'un autre côté, quel intérêt M. Patte auroit-il eu à défigurer ce qui lui étoit communiqué par la ville ? Les faits qui sont obmis n'auroient-ils pas au contraire orné sa description ? Ne l'auroient-ils pas variée par leur singularité ? Car peu de villes peuvent se glorifier d'avoir donné des preuves aussi marquées de leur amour pour les arts, et peu de gouverneurs et d'intendants en pareille circonstance se sont signalés d'une façon aussi flatteuse pour les

1. Dans la relation que M. Patte a publiée touchant la cérémonie de l'inauguration de la statuë équestre de Bourdeaux, il a porté l'exactitude jusqu'à mettre que M. Boucher complimenta M. *Le Moine*, et pour lui témoigner sa satisfaction l'embrassa ; exemple qui fut suivi par le soumaire et les jurats. Le compliment et le présent du prince de Tingry méritoient-ils moins d'attention ?

artistes [1]. De pareils faits méritoient bien de trouver place dans les Archives de la ville et dans celles de la République des Arts.

Si cette *Description historique* étoit annoncée sous un titre moins imposant, on la regarderoit comme l'ouvrage d'un particulier qui n'étant pas à portée de se faire instruire, n'avoît pu donner que ce qu'il sçavoit. Le cas est ici bien différent. L'auteur prétend fonder ce qu'il dit sur les titres les plus respectables et les plus authentiques. On avoit donc droit d'attendre de lui un détail d'autant plus fidèle de tous les faits que son ouvrage intéresse la gloire du Roi, l'honneur de la Nation, le progrès des arts et l'encouragement des sujets du Roi en tout genre [2].

Les propos du peuple de Valenciennes qui vraisemblablement ne peuvent venir que du peu de connoissance qu'il a de la modicité des déboursés que la ville a faits pour l'exécution de la statuë et de son piédestal, et de la reddition de mes comptes, d'une part; de l'autre, le peu d'exactitude et le déguisement des faits dans la description historique du monument qui obscurcissent une action regardée comme patriotique et généreuse par tous ceux qui en ont été instruits, par les ministres et par le Roi même; et si propres à décourager tout citoyen qui se dévoueroit à l'avantage de la patrie; sont les motifs qui me portent à vous exposer, Messieurs, mes justes plaintes, dans l'espérance de trouver dans le sein paternel d'un corps aussi respectable que le vôtre, non une justification, mais un aveu de la vérité, puisque dépositaires des pièces capables de constater les faits, et portés d'ailleurs par zèle et par état à protéger l'offensé, vous ne souffrirez pas, que je demeure plus long tems exposé à de tels désagrémens; et je me flatte que vous voudrez bien, pour dissiper le nuage qui peut empêcher de voir de quelle façon les choses se sont passées, vous rappeller et faire connoître, lorsque l'occasion s'en présentera : 1° Qu'en 1749, j'offris de plein gré à M^rs^ les

1. On ne trouve nulle part dans la relation de M. Patte que ni gouverneurs ni intendants ayent fait en leur nom aucun présent aux artistes chargés de faire les monuments élevés à la gloire du Roi.

2. L'estampe du monument de Valenciennes qui accompagne la descripttion de M. Patte n'est pas plus fidèlement renduë. On n'y reconnoît ni la statuë ni son piédestal.

magistrats, de faire gratuitement la statuë du Roi pour l'élever sur la place Royale de Valenciennes; 2° que j'ai effectivement exécuté cette statuë sans avoir jamais rien touché à titre de payement; 3° que j'ai fourni et soldé le 9 septembre 1753 le compte de la recette et de la dépense qu'il m'avoit falu faire pour mettre ce monument dans l'état où il est; 4° que le compte étoit accompagné des quittances de tous les fournisseurs et ouvriers dont je m'étois servi pour les différents préparatifs nécessaires à ces sortes de travaux; 5° que M. de Croix, en qualité de Prévôt de la ville, m'a donné le même jour 9 septembre 1753 une décharge des avances que j'avois reçuës; 6° que le 11 septembre 1752, la ville m'a fait présent d'une vaisselle d'argent à ses armes, à celles du prince de Tingry, et à celles de M. de Lucé; 7° que le gouverneur au moment de la cérémonie de l'inauguration, me fit présent d'une boëtte d'or avec le portrait du Roi.

Tout autre que moi auroit sans doute requis avant de partir pour Paris, un acte de l'offre que j'avois fait à la ville de lui exécuter gratuitement une statuë pédestre du Roi, et de la députation faite par Elle le 28 mai 1749, pour venir me déclarer qu'Elle acceptoit l'offre que je lui avois faite à ce sujet. Cette requisition eut été dans sa place; mais uniquement occupé de la perfection d'un ouvrage que je faisois par goût, et qui réunissoit toutes mes affections, je partis plus jaloux de tenir la parole que j'avois donnée à M. de Lucé et à la ville de poser la statuë du Roi le 8 septemdre 1752, que de tout ce qui pouvoit me toucher personnellement. On s'étonnera encore qu'après la cérémonie de la pose de la statuë et la réception des présents, je n'aie point requis par cet acte non plus qu'au moment de la reddition de mes comptes; mais j'avoue que croyant mon zèle gravé dans le cœur de mes compatriotes, et inscrit dans les registres de l'hôtel de ville, j'étois fort éloigné de prévoir qu'après la publicité de ces faits, il eût jamais été possible de me trouver dans le cas d'en avoir besoin. D'ailleurs la quantité d'ouvrages et d'affaires que je devois finir avant mon départ, et l'obligation où j'étois de me rendre à Copenhague dans un tems fixé, tout cela me fit négliger la demande d'un certificat de la nature de celui qui m'avoit été offert et donné le 1er avril 1740, au sujet des vins d'honneur.

Que cette négligence de ma part, que l'éloignement que j'ai toujours eu de faire valoir ce qui pourroit tourner à mon avantage dans toute cette affaire; que le silence que je gardai envers M. de Boze touchant la façon dont j'avois proposé et dont j'exécutois cet ouvrage, qui, s'il eût sçu, n'auroit certainement pas manqué d'en faire mention dans l'inscription du piédestal; que le refus constant que je fis à M. de Lucé de faire graver ces circonstances sur la table d'inscription placée à l'hôtel de ville, table que je fis faire de mon propre mouvement, pour y mettre les noms de tous ceux qui avaient concourû à ce monument; que tout cela, je vous prie, Messieurs, ne tourne pas aujourd'hui à mon détriment, et ne laisse pas un cours libre à des récits aussi inconséquents qu'injurieux, faute d'un aveu formel de votre part.

Quoique les membres du magistrat ayent changé depuis l'époque de l'érection de la statue du Roi, c'est toujours le même corps qui subsiste, et le même esprit qui doit y régner; par conséquent le même intérêt. J'espère donc, Messieurs, que vous ne marquerez pas moins d'ardeur que vos prédécesseurs pour tout ce qui a trait à ce monument, ainsi que pour protéger les beaux-arts et vos concitoyens; et que vous ne permettrez pas que des faits qui font tant d'honneur à votre ville, soient défigurés de la sorte ou ensevelis dans l'oubli.

Je me flatte d'autant plus d'obtenir, Messieurs, de votre bonté et de votre justice l'effet de ma demande, qu'elle ne sçauroit tourner au préjudice de qui que ce soit, et qu'au contraire elle sera à l'avantage de tous ceux qui ont eu part à la chose. L'aveu que je sollicite calmera la douleur dans laquelle je suis plongé et soutiendra l'amour du plus zélé de vos concitoyens.

J'ai l'honneur d'être avec un profond respect,

Messieurs, votre très humble et très obéissant serviteur,

SALY.

A Copenhague, ce 1 mai 1766.

Si contre toute attente, le départ subit de M. de Lucé, pour l'Intendance d'Alsace, qui présida à toutes les affaires, concernant ce monument, ou si le changement des magistrats avoit suspendû quelques unes des formalités nécessaires pour mettre les faits dans tout leur jour, et qu'il fût besoin de pièces relatives à cet objet, ma correspondance de lettres à M. de Lucé que j'ai conservée, jointe à un journal circonstancié que j'ai tenû de tout ce qui a eu trait à votre statuë depuis le premier jour où il en a été question jusqu'à mon départ pour ce païs, et à d'autres papiers que j'ai aussi entre les mains, pourront éclaircir les choses, et j'aurai l'honneur, si vous le souhaitez, Messieurs, de vous les communiquer. En attendant je joins ici une copie de la décharge de M. de Croix; une du certificat des magistrats au sujet des vins d'honneur; une des rescriptions de M. de Lucé; une de l'état des sommes qui m'avoient été envoyées par la ville pour subvenir aux frais de la statuë; une de la relation historique de M. Patte; et une des dépenses faites par les différentes villes qui ont consacré des monuments à la gloire du Roi.

PIÈCES ANNEXES

I. — *Copie de la décharge de M. de Croix.*

Le 9 septembre de l'an 1753, le sieur *Sally* m'a présenté le compte des argents et des sommes qu'il a reçu en avance des frais de la statuë, montante à celle de vingt sept mille sept cents trente six livres dix-sept sous, et l'état de dépense montant à celle de vingt sept mille deux cents trente trois livres cinq sous, lequel il a déclaré être véritable en son contenu tant par acquis qui y sont joins que par affirmation. En conséquence il demeure deschargé desdites avances, à cinq cents trois livres douze sous près, dont il fera compte à ce qui en sera ci-après réglé pour les frais des bas-reliefs et cartels[1].

1. Le 8 septembre 1753, lorsque je remis mes comptes à M. de Moras au camp de Berlemont, je lui remis aussi les 503 l. 12 sols dont la recette excédoit la dépense; mais il ne voulut absolument pas les recevoir. Il me dit : « J'accepte vos comptes, mais point du tout les 503 l. 12 sols que vous proposez de rembourser à la ville. Il ne lui conviendroit pas de recevoir une telle bagatelle après la façon généreuse avec laquelle vous en avez agi avec elle. » Le lendemain 9 septembre, en remettant à M. de Croix le même état de dépense et de recette conformément aux ordres que j'en avois reçu de M. de Moras, je voulus également lui rembourser ces 503 l. 12 sols; mais ce fut

A Valenciennes, Rasoir de Croix en qualité de prévost de la ville.

II. — *Copie de l'acte des magistrats de Valenciennes.*

Prevost jurez et eschevins de la ville de Valenciennes composant la magistrature, certifions à tous qu'il apartiendra que le s[r] *Jacques Saly*, âgé de vingt un an et demy, fils légitime de François Saly et de Marie Michele Jardet, bourgeois de cette ville, nous auroit représenté les quatre prix qu'il a obtenu de l'Académie royale de sculpture de Paris, consistant en deux médailles d'or et en deux médailles d'argent, avec son brevet de M. Orry, controleur général des finances, du 9 mars 1740, portant qu'il est nommé et choisy pour être l'un des élèves de l'Académie de sculpture et peinture à Rome et s'y perfectionner dans le dit art sous la conduite de M. de Troy, directeur de ladite Académie. Et pour récompenser ledit s[r] *Sally* de l'honneur qu'il a fait à cette ville d'avoir remporté lesdits grands prix et l'animer à continuer de faire bien ses devoirs et de se rendre toujours plus habile et expert dans son art de sculpteur, nous lui avons envoyé de nouveau les vins d'honneur de cette ville, comme nous lui avons encore envoyé le 23 octobre 1737. En assurance de quoi, avons fait signer le présent acte par notre conseiller pensionnaire et héréditaire à Valenciennes, le premier avril mil sept cent quarante.

Scellé et signé : MALOTAU DE VILLERODE.

III. — Copie d'une rescription de M. de Lucé.

Je vous envoye, Monsieur, une rescription de 300 l. [1] pour fournir aux dépenses de la statuë pendant le courant du pré-

en vain. Il me dit : « Cela n'est pas possible, parceque la lettre de M. de Moras porte absolument de ne pas les recevoir. » Ce ne fut qu'après beaucoup d'instances inutiles de ma part pour les lui faire prendre, que je consentis de les garder en dépôt; mais à condition toutefois que je les employerois pour les frais des bas reliefs et des cartels, et qu'il en seroit mention dans la décharge qu'il alloit me donner.

1. A la réserve de quelques rescriptions que je reçus pour des dépenses extraordinaires, toutes celles qui m'ont été envoyées depuis le commencement de l'ouvrage jusqu'au mois de décembre 1750, ont été de 300 l.; depuis ce temps là jusqu'au mois d'août 1751, tems auquel je fis commencer le piédestal, elles furent de 600 l.; et depuis ce temps là jusqu'au mois d'août 1752, elles furent de 900 l.

sent mois. Je suis, Monsieur, votre très humble et très affectionné serviteur.

Signé : LUCÉ.

IV. — Copie de l'état de l'argent reçu par M. Saly depuis que le projet a été formé d'élever une statuë pédestre du roi sur la place de cette ville.

Il lui a été envoyé depuis la fin 1749 jusqu'au premier novembre 1750 en ordres qui ont été brulés au moyen des remplacemens qui ont été faits 13000 l. cy. . . . 13000 l.

Par ordre du 3 décembre 1750.	300
Par autre du 26 octobre 1751	600
Par autre du 2 novembre.	600
Par autre du 12 septembre	600
Par autre du 3 décembre	900
Par autre du 11 janvier 1752	900
Par autre du 31 dud.	900
Par autre du 29 février	900
Par autre du 1er avril	900
Par autre du 1er mai	900
Par autre du 1er juin	900
Par ordre du 1er juillet	900
Par ordre du 12 août	900
Il a reçu à Valenciennes le 9 septembre . .	600
Plus le 5 octobre	900
Plus le 13 octobre	600
Plus le 24 dud.	1000
	26300 l.

Plus, il lui a été envoyé, le 26 décembre 1750 pour fournir à la dépense de l'établissement du bloc sur le chantier, cy. . . . . 400 l.

Plus le 17 février 1751 pour celle de l'échaffaudage de Paris, cy . . . . . . 1086 l. 17 sols.

Total. . . . 27786 l. 17 sols.

V. — *Extrait d'un livre intitulé :* Monumens érigés en France à la gloire de Louis XV, *par M. Patte, architecte de S. A. S. Mgr le prince Palatin, duc régnant de Deux Ponts.*

MONUMENT ÉLEVÉ A LOUIS XV A VALENCIENNES

En 1744, le Roy ayant séjourné huit jours à Valenciennes; pour célébrer cet honneur mémorable, les magistrats formèrent le dessein d'élever sur la grande place de cette ville, la statuë pédestre de Sa Majesté.

M. le prince de Tingry, lieutenant général des armées du Roi et des provinces de Flandres, gouverneur de la ville et de la citadelle de Valenciennes, et M. le baron de Lucé alors intendant du Hainaut, en ayant obtenu la permission du Roi, *M. Saly*, célèbre sculpteur de notre Académie royale de peinture et de sculpture fut chargé de l'exécution de ce monument.

Cette statuë fut exécutée à Paris : Sa Majesté fit présent à la ville de Valenciennes du bloc de marbre. Lorsqu'elle fut finie, on l'embarqua sur la Seine; et de là en remontant Loyse elle parvint à Saint-Quentin, d'où elle fut conduite par terre à Valenciennes sur un traîneau, et à l'aide d'une machine de l'invention de M. Laurent.

Ce fut le 5 septembre 1752 que la statuë arriva dans cette ville. Elle fut placée sur son piédestal le 7; et demeura couverte jusqu'au 10 qui étoit le jour marqué pour la cérémonie de l'inauguration [1].

Ce piédestal avoit été élevé dans la principale place (pl. 18) où est située l'hôtel de ville, l'hôtel des fermes, et par laquelle il faut nécessairement passer quand on traverse Valenciennes. Cette place a environ vingt-cinq toises de large sur quatre vingt neuf de long; il y a dix ruës qui y aboutissent.

La statuë du Roi n'est pas placée au milieu, mais à neuf ou

1. Extrait des registres de l'hôtel de ville de Valenciennes, communiqué par M. de Blair de Boisemont, intendant du Hainaut.

dix toises d'une des extrémités du côté de l'hôtel des fermes, auquel elle tourne le dos.

A gauche est le bâtiment de l'hôtel de ville qui est ancien et gothique; et à droite pour rendre cet endroit plus régulier et mieux décoré on a reconstruit depuis peu tout le côté dont nous avons représenté l'élévation (pl. 19).

M. le prince de Tingry ayant annoncé qu'il arriveroit le 9 pour assister à la cérémonie de l'inauguration de la statuë du Roi, un détachement de la garnison, les cavaliers de la maréchaussée, les cinq compagnies d'infanterie, et celle des chevau-légers de la ville, allèrent au devant de lui; à son arrivée il fut salué d'une décharge d'artillerie : les rues par lesquelles il passa étoient bordées d'une haye de troupes de la garnison. Les magistrats en corps se rendirent à son hôtel où il fut harangué par M. Maloteau, conseiller pensionnaire; et il reçut les complimens du clergé, de tous les corps militaires, et de la noblesse. Le soir, toute la ville fut illuminée, il y eut des feux de joye dans toutes les ruës.

Le 10 après midi, les magistrats, précédés des compagnies d'infanterie et de cavalerie bourgeoise furent à l'hôtel de M. le prince de Tingry pour l'accompagner à la cérémonie. Ce prince se mit à leur tête ayant l'intendant à sa droite et le prévôt à sa gauche. Ils se rendirent sur la grande place, précédés des mêmes compagnies bourgeoises.

Lorsqu'ils furent arrivés au piédestal de la statuë du Roi, on tira le voile qui la couvroit. M. le prince du Tingry et toute sa suite la salua pour marquer son respect, et on défila par la droite en faisant le tour du piédestal. Au même instant, toutes les cloches et les carillons sonnèrent; les compagnies bourgeoises firent trois décharges de mousqueterie; les troupes de la garnison et de la citadelle qui étoient sur les remparts y répondirent; et il fut tiré trois salves de toute l'artillerie. On entendit de toutes parts, et par une multitude innombrable de peuple qui s'étoit rendu sur la place et aux fenêtres des cris redoublés de « Vive le Roi », auxquels se joignirent toutes sortes de fanfares, de timballes, de trompettes, de cors de chasse, de hautbois, de tambours, etc.

Le cortège se rendit ensuite à l'hôtel de ville où M. Blondel échevin, prononça au nom de la province le discours suivant à l'occasion de l'érection de ce monument :

« Monseigneur,

« La patrie emprunte ma voix pour exprimer des sentiments que je partage avec elle. Nous rendons un hommage immortel au meilleur de tous les Rois. Le même monument va confondre à l'avenir les preuves de sa gloire avec celles de notre amour.

« Ici, Messieurs, les exploits de Louis XV se présentent en foule ; exploits d'autant plus chers à notre mémoire qu'ils furent le salut de ces contrées, et que nous goutâmes la joie d'en être spectateurs : En effet, tant que le Roi a combattu sur nos frontières, nous avons volé partout sur ses pas, partout nous avons trouvé la victoire. Nous étions à Fontenoy, à Lauwfeld, lorsqu'il donna à une armée formidable l'exemple des vertus guerrières; et ne laissa de ressource à des nations humiliées que dans sa modération et dans sa clémence. Nous l'avons vu à l'éclat des triomphes ajouter la rapidité des conquêtes; emporter d'assaut une forteresse [1] contre laquelle l'expérience des plus grands capitaines avoit échoué jusqu'à nos jours. Et quel fruit exigea-t-il de tant de prospérités ? La seule douceur de rétablir le calme dans nos provinces, en pacifiant l'Europe.

« Qui sçait mieux que vous, Mgr [2], ces campagnes glorieuses que l'histoire célébrera à jamais? Vos talens dans la guerre vous avoient approché de votre monarque; il vous confioit les ordres qui préparoient ou décidoient les batailles; vous l'accompagniez dans les victoires. Il vous combla de faveurs à son entrée triomphante dans l'une de ses conquêtes; et bientôt pour prix du zèle que vous aviez fait éclater sous ses yeux, il augmenta le grade militaire dont il avoit honoré vos premiers services.

« Les exploits de Louis XV ne sont pas seuls présens à nos esprits : Il est un événement dont la mémoire nous est infiniment précieuse. Rappelez-vous, Messieurs, le jour fortuné où votre souverain daigna paroître au milieu de vous. C'est dans le lieu même où vous rendez la justice à vos concitoyens qu'il

1. Berg-op-Zoom assiégé sans succès par le Duc de Parme en 1588, et par Spinola en 1622, conquis par le Roi en 1747.

2. M. le prince de Tingry fut aide de camp du Roi pendant les campagnes de Flandres. Il eut l'honneur de recevoir Sa Majesté lorsqu'elle entra dans Tournay; il fut lieutenant général de ses armées à la promotion du 10 mai 1748.

reçut vos hommages, vos vœux, et les nouveaux sermens d'une fidélité inviolable. C'est de ce lieu qu'il fût témoin de vos fêtes; qu'il s'émut, qu'il s'attendrit aux acclamations d'un peuple empressé, et pour tout dire, en un mot, qu'il fit briller les vertus qui sont le bonheur de la France; et qui lui ont acquis le titre de Bienaimé.

« Ce n'est qu'aux princes vertueux les délices de leurs sujets que les monumens sont dus; et notre monarque en avoit depuis longtems d'ineffaçables dans nos cœurs : Résolus de les rendre publics, notre compatriote exécute nos projets avec autant d'ardeur que de désintéressement. Quel avantage pour la patrie d'admirer dans ce chef d'œuvre de sculpture le ciseau d'un de ses concitoyens ? Elle se peut glorifier désormais d'avoir produit le rival des *Girardon*. Déjà elle comptoit au nombre de ses artistes les *Vateau*, les *Pater*; mais son intérêt ne guida, n'échauffa jamais le génie de ces hommes célèbres; presque tous leurs ouvrages sont perdus pour cette ville, une mort prématurée empêcha l'exécution de ceux qu'ils lui destinoient. *Saly*, plus heureux consacre à sa patrie le plus noble de ses travaux; il la décore d'un monument propre à exciter l'émulation de ses concitoyens en leur inspirant l'amour des talens; il leur présente un modèle capable de former des maîtres dans cet art merveilleux qui, en animant le marbre et l'airain contribue à l'immortalité des héros.

« Nos annales perpétueront le souvenir d'un jour aussi solennel. Vous nous l'avez procuré, Mgr, vous en qui nous retrouvons un nom et des vertus que la France révère depuis son origine, vous le digne successeur d'un père dont la mémoire sera éternellement précieuse à la nation; aussi bien que chérie de nos habitans; vous, Mgr, à qui les dons du cœur et de l'esprit ont mérité les distinctions, la faveur, l'amitié de votre maître.

« Oui, Messieurs, l'amitié; et ce mot renferme l'éloge du monarque en même temps que celui du héros dont je parle. Qu'il est rare d'avoir sur le trône le cœur ouvert à ce sentiment! Qu'il est beau de voir l'amitié récompenser la vertu!

« Souffrez, Mr [1], que nous nous acquittions envers vous du

1. M. le baron de Lucé, à qui la Ville est redevable, ainsi qu'à M. le prince de Tingry, de la permission que le Roi daigna accorder de lui ériger une statuë et du don du bloc de marbre qu'il eut la bonté d'y joindre.

même devoir. Vous avez concouru à ce jour si mémorable; et votre bienveillance pouvoit-elle nous manquer puisqu'il s'agissoit de la gloire du Roi, et de l'avantage de cette ville? La Patrie ne parle ici, M., que de vos bienfaits : l'état publie assez sans elle les qualités éminentes avec lesquelles vous gouvernez les Provinces; cet esprit juste, actif, pénétrant, supérieur à votre place, qui traite sans embarras et toujours avec succès une multitude d'affaires importantes. Heureux si nous jouissions long tems d'un gouvernement dont la sagesse a comblé nos espérances.

« Valenciennes n'oubliera jamais, Messieurs[1], que la pompe, la magnificence de ce jour, les fêtes, les spectacles, l'excès de l'allégresse publique, que tout cela, dis-je, a couronné l'administration des magistrats... Je m'arrête ici, Messieurs; l'honneur que j'ai d'être assis parmi vous ne me permet pas d'être plus long tems l'interprète de ma patrie; c'est à la voix publique d'exprimer les sentimens qui vous sont dus. »

La statuë pédestre du Roi (pl. XVII) a environ neuf piés de proportion. Sa Majesté est représenté en héros de l'antiquité, couronné de lauriers, tenant de la main gauche la poignée de son épée qui est commencée à tirer du fourreau, et étendant la droite dans l'action de donner des ordres. Elle est placée sur un piédestal de marbre blanc veiné de onze piés de haut, élevé sur trois marches; au bas duquel il doit y avoir un trophée qui n'est pas encore exécuté. Deux de ses faces doivent aussi être ornées de bas reliefs relatifs aux victoires du Roi, et sur les deux autres sont gravées deux inscriptions.

Dans la première il y a :

LUDOVICO XV
REGI CHRISTIANISSIMO
ET DILECTISSIMO
PIO FELICI
SEMPER AUGUSTO
VALENTIANIS CIVITAS
ALMÆ PACIS OTIA SPIRANS
STATUAM HANC MARMOREAM

1. Messieurs les Magistrats.

CIVIS MANU ELABORATAM.
ÆTERNUM
AMORIS ET OBSEQUII
MONUMENTUM
DAT, DICAT ET CONSECRAT

Et dans la seconde :

PRÆFECTUS ET ÆDILES
ACCLAMANTE POPULO
POSUERE
ANNO MDCCLII

La cérémonie de l'inauguration ou de la dédicace finie, les officiers, la noblesse et les dames accompagnèrent le gouverneur aux casernes afin de jouir du spectacle des tables servies avec la plus grande abondance, et qui étoient dressées dans les cours pour les soldats et sergens de la garnison.

M. le prince de Tingry n'ayant pas jugé convenable de jeter de l'argent au peuple à cause des accidens qui arrivent ordinairement dans ces sortes d'occasions, pour mieux placer les marques de sa générosité, fit distribuer des sommes considérables tant aux couvents des religieux et religieuses mendiants, qu'à tous les hôpitaux, à toutes les maisons de charité, et aux pauvres familles de la ville. Il fit encore un présent considérable au s[r] *Saly*, exemple qui fut imité par M. de Lucé, et par les magistrats.

Vers les six heures du soir, l'intendant, les officiers de l'état major, ceux de la garnison, une grande partie du clergé, les magistrats, les gentilshommes, et les dames de la ville soupèrent chez le prince, où ils furent traités avec la plus grande magnificence et sans confusion, quoiqu'il y eut au moins quatre cent personnes à différentes tables.

A dix heures on se rendit à l'hôtel de ville. M. le prince de Tingry avec M. de Lucé et le prévôt allumèrent le feu de joie qui étoit préparé vis à vis, et on tira l'artifice qu'on avoit fait venir de Paris.

L'hôtel de ville, toutes les maisons de la place furent parfaitement illuminées, ainsi que tout le reste de la ville, et les habitans firent des feux devant leurs portes. On plaça encore des fontaines de vin aux quatre coins de la place et on distribua des simphonies en plusieurs endroits différens pour que le peuple prît part à la joie d'un si heureux événement.

Vers les onze heures, le gouverneur donna dans son hôtel un bal des plus magnifiques qui dura jusqu'à sept heures du matin.

Le lendemain onze, la Comédie fut donnée gratis au peuple ; et le soir on ouvrit le bal que les magistrats avoient fait préparer dans la sale du concert où il y eut un grand concours de monde à qui on distribua toutes sortes de rafraîchissemens. Enfin les jours suivants il y eut concert où il fut chanté une cantate composée au sujet de l'érection de la statuë du Roi.

Jamais Valenciennes n'a eu de fêtes aussi brillantes, et aussi magnifiques que celles qui ont été exécutées à l'occasion de l'inauguration de la statuë de Sa Majesté; et jamais la joie n'a été plus universelle.

VI. — *Note de ce qu'ont coûté à faire les statuës élevées à l'honneur de Louis XV, à Bourdeaux, à Rennes, à Paris, à Rheims et à Nancy.*

Pour la statuë équestre de Bourdeaux, faite par M. *Le Moine*, et jettée en bronze par M. *Varrain*, en 1739 et en 1741.

Le marché fait entre la ville de Bourdeaux et M. *Le Moine* était de 130,000 l. pour faire le modèle et les frais de la fonte de cette statuë. En 1739, lorsqu'après un premier accident la fonte de la statuë manqua par la faute du fondeur, la ville de Bourdeaux, touchée d'un malheur qui ne laissoit à M. *Le Moine* aucune ressource, nomma M. Perin, avocat au Conseil, pour lui fournir le montant des dépenses qu'il seroit encore obligé de faire pour refondre la statuë, et passa à cet artiste 6000 l. par année pour sa table pendant tout le tems qu'il travailleroit à cet ouvrage; ces nouvelles dépenses montèrent à 660,000 l. en sus de 130,000 l. convenuës. Malgré une telle augmentation de dépenses, la ville de Bourdeaux ne laissa échapper aucune occasion d'assurer le sort de M. *Le Moine*.

Lorsqu'il fut à Bourdeaux pour l'érection de la statuë, elle lui donna une maison montée et une table de douze couverts, à laquelle les personnes les plus qualifiées se faisoient un plaisir de se trouver à tour de rôle. Après que tout fut fini, elle lui fit présent de 30,000 l. De sorte que M. *Le Moine* a reçu de la ville de Bourdeaux 820,000 l. [1].

N. B. — Dans cette dépense, il n'est point question des frais de transport, de ceux du piédestal et de ses accessoires, de l'érection de la statue, ni des fêtes données à ce sujet.

Pour la statue de Rennes en Bretagne et les deux figures accessoires représentant la *France* et la *Santé*, faites par M. *Le Moine* et jettées en bronze par M. *Gor*.

Le marché fait entre les Etats de Bretagne et M. *Le Moine* était de 130,000 l. pour faire les modèles et les frais de la fonte de ce monument, mais, eu 1752, lorsque la statuë de la *Santé* fut jettée, M. *Le Moine* avoit déjà dépensé 30,000 l. au delà des 130,000 l. convenuës. Les Etats de Bretagne consentirent à fournir aux nouvelles dépenses qu'il seroit dans le cas de faire pour l'achèvement de l'ouvrage et lui demandèrent un état estimatif de ce à quoi cela pourroit encore monter. Cet artiste leur en donna un de 139,000 l. Les Etats assemblés acceptèrent cet état, et nommèrent M. Ouali pour fournir à M. *Le Moine*, tous les quinze jours, ce qu'il dépenseroit jusqu'à la concurrence de cette somme et en tenir registre; après que tout l'ouvrage fut fini, M. *Le Moine* avoit encore dépensé 8000 l. de plus que la somme portée dans son état estimatif, et ces 8000 l. lui furent payées par les Etats assemblés. A l'imitation de la ville de Bourdeaux les Etats de Bretagne, donnèrent à M. *Le Moine*, pendant tout le temps que dura la pose de son monument, une maison montée et une table d'autant de couverts qu'il désiroit inviter de personnes; et après que tout fut fini, ils lui firent présent d'une somme de 50,000 l. De sorte, que M. *Le Moine* a reçu des Etats de Bretagne 327,000 l. [2].

1. Cette statue auroit coûté beaucoup davantage si M. *Le Moine* n'eut pas suivi le conseil de M. *Coustou* qui étoit de profiter de la partie de la statue qui étoit bien venuë pour refondre dessus.

2. Dans la relation de ce monument, donnée par M. Patte, il est dit : « Ce monument a coûté à la province de Bretagne environ 550,000 l. sans y comprendre les dépenses des fêtes. »

N. B. — Dans ces dépenses, il n'est point question non plus des frais de transport, de ceux de la pose de la statuë, de ceux du piédestal ni de ceux des fêtes données au sujet de l'érection de la statuë.

Pour la statue équestre de Paris faite par M. *Bouchardon*, et jettée en bronze par M. *Gor* le 6 mai 1758.

Le marché fait entre la ville de Paris et M. *Bouchardon*, en 1748, pour le grand modèle seulement et sans frais de sa part, étoit de 270,000 l. [1] payables à raison de 20,000 l. par année. M. *Varain* qui devoit faire la fonte de cette statue mourut en 1752, et indépendament de ce qu'il avoit reçu de la ville, elle donna encore au fils 10,000 l. pour rompre son marché afin de pouvoir faire fondre cette statue équestre par M. *Gor*, comme l'avoit demandé M. *Bouchardon*. Le marché fait entre la ville de Paris et M. *Gor*, pour la fonte de la statuë, en lui fournissant tout, était de 38,000 l. avec la promesse verbale d'une pension à titre de récompense. Cette statuë, en y comprenant les frais de son érection et des fêtes données à ce sujet, a coûté au dire des échevins 350,000 l.

Pour la statuë pédestre de Reims en Champagne et les deux figures accessoires représentant la *France* et *un Citoyen*, faites par M. *Pigalle* et jettées en bronze par M. *Gor*.

Le marché fait entre la ville de Rheims et M. *Pigalle*, pour l'entreprise de tout le monument, étoit de 460,000 l. et 4000 l. de pension viagère. Après la pose de l'ouvrage cet artiste reçut, à titre de gratification, une somme de 50,000 l, De sorte qu'indépendament de sa pension de 4000 l., et d'une pension viagère de 400 l. qu'il a obtenue de la même ville pour M. *Gor*, desquelles 300 l. reversibles à sa veuve, M. *Pigalle* a reçu pour l'entreprise de cet ouvrage 510,000 l. [2].

N. B. — Le tout, sans y comprendre les frais de transport,

1 Dans la relation de ce monument, donnée par M. Patte, il est dit : « 260,000 l. »

2. La description de M. Patte porte : « Ce monument coûte à la ville de Rheims, y compris les marbres, 415,000 l. Ce qui ne feroit avec les 50,000 l. de gratification, que 465,000 l. »

d'érection de la statuë, du piédestal et des fêtes données à ce sujet.

Pour les ornemens et les quatre figures accessoires de la statue équestre de Paris qui doivent être faites par M. *Pigalle* et jettées en bronze par M. *Gor*.

Le marché fait, entre la ville de Paris et M. *Pigalle*, pour l'entreprise du tout est de 625,000 l. et 6000 l. de pension viagère. Indépendament de cette somme M. *Pigalle* a trouvé dans les atteliers pour plus de 150,000 l. d'objets de toutes espèces. De plus, la ville de Paris lui a cédé 60 milliers de cuivre sur le pied de 20 sols la livre quoiqu'il en valût 30; ce qui fait encore à M. *Pigalle* un bénéfice de 30,000 l. De sorte que l'entreprise de ces seuls accessoires vaut à cet artiste, sans y comprendre les 6000 l. de pension viagère, 805,000 l.

N. B. — Tout ceci a été écrit sous la dictée de M. *Gor*.

Pour la statue pédestre de Nancy et les quatre figures accessoires représentant la *Prudence*, la *Justice*, la *Valeur* et la *Clémence* [1], faites par MM. *Guibal* et *Chiflet*, et jettées en bronze par les mêmes artistes.

Le marché fait entre la cour de Nancy et MM. *Guibal* et *Chiflet*, pour les modèles seulement, était de 41,000 l.; ensuite le roi Stanislas les gratifia de 6000 l. Ce monument, selon la relation qu'en donne M. Patte, a coûté 161,450 l.

Addition pour la statue équestre de Frédéric V qui se fait par M. *Saly* et qui doit être jettée en fonte par M. *Gor*.

Le marché fait entre la Cour de Dannemarc et M. *Saly*, en 1752, pour le grand modèle seulement, et sans frais de sa part, est de 150,000 l. En outre, Sa Majesté danoise le gratifia, en 1760, de 9000 l. de pension, dont 4500 l. pendant tout le tems que dureront les travaux de la statuë, et 4500 l. de pension viagère.

1. Ces quatre figures ne sont qu'en plomb bronzé.

Le marché de M. *Gor* avec la compagnie des Indes, qui, en 1754, a demandé à faire les frais de ce monument, est de 40,000 l.; de 1000 l. par mois tout le tems que dureront les opérations de la fonte, et de 2000 l. de pension viagère lorsque l'ouvrage sera achevé ; lesquelles 2000 l. reversibles à sa veuve : le tout sans aucuns frais de la part de M. *Gor.*

Les pages qui précèdent décident du plan que nous devons suivre dans l'exposé de la vie et de l'œuvre de *Saly*. Occupons-nous du différend survenu entre l'artiste et ses compatriotes. C'est d'ailleurs le côté douloureux de l'existence du sculpteur. Nous serons plus à l'aise pour étudier ensuite les événements heureux qui le concernent.

Le mémoire du statuaire, daté du 1er mai 1766, fut sans doute adressé sans aucun retard au magistrat de Valenciennes. Mais, douze jours plus tard, *Saly* fit parvenir la copie de cette pièce à messire Nicolas-Joseph-Arnould Rasoir, seigneur de Croix, Forest, Martière et Remoncourt, qui, en sa qualité de prévôt de Valenciennes, avait refusé en 1753 de reprendre les 503 livres 12 s. dont *Saly* se trouvait détenteur. M. Paul Foucart qui a publié en 1888 sous le titre *Histoire de deux bas-reliefs* un résumé de ces démêlés, estime que *Saly* adressa quatre exemplaires de sa Justification aux principaux fonctionnaires de sa province [1]. Nous verrons plus loin qu'il y eut cinq exemplaires de ce document, y compris l'original.

Voici en quels termes s'exprima *Saly* le 12 mai lorsqu'il écrivit au seigneur de Croix :

Monsieur,

Les différentes preuves de bonté dont vous m'avez honoré jusqu'ici, me font espérer que vous voudrez bien m'excuser d'avoir laissé écouler un aussi long espace de tems sans avoir l'honneur de vous faire ma cour, et sans vous renouveller les assûrances de tous les sentiments de respect et de reconnoissance dont ma famille et moi ne cessons d'être pénétrés.

Les offres de services que vous avez daigné me faire, Monsieur, avec un épanchement de bienveillance, qui, en caractérisant la candeur de votre cœur, ne me permet point de douter de leur sincérité, et me font prendre la liberté de vous

1. *Almanach de Valenciennes et de son arrondissement* pour 1888. Valenciennes, Lemaître, in-12, p. 72-91.

demander un bon office essentiel par raport à la lettre que j'ai l'honneur d'écrire à Messieurs du magistrat, au sujet de différentes circonstances relatives à la Statuë pedestre du Roi elévée à Valenciennes. Je compte d'autant plus, Monsieur, sur l'efficacité de votre appui, que je ne demande rien que de juste, que vous etes le soutien de l'opprimé, qne vous etes à la tête du corps de ville, que vous etes pleinement instruit de la façon dont j'en ai agi envers ma patrie, et que c'est à vous-même, Monsieur, en qualité de Prévôt, à qui j'ai rendu mes comptes.

Je prends la liberté de joindre ici, Monsieur, une copie de ma lettre à votre respectable corps et des pièces justificatives qui y sont jointes, afin que vous puissiez prendre une connoissance entière de la légitimité de mes plaintes et de mes demandes; et qu'au moyen de cette connoissance et de vos bons offices, je puisse me flatter d'obtenir bientôt une réponse conséquente et satisfaisante de la part du magistrat.

J'écris en même tems à Monsieur De Bleumortier, qui en qualité de Lieutenant Prévôt, a eu depuis l'origine de cette affaire, beaucoup de part à tout ce qui y a eû trait. Tout ce qui a été dit et fait de la part du corps de la ville, je l'ai tenu de Mr Le Hardy d'Aulnoy et de lui; et je répéte le tout mot pour mot, à Mons. de Bleumortier. Il est très facheux pour moi, que Monsieur de Lucé et Mons. le Hardy d'Aulnoy, ne soient plus existans, le prémier s'intéressoit trop ardament à tout ce qui avoit trait à cette affaire pour manquer de se porter de lui-même à redresser le tout; et le second n'auroit point refusé de déclarer la vérité; mais comme j'ai déjà eu l'honneur de le dire, Mons. Debleumortier a été témoin de tout ce qui a été dit par M. le Prévôt, et je le prie de vouloir bien en informer Messieurs les Magistrats, si quelques uns sont dans le cas de l'ignorer.

Je vous supplie aussi avec beaucoup d'instances, Monsieur, qu'indépendament de l'intérêt que j'espère que vous voudrez bien prendre au général de l'affaire, vous ne laissiez pas ignorer les choses aux quelles vous avez eû une part directe; c'est à dire, ce qui concerne la reddition de mes comptes; que vous ne refuserez pas de communiquer à Messieurs du Magistrat, mon état de recette et de dépense, ainsi que la lettre de Mons.

de Moras du 8 septembre 1753, écrite du camp de Berlemont, laquelle j'eus l'honneur de vous remettre le lendemain 9 du même mois; et que vous daignerez les informer (puisqu'il n'y a que vous seul qui en soit instruit) des instances réïtérées et inutiles, que j'eus l'honneur de vous faire pour vous engager à recevoir les 503 l. 12 solz qui me restoient entre les mains, parceque le montant de la recette excédoit, de cette somme, celui de la dépense. Vous sçavez, Monsieur, qu'aprés beaucoup de débats à ce sujet, vous me fites l'honneur de me dire positivement : « Cela ne m'est pas possible, parce que la lettre de M. de Moras porte absolument de ne pas les recevoir, » et que ce n'est qu'à ma sollicitation que vous avez couché sur la décharge que vous me donnâtes : que j'en tiendrois compte sur ce qui en seroit réglé aprés pour les fraix des bas reliefs et cartels. Au moyen de cet aveu et de celui de M. Debleumortier, lesquels j'attends de votre justice et de la sienne, tout sera mis dans son jour; et le magistrat pourra, ou redresser les choses, si les regîtres n'en font point mention, ou m'accorder les faveurs que je requiers par ma lettre. J'oserois enfin en appeler à M. le marquis de Cernay, ce Seigneur ne manqueroit pas de se rapeller qu'il a eu part aussi à l'exécution de mes offres; qu'il fut un des prémiers qui vit mon esquisse et qui par zèle pour la gloire du Roi, en parla à Mons. de Lucé le 20 mai 1749.

Permetez je vous prie, Monsieur, que Madame de Croix trouve ici les assurances de mon profond respect.

Mon pere et ma sœur cadete prennent la liberté de vous assurer, Monsieur, ainsi que Madame de Croix, de leurs hommages. J'ai eu le malheur de perdre la plus tendre et la meilleure des meres, le 1er Décembre 1760; ce qui m'a causé la plus grande des douleurs. J'ai aussi eu le chagrin de perdre ma sœur ainée, pour qui Madame de Croix avoit tant de bontés. Le 25 Avril de l'année dernière, elle mourut des suites d'une fausse couche, à l'Isle St Thomas, où elle étoit allée avec son mari. Le Roi Frédéric V, qui n'a cessé de me donner des marques de bonté pendant tout le tems qu'il a vecu, m'en a donné une nouvelle preuve, en m'accordant un brevet de Capitaine et 2700 l. d'apointement pour Mr Dubois de Champré, mon beau-frère; grace qui fut accordée en faveur du mariage qu'il contractoit avec ma sœur. Elle a eu la satisfaction d'apprendre peu de jours avant sa mort, que Sa Majesté Danoise, par un surcroit de bonté pour moi, avoit donné le commandement d'un de ses forts à son mari, et que ce poste lui devoit valoir 9000 l.

J'ai l'honneur d'être avec respect,

Monsieur,

Votre très humble et très obéissant serviteur,

SALY [1].

A Copenhague ce 12 Maii 1766.

Messire Rasoir ne se laissa pas toucher par cette lettre. La lecture du mémoire de *Saly* lui fut un ennui. L'artiste était de bonne foi. Patte l'avait calomnié. Le fait était indéniable. Mais d'autre part les Valenciennois marquaient leur mécontentement. Le prévôt jugea prudent sinon courageux de garder le silence. Il laissa le sculpteur sans réponse. Celui-ci se troubla. Il crut à la complicité du Prévôt avec ses ennemis. Messire Rasoir n'allait pas jusqu'à se déclarer l'adversaire de l'artiste, mais il eut souhaité de n'avoir pas à prendre parti. Le sculpteur patienta près de dix-huit mois, mais de guerre lasse il écrivit de nouveau à messire Rasoir.

Monsieur

J'eus l'honneur de vous écrire le 12 mai de l'année dernière et de vous faire parvenir la copie du mémoire que j'adressois à Messieurs du magistrat. Le silence que vous avez gardé à cet égard, Monsieur, depuis près d'un an et demi, après les marques de bonté que vous avez daigné me donner dans votre lettre du 1er avril 1754, me fait appréhender que ma lettre ne vous soit pas parvenuë. Car si vous l'ussiez reçüe, je me persuade que vous auriez daigné me faire l'aveu que je vous ÿ demande touchant les instances réitérées que j'eus l'honneur de vous faire le 9 Septembre 1753 pour vous engager à recevoir les 503 l. 12 s. qui me restoient des avances que j'avois reçües pour les dépenses relatives à la Statuë du Roi; touchant le refus constant que vous fites de recevoir cette somme par

1. Archives communales de Valenciennes, section D, n° 620.

raport au contenu d'une lettre de Mons. de Moras du 8, dattée du camp de Berlemont et que je m'étois chargé de vous remettre avec mes comptes; et touchant mes demandes pour que vous eussiez la bonté d'en faire mention dans la décharge que vous me fîtes l'honneur de me donner.

Comme il n'y a que vous seul, Monsieur, qui aÿez connoissance de cette circonstances; et que vous ne pouvez avoir aucune raison d'en faire mistère ni de me refuser cette satisfaction, je l'attends de votre complaisance et même de votre justice. Il est fort désagréable pour moi que l'on dise que j'aÿ emporté de l'argent de la ville et que je me trouve avoir réellement 503 l. 12 s. entre les mains sans que j'aÿe aucunes preuves qui constatent les démarches que j'aÿ fait auprès de Mons. de Moras et auprès de vous, Monsieur, pour m'en débarrasser. C'est pourquoi ce me sera une grande satisfaction d'avoir cet aveu de votre part, Monsieur. Si j'avois pû me figurer ce qui m'arrive, je vous aurois prié — (et vous ne m'auriez certainement pas refusé) — de faire mention dans la décharge que vous me donnâtes, que je vous avois présenté les 503 l. 12 s.; mais qu'en conséquence de la lettre de Mons. de Moras vous n'aviez point voulu, ou pû, les recevoir, et que vous ne parliez de cette somme que sur les demandes réitérées que je vous en avois fait. Cet énoncé eut été pour moi plus agréable que celui : « dont il fera compte sur ce qui en sera réglé pour les fraix des Bas reliefs et cartels. » Je le répéte, vous m'avez promis, Monsieur, si souvent, tant de bouche que par écrit, la continuation de votre bienveillance et de votre appui, que je réclame aujourd'hui l'un et l'autre. Vous pouvez, Monsieur, me satisfaire par deux mots, et j'espère que vous ne me les refuserez pas. Je les attends donc avec la confiance que je dois avoir en vos bontés et en votre équité. Après cette complaisance de votre part, Monsieur, vous pouvez être assuréz que je ne vous importunerai plus.

Mons. Le Prince de Tingry ma donné touchant tout ce qui le regardoit dans cette affaire, des preuves bien sensibles de son zéle pour la vérité et de l'appui dont il m'honnore. Ce digne et respectable Seîgneur, s'est empressé de me donner toutes les autorités qui dépendoient de lui et que je lui ai demandées pour me mettre à portée de faire redresser les torts que M. Patte me fait dans son ouvrage des *Monuments élevés à la gloire du Roi.* J'espère qu'à l'exemple de Mons. le Prince de Tingry, vous voudrez bien, Monsieur, maccorder la satisfaction que je prends la liberté de vous demander. Elle n'est d'aucune conséquence quant au fond de l'affaire, mais vu les circonstances, elle me fera un vrai plaisir. J'attends cette faveur de votre part, Monsieur, et je vous conserverai la plus vive reconnoissance.

Comme je me persuade que ma lettre du 12 mai de l'année dernière ne vous est point parvenüe, j'en joins ici une copie.

J'ay l'honneur d'être avec un respect infini,

Monsieur,

Votre très humble et très obéissant serviteur.

SALY [1].

A Copenhague, ce 3 novembre 1767.

Aucun subterfuge n'était plus possible. M. de Croix comprit qu'il fallait répondre. Il prit la plume, mais, au ton de sa lettre, on devine un mécontentement mal contenu. Messire Rasoir de Croix ne pourra moins faire que de reconnaître l'exactitude des faits. Si l'artiste est demeuré détenteur de 503 livres, c'est qn'on a refusé de les reprendre lorsqu'il en offrait le versement. Sur ce point, nulle ambiguité. L'honneur du statuaire est sauf. Mais quant à sa parole, *Saly* ne l'a pas tenue. M. de Croix le lui rappelle, non sans apreté dans les termes.

Valenciennes 19 novembre 1767.

Il est trés vraÿ, Monsieur, que vous m'avez présenté une somme de cinq cents et quelques livres qui vous restoit de la dépense de la statue de Louis quinze érigée en cette ville en 1752 qu'aÿant refusé de la prendre avant d'en avoir conféré avec Mr de Moras, lors notre intendant, ce magistrat me dit que i'auois bien fait, qu'il ne convenoit pas de retirer cette somme de vos mains avant l'entière perfection de l'œuvre de la statue ; ce qui manquoit à cette perfection, estoit des médaillons ; que quand même cette cause n'auroit pas eu lieu, il estoit de la

1. Arch. comm. de Valenciennes. *Loc. cit.*

generosité de la ville de vous la laisser et de n'en rien exiger. Je vous rendis le résultat de cette conférence et en gardant les 503 l. vous vous vous obligeates à renvoier sous le moins de temps qu'il vous seroit possible les médaillons dont le deffaut fait depuis lors un vide assez déplaisant, à ce monument, et a fait iaser beaucoup à notre désavantage. Je certifie donc, Monsieur, que vous avez voulu me remettre les 503 l. de cÿ dessus, que ie ne les ais pas accepté sur les raisons aussi avant dittes et qu'il ne manque que des bas reliefs et cartels à notre statue pour tranquiliser votre esprit et le notre sur l'attention que nous devons à un monument aussi cher à nos cœurs. Remplissez donc, Monsieur, vos engagements si vous voulez qu'il nÿ ait aucune tache dans le votre, non plus que dans le notre. A l'egard de la generosité avec laquelle vous avez travaillé cet œuvre respectable, ie crois que personne en disconvient. Si cela estoit ce seroit parce que la malice des hommes se répand sur les plus belles actions, or cette malice n'est retenue par aucun frein ; nul est capable de l'areiter dans ses progrès. La vertu seule peut la confondre. Nous voions avec plaisir par les nouvelles publiques que vous reussissez à Copenhague. Continué, Monsieur, et qu'il ne manque rien à votre prospérité[1].

Ainsi s'exprima le Prévôt de Valenciennes. Nous ne donnons ici que les passages essentiels de sa dépêche. Afin d'atténuer sans doute la sécheresse de ses injonctions, le Prévôt priait *Saly* de présenter ses compliments au maréchal de Saint-Germain qui depuis 1760 était fixé à la cour de Danemark. On sait que Frédéric V l'avait créé feld-maréchal général, mais ce prince étant mort en 1766, Saint-Germain dut songer à rentrer en France. Turgot et Malesherbes devaient en faire plus tard un ministre de la guerre.

M. de Croix avait pris son temps pour répondre à *Saly*. Celui-ci usa du même privilège à l'égard du Prévôt de Valenciennes. Il laissa s'écouler près de deux années avant de faire sentir à son correspondant ce qu'il y avait d'excessif et d'injuste dans sa lettre de novembre 1767.

Monsieur.

J'ai reçu le 4 décembre 1767, la lettre dont vous m'avez honnoré le 19 novembre de la même année. Je vous fais mille

1. Arch. comm. de Valenciennes. *Loc. cit.*

excuses, Monsieur, d'avoir différé aussi longtemps à vous en accuser la réception, et à vous rendre grace de l'aveu qu'elle renferme touchant le refus que vous m'avez fait de recevoir les 503 l. 12 sols qui me restoient entre les mains des avances qui m'avoient eté faites pour l'exécution de la Statuë du Roi. Après le contenu de mon mémoire, Monsieur, au corps de ville de Valenciennes, concernant les raisons qui m'ont forcé de retarder l'exécution des accessoires du piédestal de cette statuë et les promesses formelles que j'ÿ fais de n'entreprendre aucun autre ouvrage, quelque avantageux et lucratif qu'il puisse être, avant que ces accessoires ne soient finies; j'avoue, Monsieur, que je ne m'attendois pas à recevoir de vous, des reproches qui, quoique imperceptibles, me touchent fortement. Né sensible et bien intentionné comme je le suis, il eut été bien difficile qu'ils ne produisisent pas sur moi un tel effet. Je sçais que le motif qui vous a fait agir dans ce cas, Monsieur, est respectable à tous égards, puisqu'il part du zèle que vous mettez pour voir terminer un monument qui intéresse le Roi, la nation, le corps du magistrat à la tête duquel vous êtes, tous les habitants de la ville, et surtout, l'auteur de l'ouvrage, puisque tout retard est à son détriment; je suis même persuadez que ce sont des reproches dictés par la bonté de votre cœur et par l'intérêt que vous prenez au pauvre auteur; mais retenu comme il est de pouvoir satisfaire au plus ardent de ses désirs, il auroit plutôt besoin d'être consolé qu'excité comme vous le faites.

Je réitère, Monsieur, de vous faire mille excuses de ne vous avoir pas plutôt accusé réception de votre lettre. Je l'aurois fait, comme je le devois, si des maladies, des affaires et des travaux continuels, m'en avoient laissé la possibilité.

Je n'ai point manqué, Monsieur, comme le portoit votre lettre, de me transporter chez Mons. le maréchal de St Germain et de lui faire lire ce qui l'y concernoit. Ce souvenir de votre part lui a fait un vrai plaisir et il m'a dit d'un ton affectueux : « Dites, je vous prie, beaucoup de choses pour moi à Monsieur de Croix; mandéz-lui que je l'aime toujours tendrement ». Ce ne fut que le 12 au soir, avant veille du jour que ce grand et vertueux homme a quitté le Dannemarc, que j'ai pû le voir, et qu'il me chargea de ce qu'il vient d'être dit. Il étoit, comme vous pouvez juger, Monsieur, fort embarassé puisqu'il étoit au moment d'une transplantation et d'une transplantation occasionnée par des ennemis qui pour le perdre dans l'esprit du Roi de Dannemarc, avoient trompé la religion de ce Prince. « Je voudrois, mon cher M. Saly, me dit ce digne et respectable homme, avec cet air de sérénité qui est inséparable de la droiture et de l'innocence, je voudrois avoir servi Dieu, avec autant de zèle et d'amour que j'ai servi le Roi de Dannemarc. Il est fâcheux que ce prince soit entouré de personnes qui le trompent. » Effectivement Mons. le comte de St Germain avoit de grandes vuës, mettoit tout le zèle dont il étoit capable pour faire des changements avantageux à l'État; mais lorsqu'il s'agit de refondre beaucoup de grandes choses, cela ne se fait pas sans que quelques particuliers n'en soufrent et personne ne veut faire aucun sacrifice pour le bien général, tel avantageux qu'il puisse être à la patrie. Tout ce que je puis dire, c'est que le Dannemarc a perdu, au départ du maréchal de St Germain, un homme d'Etat, un homme droit, intègre et bien intentionné. Il m'honoroit de ses bontés, et il est fort, Monsieur, de vos amis. Je ne me suis pas trouvé de fois à sa table qu'il ne m'ait parlé de vous avec un épanchement de cœur qui ne pouvoit laisser aucun doute sur la sincérité de ses sentiments à votre égard. Mons. le maréchal de St Germain est actuellement à Worms, où il jouit du même titre, des mêmes honneurs et des mêmes appointements qu'il avoit ici en tems de paix, c'est-à-dire, qu'il est toujours feldt maréchal général, ou généralissime, qu'il a le cordon bleu et qu'il jouit chaque année de 14000 risdales ou de 63000 l. de France valeur intrinsèque.

Je profite, Monsieur, d'une occasion qui se présente pour vous faire parvenir une copie des autorités que j'ai recueilli et qui m'étoient nécessaires pour constater la vérité des faits qui ont rapport à la façon dont j'ai fait le monument de Valenciennes. Comme je me dispose à envoyer ces autorités à M. Patte, afin de le porter à redresser ce qu'il a dit de cette statuë, dans la réimpression de son ouvrage, je me fais un devoir de mettre sous vos ÿeux un double de ces piéces. J'espère que vous voudrez bien, Monsieur, jetter les ÿeux sur ces documents; comme vous n'étiez point à la tête du magistrat lors que cette affaire a pris naissance, la lecture que vous en ferez, vous mettra au fait de tout, et vous fera juger avec quelle abondance de bienfaisance et d'amour de la justice, le digne et respectable Prince de Tingrÿ s'est prêté dans cette affaire, ainsi que les autres personnes qui ont eu part à ces piéces. Tout ÿ porte l'emprinte de l'honnêteté et de l'integrité. Je n'oublieroi de ma vie ce bon office de leur part et de la votre, Monsieur, pour ce qui se trouve de relatif à cet objet dans les mêmes documents.

J'ai appris, Monsieur, par Mons. le Président Ogier, ci devant ambassadeur du Roi à la cour de Dannemarc, qu'ayant eu besoin d'un extrait de mon batistére au sujet de la faveur distinguée que Sa Majesté danoise a daigné m'obtenir du Roi, il s'est addressé à Mons. l'Intendant à ce sujet, et que cet extrait avoit été légalisé par MM. du magistrat. Permettez-moi, je vous prie, Monsieur, qu'étant chef de ce corps, je vous rende bien des grâces de ce bon office.

Permettez aussi, Monsieur, que Madame de Croix trouve ici les assurances de mon hommage.

J'ai l'honneur d'être avec un respect infini,

Monsieur,

Votre très humble et très obéissant serviteur.

SALY.

Copenhague, ce 23 septembre 1769[1].

Si l'artiste avait tardé de deux ans à faire parvenir cette dépêche à M. de Croix, c'est qu'il était résolu à frapper un coup décisif. Ses lettres, il le savait, ne produisaient que trop peu d'impression sur le Prévôt de Valenciennes. Il voulut donc accompagner son texte d'une série de pièces élogieuses émanant de hauts personnages dont M. de Croix ne pourrait infirmer l'autorité. Nous supposons que *Saly* dut mettre un certain temps à constituer ce qu'on pourrait appeler « le dossier définitif » de la statue de Louis XV. Les pièces réunies par l'artiste ne manquent ni de saveur ni de logique. *Saly* voulait confondre le Prévôt. Y parvint-il ? On peut en douter. M. de Croix était avant tout l'homme de ses administrés.

1. Arch. comm. de Valenciennes. *Loc. cit.*

EXTRAIT [1]

DE DIFFÉRENTES LETTRES ET AUTRES PIÈCES RELATIVES A LA STATUE PEDESTRE DE LOUIS XV ÉRIGÉE A VALENCIENNES EN 1752, ET EXÉCUTÉE EN MARBRE PAR LE Sr *SALY* SCULPTEUR DU ROI, ET MEMBRE DE SON ACADÉMIE ROYALE DE PEINTUTE ET SCULPTURE DE PARIS, DIRECTEUR DE L'ACADÉMIE ROYALE DE PEINTURE, SCULPTURE ET ARCHITECTURE DE COPENHAGUE; ASSOCIÉ LIBRE HONORAIRE DE L'ACADÉMIE IMPÉRIALE DES BEAUX-ARTS DE ST PÉTERSBOURG; ET MEMBRE DE CELLES DE FLORENCE DE BOLOGNE ET DE MARSEILLE ETC. [A].

I

Extrait d'une lettre de M^r le Prince de Tingry, chevalier des Ordres du Roy, Lieutenant général de ses armées et des Provinces de Flandres, Capitaine des Gardes de Sa Majesté, Gouverneur de la ville et citadelle de Valenciennes.

..... Je verrai à mon retour à Paris Mr Ogier, et nous concerterons ensembles les moyens à prendre pour la réüssite des objets qui vous intéressent à Valenciennes. Dans votre lettre

1. Cet extrait, sur timbre aux armes de Danemarck, porte les indications suivantes : « N° 20. Fire og Tyve Stilling. 1768. Signé : Muller Elmin. » — A. La nomination de Mr de Lucé à l'Intendance d'Alsace presque aussitôt aprés la pose de la Statuë; la mutation des Magistrats dans le même tems; le départ pour le Dannemarc du Sr *Saly* qui a été obligé par là de suspendre l'exécution des accessoires du piédestal, et plus encore l'éloignement qu'il a toujours eu de faire relever dans le public tout ce qui pouvoit être à son avantage dans cette affaire; ayant non seulement occasionné l'oubli total de ce qui y avoit rapport, mais encore l'altération des faits; le s^r *Saly* ne pouvoit qu'y trouver assez souvent bien des sujets de désagréments. Il patientoit cependant, espérant que ces faits étant couchés dans les registres de la ville, la vérité en seroit du moins à l'abri de toute atteinte aux yeux des personnes éclairées et qui seroient véritablement désireuses de la connoître; Mais le *Traité des monuments érigés en France à la gloire de Louis XV*, a si fort altéré les choses, quoique l'auteur soit persuadé qu'il ne décrit tout ce qui a rapport à la Statuë de Valenciennes, que sur des titres des plus autentiques; qu'à la vuë d'un ouvrage de cette nature et fait pour passer à la postérité, il ne pouvoit plus être permis au Sr *Saly* de rester dans cette indifférence, puisque cela ne portoit pas seulement sur son amour pour son Roi, et son zéle pour sa patrie, mais encore sur la noblesse des procédés qu'il a eu le bonheur d'éprouver de la part du Gouverneur du corps de ville de Valenciennes et de l'Intendant. Toutes ces considérations lui faisant désirer de pouvoir assurer la certitude des faits, tels qu'ils se sont passés; il a eu recours aux registres de la ville, et aux personnes qui avoient présidé à l'érection de ce monument; auxquelles il a demandé leur témoignage sur tout ce qui pouvoit y avoir rapport, afin que les autorités aussi respectables en garantissent l'autenticité et pûssent autoriser Mr Patte à les rectifier dans la réimpression de son ouvrage. (*Note de Saly.*)

vous m'y annoncez un mémoire [B] que vous avez oublié d'y ajouter. Mr Ogier pourra y suppléer. Cette ville vous doit de la reconnoissance, je serai charmé de contribuer aux marques qu'elle doit vous en donner. Soyez persuadé de l'intérêt que je prends à ce qui vous concerne, et rendez justice aux sentiments avec lesquels je suis, Monsieur, Votre très humble, très obéïssant serviteur.

Ce 8 Juillet 1766. à Beaumont.

Signé : MONTMORENCY TINGRY.

II

Copie d'une lettre de M[r] le Prince de Tingry, écrite en son nom, en celui de M[r] l'Intendant et de Mrs du Magistrat de la ville de Valenciennes.

A Versailles le 28 Mars 1767.

J'ai attendu, Monsieur, le voyage que M[r] l'Intendant de Valenciennes devoit faire dans ce païs-ci pour conférer avec lui sur l'objet du mémoire que vous avez addressé à M[rs] les Magistrats de Valenciennes et que vous m'avez fait parvenir.

M[r] l'Intendant, les Magistrats et moi conservons tous le souvenir qui vous est dû de la façon dont vous avez offert de consacrer avec le plus entier désintéressement les prémices de vos talens, pour donner à la ville de Valenciennes une Statuë pédestre du Roi, de la façon dont cette offre acceptée par la ville a été exécutée de votre part, et de l'exactitude la plus entière avec laquelle a été soldé entre vous et Mr de Croix, Prévôt de la ville, le compte des fonds qui vous ont été confiés pour la dépense que la ville a été dans le cas de faire pour mettre ce monument dans l'état où il est [C].

B. Ce mémoire est daté du 1 Mai 1766. Il fut addressé aux Magistrats de Valenciennes par le Sr *Saly* qui en fit parvenir en méme tems des doubles à Mons. le Prince de Tingry, Gouverneur de la ville ; à Mr de Croix, Prévôt actuel ; à Mr Desbleumortiers, lieutenant Prévôt ; et à Mr Blondel, membre du Magistrat lors de l'érection de la Statuë. (*Note de Saly.*)

C. Il reste encore à faire à ce monument les accessoires du piédestal. Malgré le désir que le Sr *Saly* avoit de les exécuter en même tems que la Statuë du Roi, il ne lui fut pas possible de se procurer cette satisfaction ; parce qu'étant né sans fortune il n'étoit pas en état de se passer du fruit de ses travaux pendant tout le tems que demandoit l'exécution de la statuë de Valenciennes. Il fut donc obligé d'entreprendre d'autres ouvrages pour subvenir à ses besoins domestiques, et pour soutenir sa

La ville se souvient avec plaisir de la marque distinguée qu'elle vous a donné de sa satisfaction par le présent qu'elle vous a fait d'une vaisselle d'argent aux armes du Gouverneur, de l'Intendant et aux siennes, présent d'autant plus honorable pour vous que n'ayant voulû aucun payement de vos travaux, il vous sera à toujours un monument de votre zéle et de votre désintéressement, comme la Statuë du Roi en sera un de vos talens.

Mrs du Magistrat sont aussi touchés que vous de ce qu'il peut y avoir de contraire à ces déclarations dans l'ouvrage de Mr Patte. Ils n'ont sûrement aucune part aux pièces sur lesquelles il dit avoir travaillé. Tout ce qu'ils peuvent faire en pareil cas c'est de vous faire passer une copie autentique de la délibération de 1749, par laquelle vos offres ont été acceptées. Ils viennent de m'addresser cette piéce que je joins ici ; elle est bien suffisante pour vous mettre à portée de rectifier les faits qui peuvent vous intéresser et pour vous procurer toute la satisfaction que vous pouvez désirer.

Je suis, Monsieur, très parfaitement votre très-humble et trés obéïssant serviteur.

Signé : MONTMORENCY LUXEMBOURG TINGRY.

famille qui s'étoit épuisée pour le mettre à même de pousser ses études dans l'art qu'il professe. D'ailleurs ayant été demandé par la cour de Dannemarc pour aller à Copenhague y exécuter la Statuë Equestre de Frédéric V, et se trouvant dans l'obligation de s'y rendre dans un tems prescrit, il fut forcé de suspendre l'exécution de ces accessoires jusqu'à son retour en France. Avant même de contracter avec la cour de Dannemarc, il en informa Mons. le Prince de Tingry, et Mr de Lucé, et lorsqu'il partit de la France il déclara formellement à Mr de Moras, pour lors Intendant de Valenciennes, et à Mr de Croix, Prévôt de la même ville, que malgré son voyage en Dannemarc il ne s'en obligeoit pas moins à finir ces accessoires. La distance des lieux et des tems n'ont point diminué son empressement, et le Sr *Saly*, toujours animé du zèle patriotique qui l'a porté à entreprendre ce monument, n'a rien de plus à cœur que d'y donner la derniére main. Il l'ambitionne même si fort que non seulement il l'effectuera avec le même désintéressement qu'il a exécuté la Statuë et son piedestal ; mais qu'il ne regarderoit pas même à de plus grands objets si les circonstances pouvoient jamais l'exiger. Il a promis dans son mémoire aux Magistrats de Valenciennes, qu'aussitôt qu'il aura achevé le monument pour lequel il a été emprunté à sa Cour par celle de Dannemarc, il n'entreprendra aucun autre ouvrage quelque avantageux et lucratif qu'il pût être avant que les accessoires de la Statuë de Valenciennes soient finis, et il tiendra parole. (*Note de Saly.*)

III

Extrait des registres des résolutions du Conseil particulier de la ville de Valenciennes.

(Du 21 Mai 1749.)

Le sieur *Saly*, natif de cette ville, qui a remporté en mil sept cent trente sept et quarante [D] les prémiers prix de la Sculpture en l'Académie de Paris et qui pour se perfectionner a travaillé aux frais du Roi, pendant huit ans à l'Académie de Rome, veut bien s'engager à concourir à l'embellissement de cette ville, en faisant la figure du Roi, élevée sur la place suivant le modèle ici représenté, ce qui fera un très bel ornement à la ville et un monument à la postérité; proposant de faire cet ouvrage sans intérêt pour lui, ne demandant que les frais qu'il faudra y exposer, déclarant que son unique dessein est de donner des marques de son zèle et de sa reconnaissance [E]; ce qui pourra couter vingt deux mille livres de France ou environ [F].

Résolu de faire faire cet ouvrage et autorisé Messieurs les

D. On a confondu ici le tems où le corps de ville ayant vü la médaille de ce prémier prix, envoya les vins d'honneur au Sr *Saly*, avec l'année où il avoit effectivement remporté ce prémier prix. Ce fut en 1738 qu'il lui fut adjugé, comme on peut s'en convaincre par la copie ci-jointe de son brévêt de pensionnaire du Roi à l'Académie de France à Rome. (*Note de Saly.*)

E. Les Magistrats de Valenciennes, qui de tous tems se sont distingués par leur amour pour les beaux-arts et par les encouragements qu'ils ont donné à leurs concitoyens, envoyèrent au Sr *Saly* le 23 Octobre 1737 et le 1 avril 1740, comme le porte l'acte ci-joint, les vins d'honneur de la ville à l'occasion des grands prix de Sculpture qu'il avoit remportés à l'Académie Royale de Paris : démarche jusqu'alors inconnüe et bien propre à servir d'exemple aux autres villes du Royaume, et à donner de l'émulation à la jeunesse qui se voue aux beaux-arts. On pourroit encore citer, à l'honneur des Magistrats de Valenciennes, qu'en 1726 ils retinrent dans leur ville, Mr *Gilis* Sculpteur de mérite, à qui ils assignèrent une pension pour qu'il enseignât successivement le dessein à quatre jeunes gens des maisons des orphelins de la ville. Dans la suite, nombre d'habitans de cette ville s'empressèrent de mettre leurs fils chez ce maître, et le Sr *Saly* fut de ce nombre. (*Note de Saly.*)

F. Les fraix de ce monument dans l'état où il est, toutes dépenses prévuës et non prévuës, y compris les gratificátions, se sont montés à près de 30 000 l. Le monument devoit d'abord être moins considérable ; mais le don fait par le Roi d'un bloc de marbre de 9 piés de hauteur, détermina à faire la Statuë de toute la grandeur de ce bloc, d'en augmenter le piédestal et de porter la hauteur générale du monument à 21 piés. (*Note de Saly.*)

deux prémiers de chaque corps de faire le devis et contrâts nécessaires [G].

Prévôt, Jurés et Echevins de la ville de Valenciennes, certifions a tous ceux qu'il appartiendra que l'extrait de la résolution de l'autre part est conforme aux Registres des résolutions du conseil particulier de cette ville. En foi de quoi, Nous avons aux présentes, signées de notre greffier civil héréditaire, fait apposer le scel ordinaire de ladite ville où le papier timbré n'est point en usage et où le controlle est supprimé par abonnement. Fait à Valenciennes, le onze mars mil sept cent soixante sept.

Scellé et *Signé :* BOUSEZ.

IV

Copie d'une lettre de Mr Blondel, membre du Magistrat lors de l'érection de la Statuë, et qui harangua à cette occasion Mr le Prince de Tingry [H].

A Paris ce 31 Mars 1767.

Monsieur,

Quoique je ne sois pas actuellement du Magistrat, je n'ai pas manqué d'entretenir Mr Desbleumortiers qui se trouve

G. Lorsque le Sr *Saly* présenta son esquisse aux Magistrats, il y joignit un état estimatif de ce à quoi les fraix du monument devoient monter. Cet état général étoit accompagné de devis particuliers de fournisseurs et ouvriers du païs où les matériaux et la main d'œuvre sont infiniment à meilleur marché qu'à Paris ; mais qui ensuite n'ont pû avoir lieu. On peut juger de la différence qui en a résulté par le devis du Sr Bouchelet, charpentier de la ville de Valenciennes, qui ne portoit que 30 l. pour élever la Statuë sur son piédestal, et cette seule opération a couté ensuite, en y comprenant le voyage du Sr Pautier, charpentier du Roi, plus de 1 200 l. La plupart des autres devis étoient à peu près de la même nature. (*Note de Saly.*)

H. Mr Blondel qui est également distingué par sa probité, ses mœurs et son profond sçavoir harangua Mons. le Prince de Tingry au moment de la cérémonie de l'inauguration de la Statuë de Valenciennes. Le discours qu'il prononça est plein d'élévation, d'élégance et de patriotisme ; mais comme ce discours ne donne pas une idée nette de l'origine du monument, qu'il pourroit induire en erreur, comme il y a peut-être induit Mr Patte, le Sr *Saly* écrivit à Mr Blondel en lui envoyant un double du mémoire en question, pour lui témoigner le déplaisir qu'il avoit de l'inexactitude de Mr Patte dans le récit de ces faits. Mr Blondel lui fit cette réponse. Elle ne contient aucun détail, mais comme Mr Blondel ne désavoue rien du contenu de la lettre et du mémoire, et qu'au contraire il dit, avoir entretenu Mr Desbleumortiers sur les objets dont il y est parlé ; que de plus il applaudit à la réponse satisfaisante que Mons. le Prince de Tingry, de concert avec Mr l'Intendant et les Magistrats de Valenciennes, vient de faire au Sr *Saly*, sur ces mêmes objets ; c'est un aveu tacite du tout. Cette action de Mr Blondel, aussi généreuse que respectable, suffiroit pour lui concilier la

encore Lieutenant Prévôt, des objets de la lettre que Vous m'avez fait l'honneur de m'écrire le 20 Mai dernier. Retenû ici par des affaires depuis quatre mois, j'y apprends avec grand plaisir que M[r] le Prince de Tingry, de concert avec Mr Tabou-reau et Mrs du Magistrat vient de Vous faire une réponse satisfaisante sur ces mêmes objets. J'ai été flatté, Monsieur, des marques de souvenir que cela m'a procurées de Votre part. Vous ne sçauriez en donner à personne qui vous respecte plus et comme artiste et comme citoyen; ni qui soit jamais plus inviolablement,

Monsieur, Votre très humble et très obéïssant serviteur.

Signé : BLONDEL.

V

Copie d'une lettre de M[r] le Prince de Tingry [1].

Vous vous êtes trouvé, Monsieur, dans un moment bien flatteur, toute la ville de Valenciennes et un monde prodigieux

plus haute estime, si les qualités de son cœur et de son esprit, ne la lui avoient déjà souverainement acquise. L'homme le plus juste peut se méprendre et personne n'est à l'abri d'une surprise; mais il n'est pas pardonnable de vouloir soutenir ce que l'on a avancé lorsqu'on le fait au dépens de la vérité et au préjudice de quelqu'un. (*Note de Saly.*)

1. Par une suite de la modestie que ce vertueux et digne Prince met dans ses plus belles actions, il n'avoit pas fait mention de la boëte qu'il avoit donné au Sr *Saly*, au pied de la Statuë du Roi, au moment de son inauguration. Comme le Sr *Saly* n'avoit pas encore la déclaration particulière de Mr Desbleumortiers, et qu'il ne pouvoit s'appuyer d'aucune autorité à ce sujet, il a demandé avec instance et obtenu ce témoignage. Jaloux de tenir la parole qu'il avoit donné de poser la Statuë du Roi le 8 Septembre 1752, il ne s'occupa que de cet objet, et quand même la publicité de ces faits et la façon dont ils furent reçus par ses compatriotes, et la bonté avec laquelle le Roi et ses Ministres avoient relevé son zèle lorsqu'il eut l'honneur de présenter à Sa Majesté l'esquisse de son ouvrage, n'en auroient pas autant assuré l'autenticité et le souvenir; il étoit trop occupé de la perfection d'un monument qui attiroit toutes ses affections, pour penser à ce qui le touchoit personnellement. C'est par une suite de ces dispositions que le Sr *Saly* ne parla jamais de ces particularités à Mr de Boze, quoiqu'il eût occasion de le voir assez souvent au sujet des inscriptions de ce monument qu'il s'étoit chargé de faire graver, et quoique cet illustre Académicien n'eût peut-être pas été éloigné d'en faire mention dans ces inscriptions. Le Sr *Saly* fit plus, il refusa constament à Mr de Lucé de faire graver ces circonstances sur une autre table d'inscription placée à l'hôtel de ville de Valenciennes; table qu'il fit faire aussi chez lui de son propre mouvement, pour y mettre les noms de tous ceux qui avoient concourû à ce monument, et que Mr de Lucé, ne lui avoit permis de faire graver qu'à condition que ces faits y seroient insérés. Le Sr *Saly* pourroit ajouter encore, que lorsque la Statuë fut prête à partir de Paris pour Valenciennes, les gazettiers vinrent chez lui pour lui demander tous les détails qui avoient trait à ce monument, et que malgré leurs pressantes sollicitations, il ne se permit point de se prêter là dessus à leurs désirs. (*Note de Saly.*)

des environs assemblé sur la place et garnissant les toits les plus élevés, en donnant des témoignages d'amour et de respect à leur auguste maître, ont rendû justice à Votre habileté, à Votre désintéressement et au but que Vous vous êtes proposé de décorer Votre patrie par un monument, qui fait l'ornement, la beauté de la ville, et la satisfaction d'habitans dignes d'avoir le meilleur des maîtres. Il étoit bien naturel que destinans Vos talens à perpétuer dans une cour étrangère la mémoire d'un grand Roi, l'amour de ses peuples et prince respectable à tous égards, Vous emportassiez avec Vous le portrait de votre maître dont vous veniez de rendre la figure si parfaitement, et à la tête du Magistrat, je vous offris une boëte qui le renfermoit : j'aurois désiré l'avoir trouvée plus belle. J'ai voulû par ce foible témoignage de mon amitié partager la reconnoissance que l'on vous devoit, et je vous puis assurer que l'on conserve dans votre patrie tous les sentimens que vous méritez. Je voudrois trouver des occasions de vous convaincre des miens pour Vous, avec lesquels je suis très parfaitement, Monsieur, Votre trés humble et tres obéïssant serviteur.

Signé : MONTMORENCY LUXEMBOURG TINGRY.

Ce 18 Mai 1767, à Beaumont.

VI

Extrait d'une lettre de Mr Rasoir de Croix, Prévôt actuel de la ville de Valenciennes et Successeur de Mr Hardy Daulnois [L].

A Valenciennes ce 19 Novembre 1767.

Il est très vrai, Monsieur, que etc....., à l'égard de la générosité avec laquelle Vous avez travaillé cet œuvre respectable,

L. Immédiatement après la pose de la Statuë de Valenciennes, le corps du Magistrat qui avoit été continué jusqu'à cet évènement, a été changé, et Mr Rasoir de Croix succéda à Mr le Hardy Daulnois dans la place de Prévôt de la ville. Les respectables qualités du cœur et de l'esprit que réünit Mr de Croix, l'ardeur qu'il met dans tout ce qui regarde l'avantage et l'honneur de la ville de Valenciennes, joint à la façon dont il a à cœur le bien de ses concitoyens, prouvent assez qu'il auroit mis autant de zèle et d'intérêt que son prédécesseur dans toute cette affaire, s'il se fût trouvé, comme lui, à la tête du Magistrat en 1749. Mais il n'y a eu d'autre part que de recevoir les comptes du Sr *Saly* ; ce fut le 9 Septembre 1753, qu'ils lui furent remis, et qu'il lui en donna une décharge. (*Note de Saly.*)

je crois que personne en disconvient et si cela etoit ce seroit parce que la malice des hommes se répand sur les plus belles actions. Or cette malice n'est retenue par aucun frein ; nul est capable de l'arrêter dans ses progrès, la vertu seule peut la confondre etc.....

J'ai l'honneur d'être parfaitement

Monsieur,

Votre trés humble et trés
obéïssant serviteur
Signé Rasoir de Croix.

VII

Extrait d'une lettre de Mr Desbleumortiers, Lieutenant Prévôt de la ville de Valenciennes [M].

...Si une déclaration particuliére de ce qui s'est lors fait et passé sous mes yeux en qualité de Lieutenant Prévôt, peut vous être de quelque satisfaction, je ne peus Vous la refuser par l'esprit de justice et de l'estime que vous méritez.

Je déclare donc, Monsieur, et peus attester que je suis bien mémoratif que vous vintes en cette ville en l'année 1749 où Vous futes reçu et accueilli avec distinction et éloges de vos talens et dont nous étions tous flattés dans un de nos citoyens ; que lorsque vous vintes rendre visite à Mrs du Magistrat à l'hôtel de ville, Mr Daulnois, lors Prévôt, Vous proposa de la part du corps de procurer à cette ville une petite pièce d'ouvrage de votre main pour conserver un témoignage de votre habileté [N] ; à quoi vous répondites trés obligeamment

M. M. Desbleumortiers, également respectable par les vertus et les qualités qui forment l'homme de bien, le bon citoyen, et le grand Magistrat, étoit Lieutenant Prévot de la ville de Valenciennes dès le tems que le Sr *Saly* arriva de Rome, et que le Magistrat lui demanda un morceau de son ouvrage, et il a été continué dans cette place jusqu'à ce jour. De sorte qu'ayant eu une part directe et très grande à tout ce qui pouvoit regarder l'origine et l'exécution de ce monument, personne ne pouvoit mieux que lui en rendre un témoignage autentique : aussi sa déclaration particulière donne-t-elle exactement l'historique du tout. (*Note de Saly.*)

N. Après huit ans et quelques mois d'études à l'Académie de France à Rome, le Sr *Saly* revint en France, et avant de former son établissement à Paris, il fut à Valenciennes pour y voir sa famille. Il y arriva le 9 Mars 1749, et ce fut le 8 Mai que le corps de ville l'invita à paroître à son assemblée, et où, dans la vuë d'honorer ses foibles talens, il lui demanda un morceau de son ouvrage pour le conserver dans l'hôtel de ville. (*Note de Saly.*)

que vous seriez bien flatté de donner quelques marques de Votre zèle et de votre attachement, et que vous étiez toujours sensiblement touché des bontés de Mrs du Magistrat qui avoit eu celle de vous envoyer des vins d'honneur lorsque vous vintes ici en 1737 et en 1740 [O]; que vous nous laissiez le choix d'indiquer la pièce d'ouvrage que nous désirions avoir; sur quoi on vous répondit que l'on vous laissoit le maître du choix; Vous vintes quelque tems après cette proposition nous réprésenter qu'ensuite de bien des réflexions Vous aviez pensé qu'une Statuë du Roi seroit ce qu'il y auroit de mieux et de plus honorable à cette ville, et, que Vous y employeriez tous vos talens et vos soins sans aucun intérêt; à quoi il fut répondû que cette pensée étoit aussi belle que généreuse de votre part, que nous désirerions bien de la notre pouvoir donner des preuves de notre zéle pour un monument aussi auguste; mais que la ville n'étoit point en état de faire cette dépense étant trés obérée [P].

Vous avez ajouté que cette dépense ne seroit pas si considérable en répétant que vous vous proposiez de faire cet ouvrage sans intérêt, que le Roi pourroit avoir la bonté de nous procurer les marbres nécessaires [Q]; et qu'enfin Vous seriez flatté

O. En 1737, lorsque le Sr *Saly* eut remporté les petits prix et le second grand prix de l'Académie Royale de Peinture et Sculpture de Paris, il fut à Valenciennes pour y voir sa famille, et le 23 Octobre les Magistrats, dans la vuë d'encourager les arts et de soutenir l'émulation parmi leurs concitoyens, lui envoyèrent les vins d'honneur de la ville. Les Magistrats de Valenciennes firent encore le même honneur au Sr *Saly*, le 1 Avril 1740, à l'occasion du premier grand prix qu'il avoit remporté en 1738 à l'Académie Royale de Paris, et lui en expédièrent même une déclaration en forme : le Sr *Saly* venoit d'être nommé pensionnaire du Roi à l'Académie de France à Rome, lorsqu'il fut à Valenciennes pour y voir sa famille avant d'entreprendre le voyage d'Italie. (*Note de Saly.*)

P. Lorsque le Sr *Saly* descendit les degrés de l'hôtel de ville après ce refus, et qu'il jetta les yeux sur la place où il se proposoit de poser la Statuë du Roi, il sentit redoubler le déplaisir qu'il avoit de voir son zèle rétenu, et de n'être pas en état de faire lui-même les fraix de ce monument. Cependant comme il ne perdoit pas tout à fait l'espérance de l'exécuter, il rentra chez lui, et en commença sur le champ une esquisse; se proposant de faire encore une tentative auprès des Magistrats lorsqu'elle seroit finie. (*Note de Saly.*)

Q. Mons. le Prince de Tingry, plein d'árdeur pour tout ce qui concerne le service et la gloire du Roi, l'honneur et l'avantage des provinces qu'il gouverne, obtint de la bonté de Sa Majesté, non seulement un bloc de marbre de 9 piés de haut pour faire la Statuë, mais encore les 17 blocs qui ont été employés pour le revêtissement de son piédestal, qui a 17 piés de hauteur. Indépendament de cette faveur, ce prince respectable ménagea au Sr *Saly* l'honneur de présenter au Roi l'esquisse du monument, et de travailler d'après nature pour faire le portrait de Sa Majesté; et il n'est aucune partie de ce monument au bien de laquelle il n'ait concourû de tout son zèle et de toute sa protection. (*Note de Saly.*)

de donner à votre patrie ces marques désintéressées de votre zèle en y consacrant les prémices de vos travaux ; on persista néanmoins de vous dire que malgré tout le désir que nous en avions, la ville ne pouvoit faire cette dépense [R].

Cependans Mrs du Magistrat en conférérent avec M. de Lucé, alors Intendant [S] et après avoir raisonné sur les différens moyens d'arrangemens à concourir à cette dépense, eu égard à vos offres désintéressées, les Magistrats et Conseil de cette ville déterminèrent d'exécuter le projet dont vous futes informé presque aussitôt par feu Mr Daulnois, lors Prévot, et par moi, avec quelques autres des Magistrats [T].

Vous fites en conséquence votre esquisse qui fut apporté à l'hôtel de ville en l'assemblée où chacun vous marqua avec amitié l'empressement qu'on avoit de vous voir promptement exécuter ce projet et dont on vous faisoit compliment d'avance [U].

Enfin, Monsieur, je me souviens parfaitement que ce fut le 10 du mois de Septembre 1752 que se fit l'inauguration de cette auguste cérémonie, à laquelle M[r] le Prince de Tingry, notre Gouverneur présidoit, je sçai et j'ai vû qu'étant au pied de la Statuë du Roi, il Vous a présenté et donné une

R. Les difficultés faites par les Magistrats avant de s'être concertés avec Mr de Lucé, sur les moyens à prendre pour trouver de quoi subvenir aux dépenses de ce monument, sont fort louables. Préposés pour veiller aux intérêts de leurs concitoyens, et dépositaires des fonds de la ville, ils ne pouvoient pas outrepasser ses facultés : mais après qu'ils eurent reconnû la possibilité de fournir à cette dépense, ils y concoururent avec tout le zèle qu'on pouvoit attendre d'un corps aussi respectable. (*Note de Saly.*)

S. Le Sr *Saly* doit à la mémoire de M. de Lucé, le récit du zéle soutenu que ce respectable Magistrat a mis dans toute cette affaire pour en assûrer la réussite. Il n'eût point de repos que les offres du Sr *Saly* n'aient été acceptées. Il représenta à la ville que la chose lui étoit trop honorable pour qu'elle ne dût pas faire un effort dans cette circonstance, et lorsqu'elle y eut acquiescé, il ne tarda pas un instant d'en informer Mons. le Prince de Tingry, pour qu'il puisse faire toutes les démarches nécessaires pour obtenir à la ville de Valenciennes la permission de consacrer ce monument à la gloire du Roi. (*Note de Saly.*)

T. Ici M. Desbleumortiers a oublié de dire : que M. Daulnois, à la tête des chefs du Magistrat et du conseil, dans la vuë de donner une preuve plus sensible de leur zèle pour le Roi, se transporta le 28 Mai chez le Sr *Saly*, pour lui faire part de leur résolution, et de l'acceptation de ses offres. Avant de sortir, M[r] le Prévôt, au nom de son corps, demanda au Sr *Saly*, de faire porter son esquisse à l'hôtel de ville, aussitôt qu'elle seroit finie. (*Note de Saly.*)

U. Lorsque l'esquisse du monument fut finie, le Sr *Saly* la fit porter à l'hôtel de ville où le Magistrat et le conseil étoient assemblés. Cette esquisse fut acceptée avec bonté, et chacun témoigna de l'empressement de voir ce monument exécuté : Le Sr *Saly* doit cette justice à M[r] le Hardy Daulnois et à tous les membres du magistrat et du conseil. — N. B. — Une grande partie du contenu de ces notes, est tirée du mémoire que le Sr *Saly* a adressé au corps de ville de Valenciennes. (*Note de Saly.*)

belle boëte d'or avec le portrait de Sa Majesté en vous faisant un compliment gracieus; je sçai que Mr de Lucé, notre Intendant, vous fit présent d'un étui de mathématique en or. Je sçai enfin encore mieux le présent que la ville vous fit dans cette circonstance puisque c'est moi-même qui vous l'ai offert de la part de Mrs du Magistrat et comme Député du corps. Ce fut le lendemain de l'inauguration que j'allois chez vous pour vous offrir ce présent qui consistoit dans un nécessaire garni de quelques pièces d'argenterie de table et autres, gravées aux armes de cette ville, et à celles de Mr le Prince de Tingry et de Mr de Lucé, et je fus lors chargé de vous dire, que la ville étoit parfaitement satisfaite de votre zèle, qu'elle vous prioit d'accepter une foible marque de sa reconnoissance, qu'elle auroit désiré pouvoir vous offrir un présent plus digne de l'ouvrage et de vos soins, mais que vous connoissiez son état et l'impuissance où elle étoit de vous récompenser.

Je désire que ma déclaration particulière en cette lettre puisse vous satisfaire et vous être utile.

Et soyez persuadé que je vous rends avec plaisir toute la justice qui vous est duë suivant les vérités qui peuvent être de ma connoissance.

J'ai l'honneur d'être bien parfaitement,

Monsieur,

Votre trés humble et trés
obéissant serviteur,

Signé DESBLEUMORTIERS.

A Valenciennes, ce 23 novembre 1767.

Præmissas copias in extenso et extractu : f° 1° extractus Epistolae a principi de Tingry, Scriptae dat. Beaumont, die 8° Julii 1760, 2° Copia Epistolae principi de Tingry ex Versailles, die 28 martii 1767. 3° extractus ex protocollo resolutionis consilii particularis in civitate Valenciennes. 4° copia epistolae Dni Blondel ex Parisiis, die 31mo Martii 1767. 5° copia epistolae principis de Tingry ex Beaumont, die 18mo Maii 1767. 6° copia epistolae Dni Rasoir de Croix ex Valenciennes, die 19mo nov. 1767. 7° extractus epistolae Dni Desbleumortiers ex Valenciennes, die 23tio nov. 1767. Habita prius accurata collatione, suis mihi a dno Jacobo Francisco Josepho De Sally, *directore acad. Reg. Pict. Sculpt. et architecturae, sculptore regis christianissimi, etc... etc.. exhibitii originalibus concor-*

dare, attestor in officii et sigilli notariatus appositione. Hauniæ, die 11mo feb. 1769.

(*Sceau de cire rouge.*) (*Signé*) *C. Schmidt. not. pub^e reg. civ. Haun.*

Je soussigné Guillaume Simon de Brosseronde, secrétaire, et en l'absence de Monsieur le Marquis de Blosseld, Ministre plenipot^ere de France, près le roi de Danemark, certiffie à tous qu'il apartiendra que la signature mise au bas de l'acte cy dessus est réellement celle de Me Christian Schmidt, Not^e royal à Copenhague; que pleine et entière foi doit y être ajoutée tant en jugement que décision ainsi qu'à tous les actes qu'il signe en cette qualité. En foi de quoi j'ai délivré le présent certifficat duement muni du sceau des armes de ce ministre.

Fait à Copenhague, le 7 avril 1769.

(Sceau de cire rouge.) SIMON DE BROSSERONDE [1].

Que nous reste-t-il à apprendre sur le monument de Louis XV à Valenciennes? Peu de chose. Les documents que nous venons de publier nous font connaître l'origine du projet conçu par *Saly*[2], la nature[3], la pose[4], les dimensions[5], l'emplacement de la statue[6], l'inauguration[7], les discours prononcés en cette circonstance[8], les présents offerts au statuaire[9], et aussi, et surtout, les déboires dont ce monument fut la source pour notre artiste[10]. Nous aurons épuisé le dénombrement des pièces connues de nous lorsque nous aurons signalé les vers lus en la cérémonie d'inauguration par Pigneuret, l'aîné, avocat au Parlement. Ce morceau de poésie, non sans valeur, est conservé aux Archives communales de Valenciennes dans le dossier d'où sont extraits les documents que nous mettons au jour[11].

Quelle valeur esthétique convient-il d'attribuer à la statue de Louis XV? La réponse est délicate. L'œuvre est détruite. Elle ne nous est connue que par une eau-forte. Autant qu'il nous est permis d'en juger par l'estampe, le marbre de *Saly* manque d'accent. Quelque chose de timide, d'indécis empêche que l'attitude et le geste aient l'ampleur et la netteté convenables en une effigie héroïque. *Lemoyne* et *Pigalle*, contemporains de *Saly*, sont plus habiles. Mais n'oublions pas que notre artiste n'avait pas atteint sa maturité lorsqu'il sculpta le marbre de Valenciennes, et l'on ajoute que, pressé par les ordres du roi de Danemark qui l'appelait à sa cour, il fit procéder à l'inauguration de la statue de Louis XV, alors qu'elle

1. Archives communales de Valenciennes, *Loc. cit.*

2. Voir plus haut p. 2. — 3. P. 19. — 4. P. *ibid.* — 5. P. *ibid.* — 6. P. 15. 7. P. 15-21. — 8. P. *ibid.* — 9. P. 7-8. — 10. P. 2-11. — 11. Section D, n° 620.

n'était pas absolument terminée. C'est, du moins, ce que prétend Mariette, qui n'est pas sans dureté quand il parle de *Saly*. Sauf une ou deux figures du statuaire de Valenciennes, Mariette est très enclin à tout condamner dans l'œuvre de l'artiste. Il y a excès dans cette façon de procéder. Caylus est moins sévère, moins absolu et, sans doute aussi, plus près de la vérité. Caylus semble prendre plaisir à rappeler que *Saly* est jeune. Volontiers, il fait allusion à l'âge du sculpteur. Mariette, qui tient la plume en 1753 alors que Caylus s'était occupé de *Saly* deux années auparavant, constate également la jeunesse de l'artiste, mais il relève ce détail avec humeur : « On a, ce me semble, écrit-il, fêté trop tôt ce jeune sculpteur. » Cependant Mariette n'est pas incapable de servir *Saly*. Lui-même nous apprend qu'il aurait été pour quelque chose dans la désignation de notre artiste au choix du roi de Danemark. Il ajoutera qu'il ne s'en repent point. Cette intervention bienveillante de Mariette autorise donc à penser que ses critiques sur la statue de Louis XV, trop sévères peut-être, doivent néanmoins être rappelées. « Cette statue de Louis XV a été finie en août 1752. *Saly* a fait exprès le voyage de Valenciennes pour la mettre en place, se proposant de luy donner sur le tas les derniers coups. Il nous en a, du moins, leurré; mais je doute qu'il ait tenu sa promesse, tant il y restoit de choses à faire. Les personnes capables d'en juger n'en ont pas été autrement contens. On a trouvé le travail de cette figure lourd et sec; la tête du roi n'a point paru ressemblante; toutes les parties sont trop chargées et manquent de cette grâce et de cette noblesse qu'exige son sujet. C'est, il faut trancher le mot, une figure manquée et qui ne fera jamais honneur à celui qui l'a fait. Dès le premier instant que j'en vis le modèle, j'en fis le prognostic. » Certes, voilà bien des défauts relevés avec âpreté. Mais Mariette écrit en août 1753. Une année s'est écoulée depuis que la statue de Louis XV est inaugurée. Mariette se sert de ses souvenirs pour juger l'œuvre dont il parle. Ses souvenirs sont-ils fidèles? Caylus, en février 1751, signalait dans le *Mercure* « plusieurs ouvrages sortis de l'atelier du jeune et brillant artiste. » Caylus ajoutait : « Nous insisterons comme il convient sur la statue pédestre du roi, de neuf pieds de proportion, que M. *Saly* exécute pour la ville de Valenciennes. Le modèle de ce grand ouvrage est arrêté et a charmé les connaisseurs [1]. » Caylus et Mariette sont donc en absolu désaccord sur le modèle. Mais c'est le marbre qui importe. Il est probable que Mariette dit vrai lorsqu'il signale l'incomplète exécution du marbre en août 1752. Ce que nous savons par ailleurs des occupations de *Saly* nous permet de penser qu'il n'eût pas le

1. *Abecedario*, t. V, p. 164-165.

loisir de faire sur place aucune retouche à sa statue, et celle-ci dut rester fruste sur certains points. Toutefois, ce ne sont là que des conjectures, car le marbre est détruit. Nous n'en connaissons qu'une gravure. Le graveur peut avoir fait tort au statuaire. Le document de seconde main, je parle de l'estampe, sur lequel nous jugeons le monument de 1752, est peut-être inexact, insuffisant, et l'œuvre originale, maladroitement traduite, souffre peut-être des défectuosités de la planche qui la rappelle. D'ailleurs, *Saly* nous met en garde contre cette planche lorsqu'il écrit « qu'on n'y reconnaît ni la statue ni son piédestal [1]. » Dans le doute où nous laisse le seul document qui soit parvenu jusqu'à nous, la perte de l'esquisse de la statue de Louis XV conservée jusqu'en 1841, à Valenciennes, dans le cabinet de M. Royer, avoué de cette ville et amateur, est donc des plus regrettables. M. Paul Foucart, en ces dernières années, a vainement cherché à découvrir cette esquisse afin d'en enrichir, s'il était possible, le Musée de Valenciennes. M. *Julien Potier*, élève de *Pierre Guérin*, professeur de peinture à l'Académie de Valenciennes, auteur du premier catalogue du Musée de la ville, paru en 1841, mentionne l'existence de l'esquisse. Depuis lors on en perd la trace. Nous avons vu *Saly*, à deux reprises, parler de cette esquisse présentée au roi, et que Louis XV avait goûtée. A la suite de cette présentation, le statuaire s'était vu autorisé à travailler d'après nature pour faire le portrait de Sa Majesté [2].

La statue, inaugurée en septembre 1752, fut renversée et brisée en août 1792. Deux fragments, l'une des jambes et un doigt sont conservés au Musée de Valenciennes (n°s 427 et 428 du catalogue, édition de 1865). Un troisième fragment existe chez M. Paul Foucart, avocat à Valenciennes. « Je possède, nous écrivait-il le 21 juin 1895, un doigt de marbre de la statue originale. Le père de ma grand'mère maternelle se trouvait sur la place de Valenciennes lorsque la statue fut renversée; il en recueillit ce fragment qui a toujours été conservé dans ma famille. »

La gravure dont il vient d'être question plus haut est de *N. Le Mire*, d'après un dessin de *Marvie*. Elle fut exécutée pour l'ouvrage de Pierre Patte, *Les Monuments érigés en France à la gloire de Louis XV* (Paris, 1765, in-fol.). Une lithographie par *Villain*, d'après un dessin de *L. Andraij*, date du début de ce siècle; elle a pour titre *Esquisse de la statue de Louis XV*. *Villain* et son collaborateur se sont-ils inspirés d'estampes du XVIIIe siècle, ou ont-ils travaillé d'après l'esquisse en terre cuite du cabinet Royer ?

1. Voir plus haut, p. 9, note 2.
2. Voir plus haut, p. 40, note 1 et 43, note 9.

CHAPITRE II

LA STATUE ÉQUESTRE DE FRÉDÉRIC V, ROI DE DANEMARK,

Tel est le plan de cette étude. Les documents doivent y occuper la première place. Nos jugements personnels sur *Saly*, la critique de ses ouvrages, le récit de sa vie, l'examen de ses actes ou de son caractère seront d'autant plus aisés, d'autant plus brefs que l'artiste aura parlé lui-même plus amplement de ce qui le concerne. La statue de Frédéric V, dans l'ordre du temps, vient après la statue de Louis XV. Mais le monument de Copenhague demeure l'œuvre maîtresse du sculpteur français. Nous sommes redevables aux attaques dirigées contre *Saly*, à l'occasion de sa statue de Louis XV, d'une suite de pièces inédites. La statue de Frédéric V, mieux appréciée, plus digne de l'être, fut l'objet de deux mémoires rédigés par *Saly* et publiés à Copenhague. Ces plaquettes sont d'une extrême rareté. Goddé les a possédées. Elles ont passé à sa vente. La première, celle de 1771, existe à la Bibliothèque nationale et au British Museum. Ces deux grands dépôts ne possèdent pas la seconde. Réimprimer ici les mémoires de *Saly* sur sa statue, c'est offrir au lecteur des documents curieux et que les plus avisés parmi les chercheurs auraient peu de chance de découvrir. Selon sa coutume, *Saly*, quand il tient la plume, cite des dates et entre volontiers dans l'exposé des circonstances au milieu desquelles il a travaillé. Cette façon d'écrire ajoute à l'intérêt que revêtent par eux-mêmes les autographes de l'artiste, dépouillés d'ailleurs de toute jactance, de toute superfétation. Quand on a lu vingt pages du sculpteur, il vous est connu.

La première plaquette de *Saly*, publiée à Copenhague, a pour titre : *Description de la statue équestre que la Compagnie des Indes orientales de Dannemarc a consacrée à la gloire de Frédéric V : Avec l'explication des motifs qui ont déterminé sur le choix des différens partis qu'on a suivis dans la composition de ce monument* (Copenhague, Cl. Philibert, 1771, in-8 de 45 pages).

Cet opuscule ne comporte aucune planche. Une réédition en fut faite en 1774. Le titre n'a pas varié, mais cette fois le texte est trilingue : danois, français et allemand. Le format est in-folio. La plaquette comprend II-40 pages et est ornée de neuf planches. L'édition première était dédiée à Marigny. La réédition est offerte par un sieur

Butty aux souscripteurs du monument. De là, sans doute, la nécessité d'une triple version, afin de satisfaire la légitime curiosité des souscripteurs de diverses nations. Nous publierons ici le texte de 1771 en nous bornant à signaler les variantes ou suppressions de l'édition de 1774. Nous n'avons pas découvert, dans les dépôts publics où nous avions chance de la trouver, la réédition trilingue de 1774. C'est à l'obligeance de M. Foucard que nous devons la communication de ce document.

Le même écrivain qui, de longue date, avait projeté de composer une étude sur *Saly*, nous a communiqué le second opuscule du sculpteur. En voici le titre : *Suite de la Description du monument consacré à Frédéric V par la Compagnie des Indes de Dannemarc pour être jointe à l'explication des motifs qui ont déterminé sur le choix des différens partis qu'on a suivis dans la composition de ce monument, et dans laquelle l'on rend compte des différentes études et observations faites d'après des chevaux, ainsi que des moyens dont on s'est servi pour exécuter le monument* (Copenhague, Cl. Philibert, 1773, in-8 de 56 pages). On remarquera que cette étude est antérieure d'une année à la réédition trilingue du texte de 1771. Cependant Butty ne paraît pas s'être soucié d'y rien emprunter lorsqu'il eut le projet de laisser aux souscripteurs du monument de Frédéric V une publication susceptible de flatter leur amour-propre. C'est que, dans ce second écrit, *Saly* parle constamment des études qu'il voulut faire du cheval danois, dans le but de rendre plus parfaite la statue équestre qui l'occupait. Butty ne prit pas intérêt à ces recherches du sculpteur passionné par son sujet, plein de conscience et de goût. Pour nous, au contraire, ces révélations ont plus de saveur que des faits. Nous nous trouvons en présence d'une étude psychologique, et la personnalité de l'artiste se dégage de ce second écrit avec un relief particulier. Hâtons-nous donc de céder la parole au statuaire, non toutefois sans avoir ajouté que même à Copenhague — une lettre officielle du 15 octobre 1867 dont il sera question plus loin en fournit la preuve — les deux mémoires de *Saly* sont hors de prix quand, par hasard, il s'en rencontre un exemplaire.

LETTRE

A MONSIEUR LE MARQUIS DE MARIGNY,

CONSEILLER DU ROI EN SES CONSEILS, COMMANDEUR DE SES ORDRES; DIRECTEUR ET ORDONNATEUR-GÉNÉRAL DES BATIMENTS DE S. M. JARDINS, ARTS, ACADÉMIES ET MANUFACTURES ROYALES; LIEUTENANT-GÉNÉRAL DES PROVINCES DE BEAUCE ET

FRÉDÉRIC V

ROI DE DANEMARK

Bronze, 1768

Place d'Amalienborg, à Copenhague.)

D'ORLÉANOIS; GOUVERNEUR DU PALAIS DU LUXEMBOURG; CAPITAINE-GOUVERNEUR DU CHATEAU-ROYAL DE BLOIS, ET GOUVERNEUR DE LA DITE VILLE.

Monsieur,

C'est sans doute au ministre des arts qu'un artiste du Roi doit essentiellement compte de l'emploi de ses talens et de tout ce qui y est relatif; comme c'est vis à vis de lui qu'il a le plus à justifier les raisons qui l'ont déterminé dans l'exécution de ses travaux et à chercher un appui.

J'ai eu l'honneur, Monsieur, de vous faire parvenir une gravure du monument pour l'exécution duquel la Cour de Dannemarc m'a emprunté; et je prends aujourd'hui la liberté de vous faire part des motifs que j'ai eu pour me déterminer sur les différens partis que je pouvois prendre en le composant.

Lorsqu'un artiste, ainsi qu'un poëte, se trouve dans le cas de produire un ouvrage de considération, son esprit s'enflamme, sa verve s'échauffe, toutes les facultés de son âme se remuent, les idées se présentent en foule et s'entrechoquent, pour ainsi dire, les unes les autres; toutes lui plaisent, il voudroit pouvoir les exécuter toutes; son embarras est de se fixer à une, et de déterminer la meilleure, et il ne manque guère de pencher pour la plus neuve. Mais lorsque le feu poétique commence à laisser place à la réflexion, qu'il s'agit d'accorder le nouveau et le pittoresque avec la grande et noble simplicité; de combiner avec l'unité du sujet toutes les parties qui doivent le former, de lier ces parties de façon qu'elles y soient analogues et concourent toutes à son succès; et sur-tout qu'elles se trouvent fondées sur des raisons conséquentes et qui le paroissent à tout le monde; le charme tombe, les difficultés se présentent et prennent la place des prétendus avantages, et le jugement nous fait voir à la fin que dans tous les arts d'imitation nos prédécesseurs se sont emparés des bonnes places et que l'on ne peut guère s'exposer à perdre de grands avantages, à vouloir entièrement sortir de ce qui a été fait : Tel a été mon cas.

Comme dans le parti que j'ai pris, Monsieur, pour le général du monument dont il est question, il se trouve des rapports avec plusieurs monuments du même genre; qu'il y a même des choses dans les parties accessoires qui étant destituées d'autres parties qui devoient les faire valoir et les rendre nécessaires, peuvent les faire paroître d'un style peu sévère aux yeux de ceux qui ignorent les motifs qui y ont donné lieu, etc., j'ai cru devoir en donner une description qui, en expliquant mes idées et mes motifs, me serve d'excuse pour plusieurs choses et fasse en même tems connoître que non seulement je n'ai rien fait au hasard, mais que j'y ai été induit et autorisé, soit par des raisons de nécessité, soit par des exemples respectables, soit par les circonstances des tems et des lieux.

C'est donc cette relation, Monsieur, qui contient tout ce que j'ai éprouvé, senti, rejetté et choisi dans la composition et l'exécution de mon ouvrage, et l'expression de mes plus secrètes pensées sur tout ce qui a rapport au monument de Frédéric V, que j'ai l'honneur de mettre ici sous vos yeux. Je serois bien flatté, Monsieur, si j'étois assez heureux pour avoir réussi dans le choix que j'ai fait de ces idées, et mérité par là votre approbation.

Si j'eusse pu exécuter ce monument à Paris, comme je désirois de le faire, je suis très persuadé que, soutenu par la vue des ouvrages de mes confrères et par leurs conseils, j'aurois pu, sans tant d'embarras, me décider beaucoup plus promptement et peut-être plus avantageusement par le succès de mon ouvrage; mais isolé comme je l'étois lors de cette production, je suis encore incertain si je me suis déterminé pour le meilleur parti à plus d'un égard.

Dans cet état de choses, j'espère trouver en vous, Monsieur, la même indulgence pour cette description que vous avez eu pour le monument. Mon intention étoit d'avoir l'honneur de vous présenter cette description dès la fin de l'année 1766; mais peu accoutumé à écrire, je craignois qu'elle ne fut pas faite de façon à pouvoir soutenir la lecture; aujourd'hui diverses considérations m'ont enfin déterminé à le faire. J'espère que vous daignerez, Monsieur, la recevoir et m'honorer de votre avis sur son contenu. Quoique cela ne puisse plus m'être utile pour ce monument, puisque l'ouvrage est fini, il m'éclairera et je sçaurai à quoi m'en tenir.

J'ai l'honneur d'être avec un très profond respect, Monsieur, votre très humble et très obéissant serviteur,

SALY.

A Copenhague, ce 31 mai 1771 [1].

DESCRIPTION FAITE D'APRÈS L'ESQUISSE APPROUVÉE PAR LE ROI, LE 30 AOUT 1755.

La place sur laquelle ce monument est élevé forme un octogone régulier, et a 65 toises danoises en tous sens [A]. Elle est composée de quatre grands palais, dont les séparations forment quatre belles rues; celle qui se trouve en face de la statue, conduit à la magnifique église nommée « l'Église Royale de Frédéric V », qui se construit actuellement; la rue opposée à cette première fait face au port des vaisseaux du Roi; celle qui est à la droite de la statue va à la citadelle et au port marchand; et celle qui est à gauche conduit au centre de la ville [B].

Au milieu de cette belle place, sur un piédestal d'ordre dorique, de marbre blanc d'Italie, et d'une forme quarré-long, est placée la statue équestre de Frédéric V, d'immortelle

1. Dans la réédition trilingue de 1774, Butty a remplacé la lettre qu'on vient de lire par le texte suivant :

A MESSIEURS LES INTÉRESSÉS DE LA COMPAGNIE DES INDES ORIENTALES DE DANNEMARC.

Messieurs ! J'ai entrepris avec la joie la plus vive de publier à tout l'Univers les preuves éclatantes de l'amour et de la reconnoissance que Vous avez éternisées envers votre auguste protecteur Frédéric V, d'immortelle mémoire, par l'érection du superbe monument qui le représente. Célébrer des sentimens si dignes de vous, c'est prendre part à l'hommage que Vous deviez et que Vous avez rendu à la mémoire du meilleur des rois, et marquer la vive satisfaction que j'ai de mettre au jour le symbole des monumens gravés dans vos cœurs et dans celui de toute la nation danoise. Agréez donc, Messieurs, que j'aie l'honneur de vous offrir un ouvrage qui vous intéresse de si près, et qui vous appartient uniquement. Heureux si vous daignez approuver le désir que j'ai de mériter par quelqu'endroit votre protection, et recevoir les assurances du très profond respect avec lequel je suis, Messieurs, votre très humble et très obéissant serviteur,

BUTTY.

A. La toise danoise est composée de 6 pieds, et le pied est de 4 1/2 lignes moins grand que celui du Roi. (*Note de Saly.*)

B. Cette place est située au milieu du quartier dont Frédéric V a augmenté Copenhague. Ce quartier se nomme « Friederichsstadt » qui signifie en françois « la ville de Frédéric ». (*Note de Saly.*)

mémoire. Cette statue est en bronze; elle a 15 pieds 11 pouces de haut, depuis l'extrémité de la tête du Roi jusqu'au dessous des pieds du cheval, et 16 pieds 11 pouces avec son plinte (*sic*). Le monarque est couronné de laurier et vêtu à la romaine. Sa main droite est appuyée sur le bout d'un bâton de commandement, dont l'autre bout pose sur sa cuisse, et il tient les rênes du cheval de la main gauche.

Ce cheval est au pas, et placé sur la main droite, c'est à dire qu'il lève la jambe droite de devant et la gauche de derrière.

Le piédestal a 18 pieds, 8 pouces de hauteur, et 19 pieds 1 pouce en y comprenant les 5 pouces de pente du pavé qui se trouve entre les trois marches du piédestal et la grille; ce qui forme, avec la statue, 36 pieds de haut.

Entre la corniche et l'astragale, règnent quatre grosses guirlandes de feuilles de chêne. Sur le devant et sur le derrière du dez, qui d'ailleurs est totalement uni, sont placées deux tables d'inscription. L'on voit au-dessus de celle de devant deux branches, l'une d'olivier et l'autre de laurier, et au-dessus de celle de derrière un caducée et un gouvernail : attributs analogues au commerce maritime.

Quatre bas-reliefs ovales soutenus par des guirlandes de laurier et représentans la protection que Sa Majesté accorde aux sciences, aux arts, aux manufactures et au commerce, décorent les grands côtez du dez. Ils sont placés de façon à laisser du repos à deux figures de femmes [A] couchées sur le grand socle qui sépare le piédestal de ses marches : Elles représentent le Dannemarc et la Norvège. A une distance propor-

A. Suivant mon esquisse, le Dannemarc et la Norvège devoient être sous la figure de deux femmes; mais depuis que cette esquisse est finie j'ai changé de sentiment. Dans les études préparatoires que j'ai faites à ce sujet, le Dannemarc est représenté par un homme d'âge viril; il a proche de lui un sceptre et une épée, et il tient sa main sur l'épée. De l'autre bras il s'accoude sur un bouclier où sont gravés trois lions léopardés sur un fond parsemé de cœur représentant les armes du Dannemarc. Il a la tête ceinte d'un bandeau royal et est vêtu à la manière des Cimbres. A côté de lui sont grouppés différens attributs relatifs à la guerre et à une puissance maritime : tels qu'un casque, une proue de vaisseau, des haches d'armes, des javelots, des massues garnies de pointes, des frondes, des arcs et des flèches, un bâton ou calendrier Runique, etc. La Norvège, sous la forme d'une femme, est aussi vêtue et coëffée à l'usage des Sitons, ancien peuples de la Norvège. Elle a sur la tête, négligemment ajustée, un diadème au dessus duquel, paroît l'étoile polaire. Le bras gauche est appuyé sur un renne, et elle tient de la main droite un sceptre et un aviron. On voit auprès d'elle des filets remplis de poissons, des minéraux et autres attributs analogues à ce païs; ainsi qu'un écusson sur lequel il y a un lion couronné ployant une hache d'armes; ce qui forme les armes de Norvège. (*Note de Saly*.)

tionnée, pour faire partie du tout, sont placées sur le devant et sur le derrière, deux autres figures couchées, dont la plus grande élévation n'arrive pas à la hauteur des tables d'inscription. Ces figures, ou pour mieux dire, ces grouppes, qui ont 18 pieds de largeur, représentent l'un l'Océan et l'autre la Baltique; de sorte que le héros est environné de ses deux royaumes et des deux mers sur lesquelles ses royaumes sont situés.

Les figures allégoriques du Dannemarc et de la Norvège, accompagnées de leurs attributs caractéristiques, témoignent par leurs attitudes, combien ces royaumes bénissent le Prince qui ne s'occupe qu'à rendre leurs habitans heureux. L'Océan est caractérisé par une figure de vieillard couché sur des rochers parmi des plantes marines; appuyé sur une urne et accompagné d'une baleine. La Baltique est représentée sous la figure d'une femme; elle a près d'elle un enfant qui tient et fait des efforts pour retenir un poisson prêt à lui échapper. Outre la part que ces deux grouppes ont à l'allégorie du sujet, ils doivent encore servir de fontaines publiques par le moyen des eaux qui sortiront abondamment des urnes et des rochers pour tomber dans de grands bassins revêtus de marbre blanc [A].

Les quatre grouppes; les tables d'inscription; les quatre bas-reliefs et tous les ornemens dont il vient d'être fait mention, ainsi que les faisceaux, dont le tore de la base est composé, sont en bronze. Une grille de fer d'un style simple, et trente-deux bornes de marbre de Norvège entourent ce monument.

DESCRIPTION DU MONUMENT TEL QU'IL EST, DEPUIS LA SUPPRESSION DES QUATRE GROUPPES ET AUTRES ORNEMENS ACCESSOIRES AU PIÉDESTAL.

Ce monument, comme on peut en juger par la nature de ses accessoires et de leur distribution, devoit être le plus consi-

A. Ces bassins, dont les extrémités opposées au piédestal sont circulaires, ont 16 pieds de longueur sur 25 de largeur; ils sont à niveau de terre, il n'en excède que la bordure qui est aussi de marbre blanc d'Italie. La longueur générale du monument, prise de l'extrémité la plus reculée d'un des dits bassins à l'extrémité de l'autre, est de 86 pieds; et la largeur du tout, prise de l'extérieur d'une borne à l'extérieur de la borne opposée, de 51. (*Note de Saly.*)

dérable qu'on eut encore fait; mais au mois de juin de l'année dernière [A], Frédéric V, par un trait de générosité qui seul lui mériteroit une statue, retrancha de la composition générale les quatre grouppes que les bienfaits de ce Prince m'avoient porté à y ajouter au delà des conditions de mon contrat. Ce fut pour épargner à la Compagnie des Indes qui lui consacroit cette statue, des dépenses aussi considérables que celles qu'entraînent les ouvrages de fonte, qu'il s'y détermina. Quoique j'eusse fort désiré de pouvoir donner à ce monarque une preuve de plus de ma sensibilité et de ma reconnoissance, je ne pus cependant m'empêcher d'admirer cette bonté et cette élévation de sentimens dans un Roi, père de son peuple, lesquelles le portèrent à sacrifier, de plein gré, une gloire personnelle au bien de ses sujets.

Après la suppression des quatre grouppes, je reçus encore, au mois d'août dernier, ordre de supprimer les quatre bas-reliefs et tous les ornemens contenus dans mon esquisse, et de me restreindre à des tables d'inscription.

De sorte que les deux tables quarrées resteront simplement attachées avec quatre cloux, et les quatre ovales accrochées chacune par son anneau. Ces anneaux que j'ai imaginé pour donner une sorte de vraisemblance à la fiction des inscriptions qui doivent suppléer aux bas-reliefs, ne feront pas un aussi bon effet qu'ils auroient fait si les guirlandes destinées à accompagner les médaillons et les rubans qui, en flottant autour, devoient s'y entrelacer pour arracher ces guirlandes aux mêmes cloux, avoient eu lieu; je sçais même que cette façon de suspendre des tables, n'est ni d'un style assez antique, ni assez sévère pour la nature du monument; aussi n'aurois-je jamais employé ces anneaux si les inscriptions dont il s'agit devoient être censées composées pour faire partie du tout; mais je les suppose modernes et tout-à-fait étrangères à la chose dans leur principe, comme ou le verra par l'extrait de la lettre ci-après.

Malgré la réduction faite à ce monument, il sera encore aussi considérable que beaucoup d'autres. En effet, outre la statue, le piédestal ne laissera pas de se trouver orné par les

A. 1765.

six tables d'inscriptions en bronze; d'un autre côté, le choix que j'ai fait de l'ordre dorique pour ce piédestal, lui donne une corniche à modillons, ce qui la rend plus riche que celles que l'on fait pour ces sortes de monumens; de plus, la nature du pavement qu'il y aura entre les marches du piédestal et la grille, dont les compartimens sont de marbre blanc et noir, lui donne encore un nouveau relief, et rend le tout suffisamment riche.

EXTRAIT
D'UNE LETTRE RELATIVE AUXDITS CHANGEMENS, ÉCRITE LE 2e SEPTEMBRE 1766 A M. OGIER, CONSEILLER D'ETAT, CI-DEVANT AMBASSADEUR DE FRANCE A CETTE COUR, ETC.

« Je ne dois pas non plus vous laisser ignorer, Monsieur, ce que j'ai imaginé et proposé de faire, pour suppléer aux quatre bas-reliefs que je devois exécuter pour décorer le piédestal de la statue équestre de Frédéric V.

« Dès que je sçus qu'on étoit dans l'intention de supprimer ces bas-reliefs afin d'éviter la dépense et le tems que leur exécution auroit emporté; je pensai à conserver, autant qu'il seroit possible, les mêmes masses que les bas-reliefs devoient produire sur les grands côtés de mon piédestal : Voici ce que j'ai imaginé.

« Je suppose quatre tables d'airain sur lesquelles on auroit noté tout ce que ce Prince bienfaisant a fait pour le bonheur de ses sujets et de ses Etats, pendant son glorieux règne, et qu'on accrocheroit ces tables au bas de sa statue pour montrer à la postérité les raisons qui ont donné lieu à faire élever ce monument.

« Les quatre bas-reliefs, comme vous sçavez, Monsieur, devoient représenter par des figures allégoriques la protection que Frédéric V accordoit aux sciences, aux arts, aux manufactures et au commerce [A]. Les inscriptions que je compte

A. Le médaillon représentant la protection que Frédéric V accordoit aux arts, est composé de la manière suivante: Le Roi est debout et vêtu à la romaine; il tend, d'un air de dignité et de bonté, la main droite aux trois sœurs : la Peinture, la Sculpture et l'Architecture, qui se tiennent par la main et s'approchent de concert vers ce monarque. Ce Prince leur montre, de la main gauche, des récompenses

mettre sur les mêmes formes des médaillons, étendront encore mon idée; le premier aura trait à la législation et à l'agriculture; le second aux établissemens pieux et utiles; le troisième aux sciences et aux arts, et le quatrième aux manufactures et au commerce : chacun contiendra une liste de tout ce qui sera relatif à deux de ces huit objets.

« Après avoir éprouvé le cruel effet que l'auteur d'un ouvrage doit ressentir par les démembremens successifs d'une composition générale, où les différentes parties faites les unes pour les autres en font l'harmonie, et ne peuvent être séparées sans faire un tort considérable au tout ensemble [A]; après m'être étourdi sur les contrariétés que j'ai éprouvées, au mois de juin dë l'année dernière, par la suppression des grouppes allégoriques à la statue, et aujourd'hui par celle des ornemens accessoires au piédestal; enfin après m'être vu privé, comme je le suis, de la satisfaction de donner à la mémoire d'un Prince, qui m'a comblé de biens, une preuve de ma reconnoissance; et de l'avantage d'exécuter en même tems le monument le plus considérable qui eût encore été fait; je trouve une consolation dans la pensée de mes inscriptions qui, non seulement suppléeront aux bas-reliefs, mais feront encore voir d'un seul coup d'œil tout ce que ce digne Roi a fait; et je trouve une satisfaction véritable dans l'idée que je me forme de l'honneur que la lecture de ces tables d'inscription fera à la mémoire de ce monarque, ainsi qu'à son ministère.

« Il est vrai, Monsieur, que tous ces faits rassemblés, dont le nombre est considérable, étonnent. On ne s'imagineroit jamais que pendant un règne tel que celui de Frédéric V on ait pu faire tant d'établissemens et de si grandes choses. Je joins ici une copie de ce que j'ai rassemblé à ce sujet pour que vous en jugiez.

honorables, telles que des couronnes de lauriers, des coliers d'Ordre, etc. Ces marques d'honneur sont posées sur une base de colonne, symbole de la stabilité. Minerve qui ne cesse d'inspirer le Roi est placée derrière lui. L'on voit, à côté de cette déesse, le symbole de la paix : un lion et un agneau attachés et dormant ensemble. Entre ce grouppe et le Roi se trouve une corne d'abondance pour signifier que l'abondance est fille de la paix et mère des arts. Les trois autres médaillons n'étoient pas encore composés lors de leur suppression. (*Note de Saly.*)

A. Les statues du Dannemarc et de la Norvège, non seulement enrichissoient les grands côtés du piédestal, mais encore le garnissoient de façon que lorsque l'on voyoit le monument, soit en face, soit par derrière, le piédestal paroissoit beaucoup plus mâle et plus nourri : tel est l'effet ordinaire des démembremens. (*Note de Saly.*)

« Je ne sçais, Monsieur, si l'idée de ces tables d'inscription fera sur votre esprit l'effet qu'elle opère sur le mien. Quant à moi lorsque je me dépouille de l'artiste et que je vois comme particulier et comme ami de l'humanité, ces recueils de faits placés au pied de mon bienfaiteur, je sens une douce satisfaction en trouvant qu'ils disent infiniment plus que quelques figures de bas-reliefs qui, lorsqu'elles sont bien exécutées, font plutôt l'éloge de leur auteur que celui du Prince à qui elles ont été consacrées. On peut, lorsqu'on ne désigne aucuns faits, attribuer par des éloges vagues et généraux, les plus grandes qualités à des souverains qui en réunissent le moins; mais une note de faits, telle que je la suppose, n'auroit point cet inconvénient, et ne pourroit en imposer à qui que ce soit. Si on prenoit le parti, dans tous les monumens que l'on fait élever aux souverains, de détailler les belles actions de leur règne, il me semble que ce seroit une récompense de leurs vertus; un motif d'émulation pour leurs contemporains et pour leurs successeurs; de bons matériaux pour l'histoire et une satisfaction bien grande pour les voyageurs. Je m'étonne que cela ne se soit pas encore fait. Je me persuade que des tables contenant toutes les belles actions d'un empereur, attachées après sa mort aux monumens élevés à sa gloire par le Sénat et le peuple romain, afin d'en constater la vérité, auroient opéré de grands avantages; pourquoi n'en retireroit-on pas aujourd'hui? Mais pour bien rendre mon idée et donner plus d'efficacité à la chose, il faudroit 1° que ces tables, ou catalogues, ne fussent pas écrites dans le style pompeux des inscriptions que l'on fait ordinairement pour placer sur les piédestaux des statues et telles que seront celles placées devant et derrière notre piédestal; l'art que l'on met dans ces sortes d'inscriptions les fait plutôt parler à l'esprit qu'au cœur, et ne leur donne point cet air de naïveté qui est toujours le sceau de la vérité, et qui, selon moi, en feroit tout le mérite [A]; 2°

A. Voici de quelle façon je désirerois que fussent ces tables : En 1747. Le Roi a abrégé les procédures. Il a fondé la société danoise des Belles-Lettres et l'Académie des nobles de Soröe. Il a établi la Compagnie générale de commerce. En 1749. Il a augmenté Copenhague du quartier nommé Friderisstadt. Il a fondé l'église royale de Frédéric. Il s'est assuré de la part du roi de Suède d'un désistement de ses droits sur le duché du Holstein. Il a augmenté les troupes de terre en Norvège. En 1750, etc. (*Note de Saly.*)

que ces tables ou listes de faits, ne fussent placées qu'après que le monument seroit entièrement fini et la cérémonie de l'inauguration faite; 3° que ces tables sortissent de l'Hôtel de Ville et fussent apportées par les magistrats à la tête de la bourgeoisie, au son des timbales et des trompettes, et attachées en leur présence au piédestal de la statue. Ces tables censées écrites par le corps de ville à fur et à mesure que le Prince faisoit des actions utiles au bien de l'humanité et au bonheur de ses sujets, et supposées avoir été conservées pour témoigner en sa faveur après sa mort, ajouteroient à sa gloire et à l'éclat de la cérémonie. Par ce moyen, la Compagnie des Indes consacreroit une statue à Frédéric V; le Sénat et le peuple danois viendroient en pompe ajouter à ce monument les listes de tout ce que le monarque auroit fait en leur faveur. Les quatre tables auront lieu, mais quant à la nature du style et à la cérémonie de leur placement, je ne sçais pas encore ce qui en sera. »

MOTIFS QUI M'ONT DÉTERMINÉ SUR LE CHOIX DE DIFFÉRENS PARTIS QUE JE POUVOIS PRENDRE DANS LA COMPOSITION DE CE MONUMENT.

De l'allégorie générale.

Le règne de Frédéric V étoit un règne pacifique. Toutes les vues de ce père du peuple et des arts ne tendoient qu'à rendre ses sujets heureux et tranquilles. Par la douceur de son gouvernement et la sagesse de son ministère il y étoit parvenu. Le commerce et la navigation, les sciences, les beaux arts recevoient les plus grands encouragemens; nombre d'établissemens pieux et utiles se formoient successivement. Enfin tout prouvoit l'attention continuelle qu'il donnoit au bien de ses Etats, etc. En conséquence, j'ai cru ne devoir le représenter ni en despote ni en conquérant, mais en Prince dont toutes les affections ne tendoient qu'à faire le bonheur de ses royaumes. A cet effet, j'ai éloigné de lui toutes ces allégories orgueilleuses qui servent plus à faire craindre les souverains qu'à les faire aimer; qui n'ajoutent jamais à la gloire du héros que l'on représente et qui ne font souvent qu'exciter l'envie. La flatterie n'a qu'un tems : la vérité seule est durable. C'est pour ne rien mettre qui ne fut puisé dans la vérité, que je l'ai accompagné de ses royaumes si chers à son cœur, et sur lesquels il promène ses regards; les deux mers font voir l'étendue de sa domination; et, comme je l'ai dit, j'ai ajouté à ces symboles ceux de la protection que ce monarque accordoit aux sciences, aux arts, aux manufactures et au commerce [1].

1. Butty, l'éditeur de 1774, a passé sous silence tout le texte de *Saly* que nous venons de publier. Il le remplace par les lignes suivantes :

DESCRIPTION DE LA STATUE ÉQUESTRE

« On représente à la tête de cet ouvrage la statue équestre, telle qu'elle est élevée sur la place de Frédéric dans la ville neuve, dont ce monarque a agrandi Copenhague. » Butty décrit ensuite la place sur laquelle est élevée la statue. *Saly* nous ayant donné la description de cette place, nous passons sous silence le texte de l'éditeur de 1774. Toutefois nous lui empruntons ce paragraphe qui complète la description de l'artiste : « La place de Frédéric en elle-même est fort considérable. Chaque côté est de 150 pieds danois. Chaque diamètre pris d'un angle opposé à l'autre est de 590 pieds, et la distance des côtés correspondans de 362 pieds. La superficie de toute la place est de 108.600 pieds quarrés ou de 1.086 toises quarrées à 10 pieds quarrés la toise. » Ayant achevé la description de la place, Butty ajoute : « Monsieur *Saly* a été choisi pour l'exécution de cet ouvrage. Le Roi approuva l'esquisse qu'il Lui en présenta le 3 d'août 1755, et au mois de juin et d'août de l'année suivante, il ordonna de substituer à quelques ornemens trop dispendieux, de simples tables d'inscriptions de figure ovale, comme l'estampe les représente. » La première planche de l'édition de Butty renferme en effet une vue générale du monument et les inscriptions ménagées sur les faces du piédestal sont rappelées par le burin d'*Heckel* l'auteur de la planche. Voici le texte de ces inscriptions que *Saly* a omis de donner dans son texte de 1771. Butty, sur ce point, est plus explicite que l'artiste.

INSCRIPTIONS

Au devant du dez — FRIDERICO QUINTO — CLEMENTI — PACIFICO — ARTIUM TUTORI — AETAS — GRATA FELIX.

Derrière le dez : — SOCII — NEGOTIATIONIS ASIATICAE — PIETATIS PUBLICAE — MONUMENTUM — POSUERE — MCCLXXI.

Sur la droite et la gauche du dez :

I

OB — PACEM — INTER BELLORUM TERRORES — ANIMO, PRUDENTIA, — FIDE, FOEDERIBUSQUE — FIRMATAM — OPESQUE REGNI — CLASSIBUS EXERCITIBUSQUE — PROVINCIIS — AMPLIFICATAS.

II

OB — MERCATURAE — SECURITATEM, — OPPORTUNITATES — PRAESIDIIS, FOEDERIBUS, — EXTRUCTIS IN UTROQUE MARI — PORTUBUS, — RESTITUTAM, AUCTAS; — REM RUSTICAM — LEGIBUS INSTITUTIS — EMENDATAM ; —

Composition de la statue équestre

Du mouvement du cheval.

L'ambition de chaque auteur, dans tout ce qu'il compose, est de produire du neuf. Ce désir ne manqua pas de se manifester en moi. En conséquence, comme tous les chevaux des statues équestres que j'avois vü, tant en France qu'en Italie, sont représentés au pas, je crus, pour varier, devoir faire le mien au galop, ou cabré. Je n'ignorois pas qu'il s'en trouvoit un en Espagne et un à Dresde [A], dans ce même mouvement; mais c'était peu en comparaison de vingt-quatre ou vingt-cinq qui sont au pas. Je jettai donc mon idée sur le papier, et je trouvai que le mouvement dont j'avois fait choix étoit chaux et susceptible de donner beaucoup de jeu, tant à la machine en général qu'au manteau de mon Roi, à la crinière et à la queue de mon cheval. Pour me conduire d'une façon consé-

INDUSTRIAM OMNIUM — FAVORE, LIBERALITATE — EXCITATAM, SUSTENTATAM.

III

OB — URBEM REGIAM — NOVA, REGIONE, AEDIFICIIS, — AMPLIFICATAM, ORNATAM; — VIAS PUBLICAS — SUA PECUNIA MUNITAS, — PEREFUGIA — HONESTAE PAUPERTATI — PATEFACTA.

IV

OB — ARTES GRAECAS ET ITALAS — ACADEMIA NOVA — FUNDATAS — SORAM RESTITUTAM, — SCHOLAS LITTERARUM — BERGIS ET NIDROSIAE — INSTITUTAS; — STUDIA DOCTRINAE — MISSIS PER ORIENTEM — VIRIS DOCTIS — LIBERALITER ADJUTA.

Ajoutons, pour être complet, le résumé que donne Butty du texte qu'il ne croit pas devoir reproduire : « Monsieur *Saly* s'est occupé, dès l'année 1755, à faire en petit le modèle de ce monument, lequel fut fini en novembre 1758. L'explication qu'il a donnée au public des motifs qui l'ont déterminé dans la composition de son ouvrage, prouve son étude profonde sur la nature du sujet qu'il devoit représenter, l'examen le plus scrupuleux de tout ce qui convenoit par rapport à l'attitude du cavalier et celle du cheval, de même que son activité dans l'exécution de son ouvrage. On doit cette justice au mérite d'un grand artiste, qui en cette occasion auroit raison de se trouver offensé du silence. Voici comme il s'explique sur la composition de la statue équestre. »

A. Cette statue n'est que de platinerie. C'est à dire d'un grand nombre de plaques de cuivre travaillées au marteau. On ne la cite ici que pour le mouvement du cheval. (*Note de Saly.*)

quente dans le parti que j'allois embrasser, je me transportai au manège où, après plusieurs examens, longs et sévères, je reconnus : 1° que dans les différens airs du galop, le derrière du cheval chasse toujours le devant; qu'il ne quitte presque pas la terre; que dans le mouvement cadencé qu'il fait en levant alternativement l'avant et l'arrière-main, le corps du cheval reste presque toujours parallèle au terrain qu'il parcourt; 2° que dans les galops allongés, le poids de presque tout le cheval et celui du cavalier se trouvent porter absolument à faux; de sorte que dans ce mouvement il étoit de toute impossibilité que ma statue équestre pût se soutenir sans un appui étranger; 3° que dans les galops raccourcis, à la vérité, le cheval se rassembloit et que par ce moyen les jambes de derrière, et principalement celle de dedans, se trouvoient plus sous le ventre que dans les galops allongés; mais que malgré cette ressource, le devant du cheval n'étant presque pas plus élevé que le derrière, il laisseroit par conséquent encore trop de poids à cette partie de ma statue, pour qu'elle put encore se soutenir sans appui.

Comme j'avois vu en sculpture différens petits modèles de statues équestres, dont les chevaux étaient assez élevés du devant pour pouvoir sans appui soutenir leur poids et celui du cavalier sur leurs pieds de derrière et sur leurs queues ; que j'étois certain qu'il en existoit une semblable en bronze dans le jardin *del Buen Retiro* en Espagne, et que je n'avois aucune sorte de connoissance de l'art de la cavalerie, je persistois à demander qu'on plaçât un cheval dans cette attitude ; mais mes demandes furent inutiles.

L'expérience me fit enfin connoître, et je fus obligé d'avouer à ceux qui m'en avoient prévenu, que l'action d'un cheval au galop, de quelle espèce que put être ce galop, étant de se porter en avant, rien n'étoit plus opposé à ce mouvement que celui de le faire retourner sur ses hanches et s'acculer, comme il étoit nécessaire que cela fut pour pouvoir s'élever fort haut du devant, que les ressorts destinés à former l'élan en avant, ne pouvoient pas en même temps servir à celui de la rétrogradation, et que par conséquent ce que je demandois ne pouvoit point se trouver dans les mouvemens des galops, mais bien dans celui de la courbette ; 4° Je reconnus enfin qu'en voulant recourir à la courbette, que les artistes nomment « cabré », je pouvois bien faire lever mon cheval assez haut du devant pour que le poids de son avant-main et du cavalier se portât suffisamment en arrière de façon que le centre de gravité de tout le fardeau se trouvât entre les pieds de derrière du cheval et sa queue, et que le tirant de fer que je mettrois dans cette queue put contenir ma statue dans un juste équilibre ; mais que cela ne présenteroit jamais qu'une attitude fort désagréable, parce qu'aussitôt qu'un cheval lève les jambes de devant pour se mettre dans le mouvement, non seulement de la courbette et du mezair qui est la demie courbette, mais encore dans les airs relevés ; au lieu de tenir les jambes de devant dans l'attitude de celles d'un cheval qui est au galop, comme je l'avois toujours vu, et comme se trouvent celles du cheval de la statue équestre de Philippe IV en Espagne ; il les ploye et les retire près du corps.

Après donc m'être convaincu, par une infinité d'épreuves faites pendant un fort long espace de tems 1° que toutes les statues équestres dont le cheval est au galop, soit allongé, soit raccourci, lorsqu'elles sont placées sur un terrain de niveau, ne pouvoient se soutenir sans appui. 2° que le cheval ne pouvoit absolument pas non plus se cabrer ou se mettre dans l'attitude de la courbette, sans ployer et retirer à lui ses jambes de devant ; je fus forcé de reconnoître et d'avouer que l'attitude que je demandois étoit imaginée et nullement prise dans la nature.

Cette certitude me chagrinoit autant qu'elle me surprenoit ; et je ne sçavois à quoi me résoudre : d'un côté, je trouvois dans la statue *del Tacca* en Espagne, et dans une infinité d'autres qui sont dans des bas-reliefs antiques et dans différens tableaux de grands maîtres, des exemples de chevaux acculés avec les jambes étendues en avant, sans que qui ce soit y ait trouvé à redire ; d'un autre côté, j'avois du scrupule de m'écarter de la nature, sans qu'il me restât seulement la consolation d'en pouvoir douter.

Dans ces momens d'embarras et d'irrésolution, je gémissois sur l'ingratitude de mon art qui sans cesse gêne et rétrécit le génie. En peinture, me disais-je, tout peut se représenter ; il ne s'agit que d'être assez habile pour bien rendre la nature ;

mais en sculpture, tel habile que l'on puisse être, outre la difficulté de bien rendre la nature, les matières que l'on employe empêchent de faire une grande partie de ce que l'on imagine ; la nécessité des points d'appui et la contrainte d'un parfait équilibre, à tout ce que l'on fait, met des entraves à la composition et en augmente, par conséquent, encore les difficultés. Ce sont sans doute ces raisons qui ont porté le *Tacca* à ne pas se contraindre à aucun air régulier pour rendre son projet praticable et son ouvrage agréable [A].

Tous ces inconvéniens me roulaient dans la tête, lorsque le hazard me fit rencontrer le Prince que je devois représenter. Il étoit à cheval, au petit pas, entouré de son peuple qu'il voyoit avec satisfaction et auquel il laissoit l'avantage de l'approcher, de le bénir et de lui presenter des placets qu'il se plaisoit à recevoir sans distinction de rang ni d'état. J'entendis ce peuple crier : « Voilà notre Père ! » et le monarque se tournant à droite et à gauche, en leur faisant signe de la main, pour leur marquer son affection, leur répondre : « Oui ! Vous êtes mes enfans, vous êtes tous mes enfans ! » Quel spectacle ! j'en fus attendri jusqu'aux larmes. De retour chez moi, plus je réfléchis sur ce que je venois de voir, plus je trouvai qu'en suivant le parti que je m'étois d'abord proposé, je m'écarterois entièrement du caractère de mon héros, et que pour bien peindre sa belle âme et cet heureux mélange de majesté et de douceur qui le caractérisoient, il devait être représenté tel que je venois de le voir.

L'on se désiste difficilement d'une chose qui promet des avantages. Je trouvois dans une action animée de quoi m'éloigner plus facilement de ce qui avoit été fait ; je reconnaissois par la difficulté que j'avois de lire dans un cheval dont le mouvement étoit précipité, celle que même les écuyers pourroient avoir d'en bien juger, et faire faire par conséquent de ces criti-

A. Quoique ce cheval ne soit pas dans un mouvement régulier, cela n'empêche pas qu'on puisse l'admirer pour beaucoup d'autres parties. Il y a du feu dans sa composition, de la hardiesse et de l'intelligence dans son exécution. Il faut tant de parties réunies pour faire un monument de cette nature qu'il est difficile de les rassembler toutes. Au surplus celle que *Tacca* a négligée ne peut guère être observée que par un homme de cheval. Tout artiste ennemi de la contrainte ne sçaura jamais mauvais gré à l'auteur d'avoir pris quelques licences ; au contraire il lui en sçaura beaucoup d'avoir osé, le premier, sortir de la voie ordinaire et entreprendre d'exécuter, en grand, un cheval dans cette attitude. (*Note de Saly.*)

ques qui, d'ordinaire, sont si funestes aux repos des artistes et à leur production. J'y voyois, de plus, le gain d'un tems considérable qu'il me faudroit employer à mesurer et à étudier des chevaux pour soutenir la comparaison d'un cheval au pas : comparaison qu'on est porté de faire d'après la nature même ; ainsi que de juger si un cavalier est placé avec noblesse et avec aisance ; si son mouvement est parfaitement d'accord avec celui du cheval ; si la charpente de ce bel animal est bien sentie ; si les muscles destinés à faire agir chaque partie qui travaille font bien leur office ; et si les autres sont bien dans leur repos ; si le cavalier et le cheval sont bien proportionnés l'un pour l'autre, et si toutes les parties de chacun d'eux sont dans leurs justes mesures ; de plus, ce à quoi les anciens n'étoient point contraints, et ce qui est le plus ingrat, si les régles actuelles de la cavalerie sont bien observées : toutes choses dont le connoisseur peut voir aisément le vrai ou le faux ; sur lesquelles chacun croit avoir des droits de prononcer ; et qui ne manqueroient pas d'être de la plus grande difficulté pour moi qui n'en avois aucune notion. Cependant malgré la perte de tous les avantages que j'abandonnois en me désistant de faire mon cheval cabré, avantages sur lesquels j'avois fondé beaucoup d'espérances, je ne pouvois me dissimuler que dans un mouvement forcé il me seroit impossible de donner à mon héros cet air de bonté, de candeur et de dignité qui accompagnoit toutes ses actions. D'un autre côté, après toutes les bontés dont j'étois comblé par ce Prince, il me sembloit que ce seroit agir avec ingratitude que de ne pas chercher au moins à force d'études, de tems et de peines à le rendre réellement tel qu'il étoit, dussé-je rester infiniment au-dessous de mon objet. Pour n'avoir rien à me reprocher, je me déterminai donc enfin pour le cheval au pas ; je frémis de ce que j'allois entreprendre, et des risques auxquels j'allois m'exposer et je commençai mon esquisse.

Après la résolution prise de faire mon cheval au pas, il s'agissoit de sçavoir sur quelle main je le mettrois. Mon premier mouvement fut encore de suivre la route la moins battue, c'est-à-dire de lui faire lever la gauche de devant et la droite de derrière, parce que je ne connoissois dans cette attitude d'autres chevaux de statues équestres que ceux de Nonnius Balbus tiré d'Herculanum, de Henri IV sur le Pont-Neuf, à Paris, par *Jean de Boulogne*, de Louis XIV, à Lyon, par *Desjardins*, et de Louis XV, à Paris, par *Bouchardon* ; mais en réfléchissant qu'en prenant même ce parti, je ne ferois encore rien de neuf, j'ai mieux aimé me déterminer pour la main droite, d'autant mieux que le cheval et le cavalier y ont toujours plus d'aisance et de grâce, et que je risquois moins de me mettre à dos tous les écuyers.

De la position du cavalier en général.

Lorsque j'eus mis mon cheval ensemble [A] dans la position la plus conforme aux bonnes règles de la cavalerie, que j'eus cherché à lui donner une démarche noble et relevée, et qu'il fut question d'y placer mon cavalier, loin de chercher à suivre aucun des usages que les préjugés de chaque nation ont rendus différens, et sur lesquels chacune d'elles croit être la plus autorisée dans le parti qu'elle a pris, je m'attachai à lui mettre le corps dans un à plomb souple et aisé, et à ne donner aucune contrainte aux cuisses ni aux jambes ; l'expérience m'ayant démontré qu'en toute chose ce qui est gêné et roide sort du noble.

De la tête.

J'avois d'abord intention de tourner sur la gauche la tête de mon Roi, afin de la faire contraster avec celle de mon cheval qui tourne un peu la sienne sur la droite, mais en considérant que cette opposition de têtes a déjà été répétée tant de fois, qu'en m'en tenant à l'attitude que j'avois choisie je me rapprochois encore des règles de la cavalerie, ce dont je ne me suis jamais écarté tant qu'elles ne m'ont rien demandé de roide, et qu'il m'a paru que cela n'ôtoit pas de la noblesse à mon héros, j'ai cru devoir préférer ces avantages à celui du contraste.

A. Terme consacré dans la peinture et la sculpture pour signifier le rapport, la liaison et l'harmonie des différentes parties d'un tout. Cette figure est bien ou est mal ensemble. Cette tête est bien ou est mal ensemble, etc. (*Note de Saly.*)

Du bras et de la main gauche.

La position du bras et de la main gauche, ou main de la bride, est un de ces objets sur lesquels les nations ont des préjugés différens. Comme je ne suis pas assez écuyer pour décider si les Danois dans l'usage qu'ils ont contracté à cet égard, sont autorisés à croire qu'ils peuvent, sans être obligés de remuer le bras ni changer le poignet de place, faire avec plus de facilité et de précision les mouvemens des quatre principales allures, c'est-à-dire d'aller en avant, en arrière, à droite et à gauche ; je déclare qu'en imitant leur façon dans le placement de ces deux parties, je ne me suis attaché qu'à l'extérieur qui, en général, m'a paru naturel, et par conséquent, analogue aux arts. De plus, comme le monument étoit destiné à rester en Dannemarc, j'ai cru devoir adopter à cet égard l'usage qui y est reçu.

Du bras et de la main droite.

Jusqu'ici toutes les parties, tant du cheval que du cavalier, ont été assujetties à des règles dont on ne peut pas chercher à s'écarter sans blesser l'œil des connoisseurs et s'attirer, de propos délibéré, leur censure.

Ce n'est donc que de la position du bras droit d'une statue équestre dont l'auteur peut disposer à son choix ; mais ce bras, dans le grand nombre de statues équestres déjà faites, a été varié de tant de façons qu'il y a long-tems que toutes les places sont prises. Le Marc-Aurèle qui est à Rome sur la place du Capitole, et Louis XIII sur la place Royale à Paris ont la main étendue ; Nonnius Balbus, tiré d'Herculanum, a le bras fort élevé et la main fermée ; Louis XIV, à la place de Vendôme, à Paris, et de Bellecour à Lyon y commande de la main ; il s'en trouve plusieurs en Italie ; une de Louis XV à Bourdeaux, une de Louis XIV à Rennes, en Bretagne [A], une du Grand Electeur à Berlin, etc., qui tiennent des bâtons de

A. La statue de la place Vendôme, à Paris, est de *Girardon* ; celle de Lyon, comme on l'a dit plus haut, de *Desjardins* ; celle de Rennes, en Bretagne, de *Coyzevox* ; et celle de Bourdeaux, de M. *Le Moyne*. (*Note de Saly.*)

commandement par le milieu avec le bras plus ou moins allongé, plus ou moins élevé, plus ou moins en avant; d'autres statues telles que celles de Henri IV et de Louis XV à Paris, et quelques autres en Italie, appuyent la main sur le bout d'un bâton, dont l'autre bout porte sur leur cuisse ou à côté.

Ne pouvant donc poser le bras de mon Roi dans une attitude nouvelle, il s'agissoit de faire un choix dans ce qui avoit déjà été fait, et d'en faire un conséquent et analogue à un roi de Dannemarc, et à un roi du caractère de celui que je représentois.

D'abord la main paternelle de Marc-Aurèle, étendue sur son peuple en signe de protection, me parut préférable à toute autre position de main, tant par le rapport qui se trouvoit entre mon héros et ce Père du peuple, que par l'idée juste que j'avois pris de l'action même et par le conseil que m'en avoit donné le sage et savant comte de Caylus. Je l'éprouvai donc sur mon esquisse; mais cette pensée qui parle tant au cœur et à l'esprit, et qui m'avoit paru si bien exprimée dans la statue de Marc-Aurèle, produisoit une expression contraire dans mon esquisse, et je me trouvois obligé d'en donner l'explication pour la faire comprendre. J'étois désolé et rebuté, je cherchois à en démêler la cause, lorsqu'un jour mes idées se trouvant plus nettes sur la statue de Marc-Aurèle, je me rappellai que cette action si intéressante et si bien exprimée dans l'antique, tiroit son expression, son onction et sa paternité du parti que l'auteur de ce monument avoit pris de pencher un peu son héros du côté qu'il étend la main. Ayant reconnu la cause du mal, je ne tardai pas à y apporter le remède que je croyois convenir. Je penchai un peu le corps et la tête de mon cavalier et je vis sur le champ qu'on pouvoit lire dans sa pensée; mais le lendemain, lorsque j'eus découvert mon esquisse et que je l'eus assez examinée pour laisser à mon enthousiasme le tems de se calmer, je m'aperçus d'un hors d'aplomb qui commença à m'inquiéter. Je voyois bien que mon héros avoit gagné du côté de la bonté, mais je voyois aussi que de la façon dont je l'avois rendu il perdoit du côté de la noblesse. Je fis cependant voir mon esquisse à quelques personnes judicieuses qui me firent envisager tout ce que j'aurois contre moi si je prenois un parti aussi éloigné des usages reçus par la cavalerie et même autorisés par l'exécution d'un grand nombre de belles statues modernes. J'eus beau leur dire : 1° Que la statue de Marc-Aurèle, qui étoit précisément dans l'action que je voulois donner à mon Roi, avoit toujours fait l'admiration de tous les connoisseurs; 2° Que je ne voulois représenter que ce que j'avois vu faire à Frédéric V, et qu'étant vêtu à la romaine dans sa statue, il devoit encore être moins sujet aux usages modernes; 3° Que les écuyers et même les plus scrupuleux se trouvoient très souvent dans la nécessité de sortir des règles austères de la cavalerie ; 4° Que la Peinture et la Sculpture, imitatrices de la nature, devoient la suivre et la copier dans tous ses mouvemens, et que chaque action étoit également difficile à bien rendre.

A toutes ces raisons, les personnes consultées répondoient : 1° Que du tems que la statue de Marc-Aurèle avoit été faite, la façon de se tenir à cheval n'avoit pas encore reçu d'entraves, comme on pouvoit en juger par les bas-reliefs antiques, et que n'étant contraint par aucune règle, l'on sacrifioit ce que nous appellons bonnes grâces à tout ce qui pouvoit contribuer à rendre une pensée plus intelligible et une action plus frappante; de plus, que les arts, en ce tems-là, étoient si fort en estime, que l'on respectoit, en ce genre, jusqu'aux licences que prenoient les artistes; au lieu qu'à présent, pour quelques amateurs des arts qui sentiroient ce que je ferois, tous les écuyers de l'Europe, et même toutes les personnes qui auroient la moindre idée de cavalerie, se déchaîneroient contre moi : qu'il falloit se conformer aux tems et aux usages; 2° Que cette action de Frédéric V qui me tenoit si fort au cœur, étoit, à la vérité, une des plus dignes d'être transmise à la postérité; mais qu'elle demandoit à être expliquée, ce qui étoit toujours un défaut; et que si l'artiste, auteur de la statue antique, devoit faire ce monument aujourd'hui, il ne prendroit vraisemblablement pas le parti qu'il a pris, quoi qu'il fit usage de l'habit romain; 3° Qu'il étoit vrai qu'il arrivoit souvent, et même aux écuyers les plus scrupuleux, de faire des mouvemens qui sont contraires aux bonnes règles de la cavalerie; mais que tous ces mouvemens étoient des accidents momentanés qui s'oublioient aussitôt que ces écuyers se replaçoient dans les règles; mais qu'il n'en étoit pas de même d'une statue dont les mouvemens ne varient point ; 4° Que ne pouvant, en peinture et en sculpture, exprimer qu'une seule action, il falloit, au moins, faire choix de celle qui étoit regardée comme la plus noble et la plus agréable à l'œil.

Ces raisons étoient plausibles ; mais je tenois à ma main paternelle. Cependant, à force de réflexions et de combats, je parvins à penser et à me dire : « Telles études que tu puisses faire, telles peines que tu puisses te donner, et tel tems que tu puisses employer pour exécuter ta statue équestre, il s'y trouvera toujours assez de défauts, sans t'exposer, de propos délibéré, à la critique. » Je renonçai donc à l'idée de la main étendue, et je pensai à ce que je pourrois faire pour y suppléer.

Du bâton de commandement.

Je voulois éviter de me servir du bâton de commandement parce que, d'un côté, je croyois qu'il ne pouvoit convenir qu'à des généraux et non pas à des rois ; et que, d'un autre côté, je ne voulois pas faire commander mon héros pour ne point le faire sortir de son caractère distinctif ; mais ayant réfléchi que quand même l'antiquité ne fourniroit pas nombre d'exemples d'empereurs et de rois tenant des bâtons de commandement, l'usage qu'en avoient fait les plus célèbres artistes dans l'exécution du plus grand nombre des statues équestres, devoit non seulement me servir d'autorité, mais encore faire considérer le bâton de commandement comme entièrement consacré à désigner l'autorité. Cela posé, je me déterminai à l'adopter ; mais ce ne fut qu'en faisant appuyer dessus la main de mon héros. De cette façon, je trouvai que l'autorité des rois de Dannemarc seroit parfaitement représentée par le bâton de commandement, et que Frédéric V, en le tenant de la façon dont on a dit, donneroit à connoître qu'il s'occupoit moins de son pouvoir que de son amour pour ses sujets. Cette idée d'autorité et de bonté réunies me parut enfin ce qu'il y avoit de mieux soutenu dans mon sujet. Je sentis, de plus en plus, que si ma première idée exprimoit heureusement la tendresse paternelle du Prince envers ses peuples, cette dernière embrassoit plus de parties, puisqu'elle faisoit en même tems connoître le pouvoir du héros et l'usage qu'il en faisoit.

Du costume.

En choisissant l'habit romain, je n'ai pas ignoré combien j'allois pécher contre le costume, et, par conséquent, contre la raison. J'en avois déjà jugé ainsi par différens ouvrages que j'avois été à portée de voir dans les pays que j'ai parcourus ; mais quel parti prendre ? Si l'habit de ce pays n'eut pas, comme le nôtre, été antipathique avec les arts, ou si mon héros eut fait la guerre, je me serois conformé volontiers aux usages du tems. Ne pouvant pas les suivre, je voulus avoir recours aux vêtemens des anciens Cimbres, ou des premiers rois de la famille d'Oldenbourg ; mais en réfléchissant qu'en adoptant ces vêtemens je ne trouverois pas encore les avantages de l'habit romain, qui indique presque par tout le nud, et que je n'en rendrois pas plus fidèlement le costume du jour, je me suis vu dans la dure nécessité de m'en tenir à ce dernier. J'espère que l'on me plaindra, et que l'exemple de plusieurs monumens de cette espèce, ainsi que l'adoption qu'en ont fait de célèbres artistes [A], seront pour moi des autorités et seront mon excuse. Mais si d'un côté, je me suis permis la licence d'adopter le costume romain, d'un autre côté je me suis imposé la contrainte de ne mêler à ce costume aucune chose qui ait rapport à celui d'aujourd'hui, pas même pour la chevelure, quoiqu'on ne puisse guères la changer sans affoiblir la ressemblance, et que ce soit cependant la seule chose à laquelle beaucoup de monde s'attache [A]. Ce sacrifice fait, il s'agissoit de sçavoir de quoi je composerais la couronne que je destinois à mon héros. En adoptant le laurier, j'appréhendois de déguiser mon sujet. Pour éviter toute équivoque, je voulois employer des feuilles d'olivier ; mais la difficulté de former des masses aussi avantageuses qu'avec du laurier ; et ayant d'ailleurs reconnu par la vue de différentes médailles antiques, que le laurier avoit été donné à des princes qui

A. *Girardon*, *Coysevox*, *Desjardins*, *Le Moine*, *Bouchardon*, etc. (*Note de Saly.*)

A. Toutes les statues équestres de Louis XIV ci-dessus mentionnées, quoique vêtues à la romaine, sont coëffées d'une grande perruque, comme en portoit ce Prince. (*Note de Saly.*)

n'avoient jamais fait la guerre, et de plus qu'il étoit également consacré aux sciences et aux arts, puisque l'on en coëffoit Apollon, j'en suis revenu au laurier. Je me suis également renfermé dans le costume romain pour tout ce qui avoit trait à l'équipage de mon cheval, puisqu'il n'est composé que d'un bridon très simple, d'une housse et d'une sangle. Quelques personnes ont cru que la sangle n'étoit point en usage chez les Romains; mais il s'en trouve tant d'exemples dans les bas-reliefs antiques, que je me suis cru plus qu'autorisé à l'admettre.

Des fers du cheval.

Quant à la forme des fers avec lesquels j'ai ferré mon cheval, qui est tout à fait danoise; voici les raisons qui m'y ont déterminé : 1° Quoiqu'il paroisse certain, parce qu'en ont dit différens auteurs graves, que les Romains ferroient leurs chevaux, sinon tous, au moins une partie, je n'ai rien vu dans les monumens antiques qui ait pû m'indiquer la forme qu'ils donnoient à ces fers; 2° sans vouloir entrer dans les raisons qu'on allègue en Dannemarc pour ne point laisser porter les talons du cheval sur les fers, et pour élever ces fers par des crampons, cette façon de ferrer est si favorable aux arts, elle donne tant de légèreté et de grâce aux pieds des chevaux, qu'il seroit à souhaiter pour les artistes qu'elle fut reçue par tout; 3° Comme à la distance où l'on est à portée de bien juger d'une statue équestre, la saillie de sa plinte cache toujours une partie des pieds du cheval, l'élévation que produisent les crampons aide si fort à diminuer cet inconvénient que cela seul auroit suffi pour me la faire adopter.

Proportion gardée entre le cavalier et le cheval.

Frédéric V étoit très bien fait, mais il n'étoit pas de grande taille. Pour representer sa stature, il auroit fallu le monter sur un petit cheval, parceque ne pouvant pas me servir d'une petite selle pour l'exhausser, la tête d'un cheval de moyenne taille, tel que je l'ai fait, l'auroit entièrement couvert, sur-tout étant vu en dessous, comme le sont ces sortes de statues. Cette raison et la persuasion où j'étois qu'un artiste ne peut pas être contraint de rendre compte de la taille du héros qu'il représente, dans un monument de cette importance, et que l'on pourroit à juste titre nommer le poëme épique de la sculpture, m'ont porté à faire des comparaisons sur la nature. Dans cette idée, j'ai commencé par faire choix d'un cheval entre la plus grande taille et la plus petite, qui s'est trouvé avoir 4 pieds 11 pouces [A]. Après quoi j'ai fait monter ce cheval par des cavaliers de différentes grandeurs, d'après lesquels j'ai cru devoir me déterminer pour un de 5 pieds 7 pouces ; le tout mesure de France.

Au sujet de cette licence, j'eus occasion d'entendre une chose vraiment surprenante et qui mérite d'être citée. Lorsque mon petit modèle fut fini, et que le feu roi m'eut fait l'honneur de le venir voir, le Prince-royal, aujourd'hui régnant, me fit le même honneur. C'étoit le 22 du mois de novembre 1758. Aussitôt que son Altesse Royale fut à portée de le voir, Elle dit avec vivacité : « Cela est fort beau ; mais vous avez fait mon Papa plus grand qu'il n'est. » Si ç'eut été en voyant le grand modèle de la statue équestre que ce Prince eut porté ce jugement, on auroit pu croire que c'étoit parce qu'effectivement la statue étoit plus grande ; mais qu'âgé de moins de dix ans ce Prince ait pû, par estimation, juger dans une figure de dix-huit pouces, que le Roi, son Père, y étoit représenté plus grand qu'il n'étoit, cela est étonnant ! Que ne devait-on pas, dès ce tems-là même inférer d'un tel discernement ? Voilà de ces traits lumineux qui, dès l'âge le plus tendre, annoncent les grands princes [1].

Tel est l'opuscule publiée par *Saly* en 1771 sur le monument dont il est l'auteur à Copenhague. La seconde Lettre du statuaire étant plus rare encore que la première et d'un caractère en quelque sorte

A. Le plus haut des douze chevaux que j'ai mesurés avoit 5 pieds 2 pouces 7 lignes ; et le plus petit 4 pieds 8 pouces 8 lignes. (*Note de Saly.*)

1. Ce dernier alinéa de la première plaquette est reproduit par Butty, dans la réédition de 1774, avec quelques variantes. Butty se substitue à *Saly* dans le récit, dont il s'applique d'ailleurs à respecter les termes. Ce qui appartient plus intimement à Butty, c'est l'Appendice qu'il publie à la suite du texte de *Saly* sous le titre *Description des machines qui ont servi au transport de la statue.* Cet appendice n'est intelligible qu'autant que les huit planches qui l'accompagnent sont sous les yeux du lecteur. Nous passerons donc sous silence les détails techniques concernant la fonte, le transport ou la pose de la statue. Ces pages de Butty, curieuses sans doute, semblent tracées par un ingénieur et nous ne prenons intérêt qu'aux écrits de *Saly*.

plus intime, puisque l'artiste nous fait assister à ses études, à ses déceptions, à ses succès, nous la transcrivons ici sans plus de préambule.

SECONDE LETTRE

ÉCRITE A MONSIEUR LE MARQUIS DE MARIGNY,

CONSEILLER D'ÉTAT ORDINAIRE D'ÉPÉE, COMMANDEUR DES ORDRES DU ROI, LIEUTENANT-GÉNÉRAL POUR SA MAJESTÉ AU GOUVERNEMENT D'ORLÉANOIS ; DIRECTEUR ET ORDONNATEUR-GÉNÉRAL DES BATIMENTS DU ROI, JARDINS, ARTS, ACADÉMIES ET MANUFACTURES ROYALES ; GOUVERNEUR DU PALAIS LUXEMBOURG, CAPITAINE-GOUVERNEUR DU CHATEAU ROYAL DE BLOIS ET GOUVERNEUR DE LA VILLE.

Monsieur !

Le bon accueil que Vous avez daigné faire à la première partie de la description de la statue equestre de Frédéric V, et la façon dont Vous avez bien voulu m'encourager sur les choix que j'ai faits en composant ce monument, me font espérer que Vous voudrez bien avoir la même indulgence pour la suite de cette description.

C'est toujours dans le même dessein, celui de Vous rendre compte, Monsieur, de l'emploi de mon tems, que j'ai continué cette description. C'est à titre du tribut que je Vous dois, comme ministre des Arts, que je prends la liberté de la mettre sous Vos yeux. Vous verrez, Monsieur, qu'elle n'est que la suite de l'expression de mes plus secrètes pensées touchant l'effet que la vue des chevaux du roi de Dannemarc produisit d'abord sur moi ; et un exposé simple des moyens que j'ai employés pour exécuter mon petit et mon grand modèle ; accompagné de quelques légères observations que j'ai été dans le cas de faire en étudiant ces mêmes chevaux.

Mon intention, Monsieur, étoit d'abord de laisser ces remarques dans l'oubli ; mais des personnes éclairées m'ayant fait observer que tout artiste, en qualité de membre de la république des arts lui doit compte de ses moindres découvertes, et qu'en fait d'arts ce qui tend à mettre le public en état de juger d'une façon conséquente des productions des artistes, ne pouvoit que tourner à leur avantage ; je me suis enfin laissé entraîner à leur avis, en enviant d'un côté le sort de ceux qui par leurs lumières et les circonstances sont assez heureux pour pouvoir payer de plus grands tributs, et en espérant, d'un autre côté, que ces considérations me serviront d'excuses et d'autorités à plus d'un égard dans l'examen que l'on fera de mon ouvrage.

J'ai l'honneur d'être avec un respect très profond, Monsieur, Votre très humble et très obéissant serviteur,

SALY.

A Copenhague, ce 9 mars 1773.

EXAMEN DES CHEVAUX DANOIS QUI M'ONT SERVI DE MODÈLE. EFFET QUE LEUR VUE PRODUISIT D'ABORD SUR MOI D'APRÈS L'IDÉE QUE JE M'ÉTOIS FAITE DE LA BEAUTÉ DU CHEVAL ; REDRESSEMENT DE MES IDÉES A LEUR SUJET.

Aussitôt que mon attelier et le modèle en grand du piédestal de la statue équestre furent finis, et que par là il me fut possible de commencer les études qui m'étoient nécessaires d'après des chevaux, je m'y livrai tout entier, dans l'intention de n'épargner ni peines, ni tems, pour tâcher de prendre une connoissance suffisante de ce bel animal, de me mettre en état de pouvoir lire dans les ressorts d'une machine aussi difficile, et la copier. En conséquence, sur la demande que j'en fis à Mons. le comte de Moltke [A], son Excellence voulut bien

[A] Selon les conditions de mon contrat je devois exécuter ce monument sous les ordres immédiats de Sa Majesté, ou d'un ministre qu'Elle préposeroit à cet effet, et non d'autres, etc. En conséquence, ce fut Monsieur le comte de Moltke, chevalier des ordres du Roi, pour lors Grand-Maréchal de la Cour et, depuis, ministre d'Etat, que Sa Majesté chargea de veiller à l'exécution du monument. Ce sage et vertueux ministre, toujours plein d'ardeur pour tout ce qui peut contribuer à la gloire de son maitre et à l'avantage des sujets de Sa Majesté, ne cessa jamais un instant de prendre le plus tendre et le plus vif intérêt à cette affaire, et de se donner tous les mouvements possibles pour tâcher de me faire fournir, comme on y étoit obligé, tout ce qui m'étoit nécessaire pour les préparatifs et pour l'exécution de mon ouvrage, et je lui dois la justice de dire que si des ordres sans cesse réitérés, les soins les plus assidus et le zèle le plus soutenu, avoient pu remédier à la lenteur des différents fournisseurs, je ne me serois certainement pas trouvé dans le cas d'essuyer tant de retards ; et le monument seroit fini depuis long-temps. (*Note de Saly.*)

arranger toutes choses de façon qu'à ma réquisition l'on devoit m'amener tous les chevaux que je désirerois avoir des écuries du Roi, et cela aux jours et aux heures que j'indiquerois et pendant tout le tems que j'en aurois besoin. On voulut bien aussi nommer un maître de manège ou premier piqueur pour monter ces chevaux et les faire mettre dans les attitudes qui me seroient nécessaires. Tout cela commença à s'effectuer le 17 juillet 1756.

Lorsque je vis les chevaux que l'on m'amena et que je les considérai comme des modèles que je devois suivre, loin d'y trouver toutes les beautés que j'avois oui vanter dans les chevaux danois, ils me parurent tous grêles dans leur ensemble ; la tête et les oreilles grandes ; le col, le poitrail et les bras, vus de face, extrêmement étroits ; les genoux larges et plats ; les canons menus et les pieds larges. Je ne fus pas plus content de ces chevaux lorsque je les vis de profil ; leurs corps me parurent longs et effilés ; les jambes courtes et les bras larges ; les cuisses et les jambes de derrière, lorsqu'elles sont étendues, fort étroites, et les jarrets de celles qui sont ployées, fort larges ; les croupes, les cuisses et les jambes vues par derrière, fort étroites ; enfin je ne trouvois en aucune façon ce que je croyois devoir trouver dans la nature. Enivré de mes préjugés je croyois qu'elle devoit se prêter à mes désirs, et en conséquence je demandois qu'on me procurât des chevaux plus larges d'encolure, de poitrail, de corps, de croupes, etc. pour me satisfaire. Après m'avoir amené les plus beaux chevaux, on me fit voir les plus gros ; mais il s'en falloit encore de beaucoup qu'ils fussent tels que je les désirois. Cela m'inquiétoit ; mais à force de m'entendre dire que le cheval que montait un roi, lorsqu'il faisoit son entrée dans sa capitale, tel que je voulois représenter le mien, ne devoit pas être de la nature d'un cheval de carrosse, et par conséquent encore moins d'une corpulence plus forte ; après des assurances réitérées que les chevaux qu'on m'amenoit étoient les plus beaux qui fussent en Dannemarc ; et après avoir constamment trouvé les mêmes prétendus défauts, plus ou moins forts, dans tous ceux que j'avois vus, je commençai à réfléchir et à me dire : 1° qu'il n'étoit pas possible que les chevaux danois ne fussent pas beaux, puisqu'ils avoient une aussi grande réputation dans toute l'Europe ; 2° qu'il étoit bien difficile que le hasard, dans le même tems, eut pu en produire une aussi grande quantité de defectueux qu'il se trouvoit de chevaux dans les écuries et les haras du Roi ; 3° qu'il étoit bien plus vraisemblable que ne m'étant pas formé l'idée que j'avois du beau en fait de cheval, sur le naturel, je fusse dans l'erreur. Ces réflexions m'ayant enfin amené à croire qu'il ne pouvoit pas se faire que ces chevaux ne fussent réellement beaux, je me déterminai à les examiner comme tels, et à n'épargner ni soins ni études pour tâcher d'en découvrir les beautés ; bien décidé, lorsque je serois parvenu à les connoître, de m'attacher à copier mes modèles le plus exactement qu'il me seroit possible et à ne prendre enfin que la nature pour maître : persuadé que ce n'est qu'en l'imitant que l'on peut produire de vraies beautés dans mon art comme dans tout autre. Cela posé, je commençai à mesurer ces chevaux.

Des mesures prises sur douze chevaux.

Si je fus étonné lorsque j'examinai les chevaux, les premiers jours qu'on les amena chez moi, de les trouver si étroits d'encolure et de poitrail, je le fus bien davantage lorque je mesurai ces parties sur la nature, de trouver, par exemple, que les douze cols n'avoient pas plus de 6 à 8 pouces de largeur ; les douze poitrails, d'un pied 3 pouces 2 lignes à un pied 4 pouces 11 lignes ; les bras vus de face, de 2 pouces 10 lignes, à 4 pouces ; les canons des jambes de devant d'un pouce 10 lignes à 2 pouces 3 lignes ; ceux des jambes de derrière d'un pouce 7 lignes, à un pouce 11 lignes ; les croupes prises sur les os des hanches, d'un pied 6 pouces 10 lignes, à un pied 8 pouces 6 lignes ; et ainsi des autres parties. Ce n'est qu'après avoir mesuré et examiné ces chevaux pendant plusieurs mois que ma vue commença à se faire à leur proportion.

Cette seule opération me coûta beaucoup de peines, et le sacrifice de plus d'une année de mon temps, sans compter les risques continuels auxquels on est exposé en approchant des pointes de compas des endroits sensibles de cet animal. Il est vrai que M. Schœffer[B] avoit soin de préparer ces chevaux à se laisser mesurer ; mais cela ne suffisoit pas toujours.

Ce fut le 17 du mois d'août 1757 que je finis de prendre, sur ces douze chevaux, les mesures que je croyois devoir m'être nécessaires, sans qu'il se soit passé, depuis le 17 juillet 1756, une seule journée de travail que je n'aie mesuré ou examiné ces chevaux. A mesure que je les voyois, mes yeux se dessilloient et je parvins enfin à triompher de mes préjugés. De sorte que, par gradation, je reconnus que l'effet qu'avoient produit sur moi les premiers examens des chevaux, provenoit du peu d'attention que j'avois donné jusque-là à la conformation de cet animal ; et que tout ce que j'avois pris pour des défauts étoit précisément des beautés. J'en fus d'autant plus convaincu que lorsqu'après avoir examiné, mesuré, dessiné, copié la nature, et m'être dépouillé de mes préjugés, je voulus revoir mon esquisse, il ne me fut pas possible de la regarder, tant elle étoit défectueuse en tout. Je n'avois point manqué, en faisant cette esquisse, d'y exprimer l'idée que j'avois qu'un bon cheval devoit avoir un gros col, un large poitrail, une grosse croupe, etc., etc. C'étoit d'après cette idée que n'ayant point trouvé ces mêmes parties aussi grosses et aussi larges dans les chevaux naturels, elles m'avoient paru étroites, maigres, grêles, etc.

Études dessinées d'après un cheval maigre.

Dès que la fastidieuse et longue besogne des mesures fut finie, je pensai à faire des études d'après les mêmes chevaux ; mais lorsque je voulus commencer à les dessiner, le peu de connoissance que j'avois de la charpente du cheval et

[B] Je dois beaucoup à l'assiduité et à l'intelligence de ce premier piqueur. Il joignoit à toutes les qualités d'un excellent homme de cheval, une patience et une adresse toute particulière pour dresser des chevaux et leur faire faire tout ce qu'il désiroit d'eux. En voici une preuve. Au mois d'août de l'année 1758, je fus fort étonné de voir arriver M. Schœffer sur un de ses chevaux, et qu'au moyen d'un seul petit coup de gaule donné sur la jambe droite de devant et d'un autre coup semblable sur la jambe gauche de derrière, de voir, dis-je, ce cheval lever les deux dites jambes et rester sur les deux autres pendant un espace de temps assez considérable. J'en fus dans l'admiration, mais en même temps j'eus du regret de n'avoir pas eu ce secours dans le temps de mes études. Apparemment que M. Schœffer n'avoit pensé à cela que fort tard, ou qu'il lui avoit fallu beaucoup de temps pour dresser ce cheval à se tenir dans cette attitude. (*Note de Saly.*)

l'embonpoint de ceux que je dessinois, ne me permettant pas de lire dans l'attachement des muscles et dans leur office, j'aurois fort désiré voir et dessiner quelques chevaux écorchés, afin de prendre promptement la connoissance nécessaire de l'ostéologie et de la myologie de cet animal ; mais les préjugés de ce pays-ci qui attachent de l'infamie à toucher un cheval mort, et encore plus un cheval écorché, y mettoient un si grand obstacle, que si j'eusse voulu passer par dessus ces préjugés, je n'aurois trouvé aucun ouvrier, ni qui que ce fut, qui eut voulu, ni m'aider pendant mes études, ni même se trouver présent à mes opérations. La privation d'un secours aussi essentiel à un monument de cette importance, me fit chercher quel moyen je pourrois employer pour y suppléer. La nécessité est ingénieuse ; elle me suggéra de me servir d'un cheval maigre, espérant que cela me seroit d'une grande ressource. En conséquence, je priai M. Schœffer de m'en procurer un qui fut reconnu pour avoir été beau, mais qui fut de la plus grande maigreur.

Le hasard fit que M. Schœffer n'avoit point perdu de vue un des plus beaux chevaux des écuries du Roi qui, après avoir passé par différentes mains, étoit successivement devenu fort âgé et d'une maigreur si grande que la tête de tous les os et l'attachement de tous les muscles se distinguoient comme si véritablement cet animal avoit été écorché. Le succès de cet expédient surpassa encore de beaucoup mes espérances, puisqu'en faisant marcher ce cheval et en le faisant mettre dans l'attitude que devoit être le mien, je pouvois distinguer l'office des muscles destinés à produire ce mouvement : avantage considérable et duquel on est privé par la simple vue de l'arrangement des muscles qu'offre un cheval écorché.

L'embarras dans lequel je me suis trouvé alors, et le temps considérable qu'il m'a fallu employer pour apprendre à lire dans un cheval, m'ont démontré de quelle utilité il seroit à un jeune artiste, et surtout à un sculpteur, de joindre à ses études celle du cheval, et qu'à cet effet l'on ajoutât un cours d'ostéologie et de myologie de cet animal à ceux qu'on lui fait faire de l'homme. Ces études, une fois faites, lui serviroient non seulement pour l'exécution de monumens de la nature de celui dont il est ici question, mais encore pour tous les quadrupèdes [c] dont le mécanisme de la charpente et des muscles destinés au mouvement des quatre jambes, est le même. Les écoles vétérinaires qui viennent d'être établies en France; écoles si avantageuses à tant d'égards, et qui font tant d'honneur à M. Bourgelat à qui on les doit, seroient d'un grand secours pour procurer aux jeunes gens qui se vouent aux arts de peinture et sculpture, les connoissances dont nous parlons. Les impressions qui se font dans un âge tendre, sont toujours plus promptes et plus fortes que celles qui se font à l'âge où l'on est en état d'entreprendre des monumens tels qu'une statue équestre. L'on n'a pas toujours l'avantage d'avoir à sa disposition une aussi grande quantité de beaux chevaux; l'on ne veut pas toujours sacrifier [D] près de quinze mois de son temps pour faire les seules études du cheval; ni courir pendant tout ce temps-là des risques en s'approchant, en mesurant et en se tenant sous des chevaux entiers. Enfin, en faisant dans sa jeunesse, le cours que je dis, on ne seroit pas dans le cas, lorsque les occasions se présenteroient, ou d'employer beaucoup de temps pour commencer à prendre une connoissance suffisante du cheval, ou à s'en rapporter aux études des autres, comme cela n'arrive que trop souvent.

Etudes dessinées d'après les douze premiers chevaux.

Après avoir étudié le cheval maigre et l'avoir dessiné de différens côtés, je commençai à dessiner les autres chevaux

C. Un artiste qui se voue à la sculpture doit nécessairement étudier tout ce qui existe dans la nature. Ses ouvrages, quoique d'une exécution très longue et extrêmement ingrates, ne reconnoissent point de bornes. Les *Momper*, les *Both*, les *Wynants*, les *Moucheron*, les *Ruisdaël* et beaucoup d'autres peintres se sont acquis une grande réputation, quoiqu'ils eussent fait faire, par d'autres peintres, des figures dans leurs paysages. L'on ne pardonneroit pas à un sculpteur et on ne le qualifieroit pas de grand artiste s'il empruntoit la main d'un confrère habile pour exécuter, mieux qu'il ne le pourroit faire, quelques parties principales de son ouvrage. L'art qu'il professe et les préjugés exigent de lui qu'il traite tout également bien et même, quoique privé de l'important secours des couleurs, il donne à la terre, à la cire, au bronze et au marbre autant de vie et d'expression qu'en peut donner le peintre : tel est le sort de l'exigeant art de la sculpture. (*Note de Saly.*)

D. Lorsque la somme que l'on donne à un artiste pour un ouvrage est déterminée; plus cet artiste employe de temps à exécuter l'ouvrage, plus ce temps employé à cet objet, absorbe du gain qu'il devoit y faire. Pour effectuer de tels sacrifices, il faut qu'il commence par celui d'une partie de sa fortune; qu'il se détermine à diminuer son bien être; et que l'amour de son talent ait sur lui plus de force que celui de l'aisance. (*Note de Saly.*)

que je faisois tenir le mieux qu'il étoit possible dans l'attitude d'un cheval au pas. Je sentois bien, en faisant ces études, qu'il devoit y avoir de la différence entre une jambe de cheval levée et soutenue par un palfrenier, à une jambe qu'un cheval lève de lui-même pour marcher. Dans le premier cas, aucuns des muscles soit extenseurs, soit fléchisseurs, ne fait son office ; au lieu que dans le second cas, toute la machine participe au mouvement de cette jambe ; mais je m'aidois du mieux qu'il m'étoit possible, en faisant de temps en temps marcher ces chevaux. De sorte qu'au moyen de cette précaution, de beaucoup de peines et d'attentions; je parvins à connoître l'effet de ces mouvemens et à les copier. Les études que j'avois faites d'après le cheval maigre me furent de la plus grande utilité pour celles que je faisois d'après ces chevaux. Je retrouvois en eux ce que l'autre m'avoit indiqué.

Le hasard me fit découvrir encore un expédient pour faciliter l'indication des muscles. C'est de faire galoper les chevaux jusqu'à ce qu'ils transpirent bien fort. Il est étonnant combien la sueur fait distinguer les muscles, même aux chevaux qui ont le plus d'embonpoint.

Pendant le cours des différentes études que je fis d'après ces chevaux, j'en voulus faire aussi du dessous de leur corps. J'eus lieu de m'applaudir de les avoir faites, car elles m'ont été très utiles.

Pour parvenir à faire ces importantes et difficiles études, j'imaginai et je fis construire dans mon atelier un plancher au milieu duquel je fis pratiquer un trou d'un pied quarré. J'étois assis par terre au dessous de ce trou, et l'on plaçoit, précisément au dessus, des chevaux dans l'attitude du pas. Cette étude étoit fort pénible, et, comme je l'ai dit, fort dangereuse, parceque ces chevaux, malgré les peines que se donnoient les palfreniers pour les contenir, trépignoient continuellement, et passoient de temps en temps leurs pieds au travers du trou. Ce n'est qu'en me renversant très promptement en arrière que je prévenois les accidens qui auroient pu m'arriver. Cette étude, comme je l'ai dit, m'a été d'un grand secours ; sans elle il m'auroit été très difficile de me faire une idée juste de l'attachement des bras et des cuisses avec le corps dans la position que j'en avois besoin ; et les détails dont le dessous d'un cheval entier est composé.

Je dessinai aussi les mêmes chevaux en vue d'oiseaux, au moyen d'un plancher sur lequel j'étois et sous lequel je les faisois tenir ; enfin je ne négligeai aucun moyen pour prendre toutes les connoissances nécessaires et pour me mettre en état de commencer mon petit modèle.

Avantages tirés d'une assemblée des écuyers du Roi au manège.

Avant de mettre le cheval de mon petit modèle ensemble, je voulus encore m'assurer des avis des écuyers du Roi sur le choix que je devois faire des parties des chevaux que j'avois mesuré.

Je demandai cette faveur ; elle me fut accordée ; et Mons. le comte de Laurvig, grand-écuyer, ainsi que Mess. de Staffeld et Mons. de Brockenhuus, premiers écuyers, voulurent bien, avec Mons. Ogier, ambassadeur de France, s'assembler le 18 du mois d'août 1757, au manège couvert.

Lorsque ces Messieurs furent assemblés, je leur fis voir les 12 chevaux que M. Schœffer avoit choisis et que j'avois mesurés, en les priant de m'indiquer le choix que je devois faire sur ces chevaux.

Après un examen réfléchi, ces Messieurs prononcèrent et me dirent celui qui étoit le mieux ensemble ; celui qui avoit les mouvements plus souples et plus nobles ; ceux qui avoient la plus belle tête ; les oreilles les plus belles et les mieux placées ; la plus belle encolure ; le plus beau poitrail ; le plus beau corsage ; la plus belle croupe ; les plus belles jambes ; les plus beaux pieds. Enfin ils poussèrent la complaisance jusqu'à entrer dans les détails de toutes les parties de ces chevaux. A mesure que ces Messieurs prononçoient, je faisois notes de leurs sentimens afin d'en faire usage lorsque j'exécuterois mon petit modèle.

Pendant cette assemblée, j'eus la satisfaction de voir que le jugement que j'avois porté de ces chevaux, en les étudiant, se trouvoit conforme à celui que ces Messieurs prononçoient ; et que, par conséquent, j'étois enfin parvenu à discerner les vraies beautés d'un cheval.

Cette consultation sur le choix des beautés des chevaux fit un plaisir sensible au comte de Caylus, à qui je communiquois tout ce qui étoit relatif à ce monument. Voici de la façon qu'il me le témoigna dans une de ses lettres du 18 mai 1758 : « Pour répondre à ce que vous m'écrivez de particulier, je vous dirai que j'aime beaucoup le détail que vous me faites de vos études d'après les 12 chevaux du Roi ; cet animal est si parfait en lui-même, et ceux de Dannemarc ont tant de beautés qui leur sont particulières, que le tableau m'en a fait plaisir et que je ne suis point étonné de la sensibilité avec laquelle vous me faites part d'un semblable secours ; les sculpteurs ne sont pas ordinairement dans une pareille situation, je crois même qu'aucun de vos confrères ne s'est trouvé, avant vous, dans une telle abondance [E]. Il est vrai que le choix des beautés pourroit être un embarras, mais vous vous en serez d'autant mieux tiré que vous avez eu la ressource du conseil dans le manège sur le choix des parties et sur les raisons de la préférence. Ce tableau du conseil m'a fait un grand plaisir. J'ai même été sensible à la lecture de cet endroit de votre lettre, par la raison que les écuyers en général ne se prètent point a la manière dont les artistes peuvent et et doivent traiter le cheval, etc.

Exécution du petit modèle de la statue équestre.

Le 29 août 1757, après avoir fait toutes les études préparatoires en dessein ; après avoir étudié le mouvement du pas ; après avoir pris tous les aplombs nécessaires pour mettre mon cheval dans une juste pondération, et après avoir pris, comme on vient de le voir, les conseils des plus grands connoisseurs, je commençai le cheval de mon petit modèle conformément aux mesures prises sur celui qui avoit été reconnu par les écuyers du Roi, pour être le mieux ensemble. A chaque mesure que je prenois, je plaçois une petite pointe de cuivre afin que les pointes de compas n'entrassent pas dans la terre, et pour conserver la place de ces mesures jusqu'à ce que tout le modèle fût fini.

E. Les réflexions que cet illustre ami des arts fait, à ce sujet, n'ont pas peu contribué à me déterminer à rendre publiques les études que j'ai été obligé de faire pour ce monument. Il sera question ci-après d'une partie de ces études, et aussi-tôt que le temps me le permettra, je donnerai les proportions et mesures détaillées de chacun des chevaux que j'ai examinés et mesurés. (*Note de Saly.*)

Le 15 septembre, mon cheval étant exactement dans toutes ses mesures, je fis venir les chevaux du Roi, et je commençai, d'après eux, à ébaucher mon modèle, en me conformant aux parties desdits douze chevaux qui m'avoient été désignés dans le conseil tenu au manége. Dès cet instant, jusqu'à celui où mon cheval a été entièrement fini, je n'y ai pas travaillé un quart d'heure sans le faire d'après nature ; et, sans jamais la perdre de vue, j'ai cherché à prononcer le plus fortement qu'il m'étoit possible tout ce qu'elle m'indiquoit. L'exécution de ce modèle a duré jusqu'au 28 du mois de novembre. De sorte qu'indépendamment des 13 mois que j'avois employé à prendre des mesures, j'ai encore eu pendant plus de deux mois, dans mon laboratoire et à mon choix, les douze plus beaux chevaux des écuries de Sa Majesté danoise : avantage considérable, et que peu d'artistes ont été à portée d'avoir en pareille circonstance, comme le dit avec raison Mons. le comte de Caylus.

La longueur de l'hiver et les différentes études que j'étois obligé de faire d'après des hommes pour exécuter la figure du Roi, ne m'ont point permis de la commencer avant le 17 août 1758. Après que cette figure fut finie, je fus encore obligé de retoucher presque tout le cheval, pour y raccommoder les dommages considérables que la sécheresse y avoit causé. Ce qui me mena jusqu'au 16 novembre de la même année.

Afin d'être bien sûr de la juste position de la main gauche de mon Roi, j'avois pris la précaution de faire mouler celle de Mr Schœffer dans l'attitude qu'elle devoit avoir pour le mouvement dans lequel mon cheval étoit. Ce petit modèle a environ 3 pieds danois de hauteur.

Corrections que j'ai faites en exécutant le modèle en grand.

Depuis le moment que mon petit modèle avoit été remis entre les mains des mouleurs, jusqu'à celui que l'armature de fer qui m'étoit nécessaire pour me mettre à portée de commencer le grand a été finie, c'est-à-dire depuis le 29 novembre 1758 jusqu'au 23 juillet 1761, j'avois encore continuellement observé et étudié les chevaux, et j'avois fait note de toutes les corrections que je devois faire à ce grand modèle.

Je n'ai point employé l'usage ordinaire lorsque j'ai fait mon grand modèle ; je l'ai travaillé comme on travaille le marbre, c'est-à-dire qu'après avoir disposé mon armature, je posai dessus autant de points que j'en avois mis à mon petit modèle.

Je commençai donc par placer mes points dessus mon armature, et en les plaçant j'enflois ou je rentrois les parties de mon ouvrage selon la note que j'en avois fait d'après mes dernières observations. Après quoi je formai avec des morceaux de plâtre qui avoient déjà servi et qui, par conséquent, ne travailloient plus, toutes les masses de mon modèle, en laissant à fort peu de distance les uns des autres des trous afin que le plâtre frais que l'on devoit mettre dessus put entrer par ces trous et s'attacher aux fentons de la carcasse ; de façon que le plâtre de dessous ne pouvoit point tourmenter celui de dessus comme cela arrive ordinairement. Cette espèce d'âme étant moins saillante d'une couple de pouces que les points, laissoit la place nécessaire au plâtre fin et frais que je faisois mettre à fur et à mesure que je voulois faire une partie, et par ce moyen j'évitois le cruel inconvénient de travailler du plâtre dur à côté du mol ; et j'avois le très grand avantage de ne trouver sous mon ciseau que du plâtre frais et par conséquent susceptible de recevoir une touche aussi nette, aussi ferme et aussi moelleuse que j'étois en état de la donner. De sorte donc qu'à la réserve d'une « retouche » générale pour raccorder toutes les parties après qu'elles ont été finies, ce grand modèle a été fait, en quelque manière, au premier coup, comme l'on peint la fresque. L'on trouvera peut-être cette façon d'opérer hardie ; mais si l'on considère que depuis le 17 juillet de l'année 1756, jusqu'au 23 du mois de juillet 1761, c'est-à-dire pendant plus de cinq années, je n'avois fait que penser et faire des études pour me mettre à portée d'exécuter ce grand modèle, l'on en sera moins étonné.

Je suis encore sorti de l'ordinaire au sujet des échaffauds qui m'étoient nécessaires pour faire ce grand modèle. Au lieu de ces grands chevalets, de ces traiteaux, de ces madriers dont on se sert communément, qui, outre les embarras qu'ils causent, les dangers qu'ils font courir, la perte d'un temps considérable qu'il faut employer pour les défaire et les refaire, sont nuisibles au bien de la chose, puisque souvent avant qu'ils soient remis en état, l'on a oublié ce que l'on a observé, j'ai imaginé un échaffaud volant qui, à l'aide de deux treuilles placés au bas du devant et du derrière du grand modèle du piédestal, et de quatre hommes seulement pour les faire mouvoir, me mettoit en état en moins d'un quart d'heure de parcourir mon modèle du bas en haut et du haut en bas [F].

Je m'étois encore procuré l'avantage de pouvoir jouir de loin de l'effet de mon ouvrage, en faisant pratiquer autour de mon attelier, qui avoit 90 pieds de long sur 50 de large, de grands chassis et panneaux à coulisse, que l'on descendoit avec beaucoup de facilité chaque fois que je le désirois. J'ai fait ce modèle absolument seul, à la réserve du plâtre que j'ai fait mettre aux endroits où j'en avois besoin [G]. J'ai été, en 1761,

F. Du rez de chaussée jusqu'au dessus du modèle du piédestal, il y avoit un échaffaud stable auquel on montoit par un escalier commode. Le haut de cet échaffaud étoit entouré d'un garde-fous et le plancher étoit composé d'ais qu'on pouvoit ôter lorsqu'il en étoit besoin pour jouir d'en bas de la vue du grand modèle de la statue. Au dessus de cet échaffaud s'élevoient quatre montants percés en coulisse qui étoient entretenus à leur extrémité supérieure par des traverses. Dans les deux qui étoient placés devant et derrière la statue, étoient enchassées quatre poulies doubles. Le plancher de cet échaffaud volant étoit composé d'ais découpés selon la forme du plan de mon modèle, et ces ais étoient attachés avec des clavettes de fer sur un chassis de charpente dont les bouts des deux maîtresses pièces de bois entroient dans les coulisses des susdits montants. Aux mêmes quatre bouts étoient attachés quatre mouffles, dont les cordages après avoir passé dans les poulies doubles d'en haut correspondoient aux bouts des deux grands treuilles placés, comme il a été dit, sur le devant et sur le derrière du bas du piédestal. Chaque ais de ce plancher avoit un montant de fer d'un pouce quarré et de trois pieds de hauteur, qui se dressoit pour soutenir quatre plattes bandes de fer qui formoient un balcon fort solide et qui n'empêchoit point de voir d'en bas le modèle. Pour plus grande sûreté j'avois fait percer des trous, à un pied de distance les uns des autres, dans les quatre montants à coulisse, pour y passer des boulons de fer dessous les bouts des deux maîtresses traverses dont nous avons parlé, et soutenir par là l'échaffaud par les quatre coins lorsqu'il étoit à la hauteur désirée, et même à fur et à mesure qu'on l'élevoit et qu'on le descendoit ; de sorte qu'au moyen de cette précaution, quand même les cordages qui le portoient auroient rompu, il ne pouvoit arriver aucun accident aux personnes qui étoient dessus. Ce ne fut qu'après avoir pris de telles sûretés que j'y ai confié les personnes de la famille royale qui m'ont honoré de leur présence pour voir ce grand modèle. Cet échaffaud volant s'élevoit et se descendoit, comme il a été dit, au moyen de quatre hommes seulement, et cela si doucement et si uniment, qu'une personne qui étoit dessus, ne se sentant ni monter ni descendre, crut avoir vu descendre et monter le modèle. Enfin cette machine étoit si légère, si commode et si avantageuse à tous égards, que j'ai souvent eu lieu de m'applaudir de l'avoir imaginée. Le plancher de l'échaffaud volant avoit 22 1/2 pieds de long, sur 14 de large ; et celui de l'échaffaud stable 30 pieds de long sur 21 de large. (*Note de Saly.*)

G. J'ai également réparé moi seul la statue entière en cire et j'y ai encore fait des recherches avantageuses : j'ai travaillé à cette importante opération depuis le 2 décembre 1766 jusqu'au 25 avril 1767. J'ai encore poussé plus loin mon zèle pour

cinq mois à y placer les points et à en former l'âme; sept mois en 1762, à faire entièrement le cheval; et six mois en 1763, à faire la figure du Roi. En exécutant ce grand modèle d'après le petit, j'y ai fait des changemens extrêmement avantageux, tant d'après les nouvelles observations que j'avois faites, que par la façon dont ce petit modèle avoit souffert et perdu de sa fermeté, de sa fraîcheur et de son moelleux, pendant près de quinze mois que j'avois été obligé de le conserver humide, et sur-tout pendant un hiver aussi fort et aussi long que celui de 1757 à 1758 : ce qui n'a pu se faire, comme l'on sent bien, qu'à force de feu dans mon cabinet pour empêcher ce modèle de se geler, et qu'à force de l'humecter afin que cette chaleur ne le séchât pas tout-à-fait. Il est aisé de juger que si à force de vigilance et de peines l'on est parvenu à conserver ce modèle, cela n'a pu se faire sans qu'il éprouvât différens accidens, surtout aux jambes du cheval qui, par leur peu de volume ne pouvant renfermer que peu d'humidité, se sont séchées, crevassées, cassées à différentes reprises; et tel soin que j'aie pu prendre pour le raccommoder, il ne me fut pas possible de remettre à ce modèle le pâteux, la fermeté d'une touche vierge et la fleur d'un modèle frais; de façon qu'il ne put que rester assez maigre et aride. C'est, comme je l'ai dit, en ajoutant à mon grand modèle ce que j'avois remarqué dans la nature depuis que mon petit avoit été remis entre les mains des mouleurs, et en y suppléant ce que ce petit modèle avoit perdu, que je suis parvenu à y mettre tant de différence; elle se sent sur-tout à la tête du Roi, à celle du cheval, à sa queue, etc. La couronne de laurier qui est beaucoup moins garnie, rend la tête du Roi moins grosse; la tête du cheval est plus busquée; la bouche moins fendue, les naseaux et les yeux plus animés et les oreilles plus petites. J'avois à l'égard de la grandeur des oreilles, ainsi qu'à l'égard de tout le reste, évité les extrêmes; mais comme d'en bas elles paroissoient de beaucoup plus grandes que celles que l'on peint ordinairement, je les ai réduites à la grandeur des plus petites de

la perfection du monument, en travaillant moi-même à la statue de bronze, c'est-à-dire en en réparant entièrement toutes les chairs et en retouchant la plus grande partie du reste; de sorte que contre l'usage ce bronze se trouve avoir la touche même de son auteur. (*Note de Saly.*)

toutes celles que j'avois mesurées. Tout le cheval est plus nourri; le style du colossal y est mieux observé; les formes en général en sont plus grandes et plus décidées, la touche des chairs plus franche; celle des draperies plus large, plus ferme, et celle de la crinière et de la queue plus nette et plus hardie : enfin c'est la même machine sans le paroître.

J'ai souvent fait placer auprès de ce grand modèle des parties du petit, et singulièrement la tête du cheval, et j'ai eu la consolation de voir la surprise que la comparaison causoit. La petite tête paroît froide et d'un travail sec, l'autre est animée, d'un style mâle et propre à un monument de cette nature.

Pendant le cours de mes examens d'après les chevaux, dans l'allure du pas, j'ai fait, comme je l'ai annoncé, différentes observations qui m'ont été d'une grande ressource pour l'exécution de mes modèles et qui m'auroient épargné beaucoup de recherches, de peines, de temps, et par conséquent de dépenses, si j'en avois eu quelque teinture.

Je les joins ici. Ce ne sont que de simples indications. Heureux si après avoir servi d'excuse à mon ouvrage, elles pouvoient porter quelqu'un à les approfondir, à les développer et à les rendre plus utiles !

DIFFÉRENTES OBSERVATIONS SUR LESDITS CHEVAUX

1re Observation : Du méchanisme du pas du cheval.

Pour examiner les chevaux d'une façon plus profitable au bien d'un monument destiné à être vu en dessous, je me plaçai de manière que ma vue n'étoit pas plus élevée que le terrein sur lequel on les faisoit marcher.

Lorsque je vis pour la première fois ces chevaux du point de vue qu'il vient d'être dit, je ne pouvois revenir de la surprise que cette vue me causoit. La différence qu'il y a de voir cet animal comme on le voit ordinairement, ou de le voir en dessous, est si grande, qu'on ne se le figureroit jamais.

Examinez à la hauteur ordinaire un cheval bien rassemblé ;

son encolure vous paroîtra forte, belle et nourrie; regardez le même cheval en dessous, vous verrez cette même encolure étroite et éfilée en comparaison des ganaches et du poitrail; et le poitrail également étroit en comparaison du ventre; enfin vous verrez cet animal différer entièrement de lui-même.

En réfléchissant sur l'effet qu'avoient fait sur moi ces chevaux vus en dessous et celui que produiroit la copie que j'en ferois, sur toutes les personnes qui n'auroient point eu occasion de faire le même examen (c'est-à-dire, sur presque tout le monde, puisqu'il existe bien peu d'individus qui ayent eu occasion de voir des chevaux en dessous), en réfléchissant, dis-je, sur l'effet que produiroit une copie exacte de ce que je voyois, je commençai à en craindre les suites pour mon ouvrage.

Après m'être accoutumé à voir des chevaux en dessous, la première chose que je voulus définir dans l'animal, fut le méchanisme du mouvement que font les quatre jambes pour former le pas. Pour cet effet je priai Mr. Schœffer de faire marcher des chevaux le plus doucement qu'il seroit possible. Il le fit; mais malgré cela, il me fut de toute impossibilité, pendant un certain temps, de démêler desquels des quatre pieds se levoient et se baissoient les premiers. Cependant à force de recherches, d'application, de peine et de patience, je parvins à reconnoître : 1° Que lorsque le cheval part sur la main droite, il commence à lever le pied droit de devant, et lorsque ce pied est à sa plus grande élévation et qu'il commence à se baisser, le gauche de derrière commence en même temps à se lever : de sorte qu'aussi-tôt que le premier pose à terre, le second est à la plus grande élévation; 2° Qu'après que le pied gauche de derrière a été à sa plus grande élévation et qu'il commence à se baisser, le gauche de devant commence en même temps à se lever : de sorte qu'aussi-tôt que le second pied pose à terre, le troisième est à sa plus grande élévation; 3° Qu'après que le pied gauche de devant a été à sa plus grande élévation et qu'il commence à se baisser, le droit de derrière commence en même temps à se lever : de sorte qu'aussi-tôt que le troisième pied pose à terre le quatrième est à sa plus grande élévation; 4° Qu'après que le pied droit de derrière a été à sa plus grande élévation et qu'il commence à se baisser, le droit de devant recommence en même temps à se lever, etc.

L'on voit, par ce qui vient d'être dit, qu'un cheval au pas a toujours deux pieds levés en même temps, desquels pendant qu'un se baisse l'autre se lève, et qu'en faisant ces mouvemens opposés il y a un instant où les deux pieds se trouvent être exactement à la même hauteur. De plus, que l'allure du pas se fait en quatre mouvemens égaux, savoir : le premier est celui de la jambe droite de devant, qui est suivi de la jambe gauche de derrière, ce qui fait le second ; le troisième est celui de la jambe gauche de devant, qui est suivi de la jambe droite de derrière, ce qui fait le quatrième ; et ainsi alternativement.

2e Observation : Du mouvement des deux jambes qui lèvent ensemble pour former le pas.

M'étant bien convaincu que l'allure du pas étoit telle qu'il vient d'être dit, je poursuivis mes recherches et je reconnus que le pied gauche de derrière d'un cheval au pas, ne commençant à se lever qu'au moment que le droit de devant commence à se baisser ; autant le pied de derrière se trouve élevé de terre, autant celui de devant doit déjà s'être baissé. Cette connoissance me chagrina. Je jugeai que si je voulois, comme je le devois, copier la nature dans son juste mouvement, cela ne manqueroit pas de refroidir l'action de mon cheval, et que tous ceux qui n'auroient point, comme moi, fait cette observation, m'en sçauroient mauvais gré. En effet, rien ne donne plus « d'esprit et de feu » à un cheval que les mouvemens relevés et vifs de ses jambes et de ses pieds. Que faire ? Il falloit cependant bien se conformer à la nature, surtout dans une circonstance qui tient si fortement à l'ensemble du méchanisme de l'animal et à l'accord des ressorts qui composent ses différens mouvemens.

On pourroit, dans un cheval au pas, éviter une trop grande rétrogradation dans la jambe du devant, en le plaçant dans une attitude où il commenceroit seulement à lever le pied de derrière ; mais comme lorsqu'il commence à lever ce pied, sa jambe se trouve extrêmement en arrière ; et que le pied en quittant la terre fait encore son mouvement en arrière, il est évident que si l'on copioit un cheval dans cette attitude, la jambe dont il est question paroîtroit traînante, roide et estropiée ; au lieu qu'en prenant, comme je l'ai fait, le moment où ladite jambe commence à se porter en avant, elle contraste davantage avec l'autre de derrière ; le cheval se trouve plus rassemblé et a infiniment plus de grâce ; de sorte donc que si l'on vouloit gagner de l'agrément par rapport à la jambe de devant, l'on en perdroit beaucoup par rapport à celle de derrière.

3e Observation : Des effets du mouvement de la jambe de devant lorsqu'elle se lève.

Le désir que j'avois de donner du mouvement à mon cheval m'avoit porté à lever dans mon esquisse le genou de la jambe droite de devant jusqu'à la hauteur du dessus de la jointure du bras avec le corps ; et d'avancer le bas du canon plus que le genou ; mais après avoir vu marcher fort longtemps des chevaux, je fus obligé de reconnoître : 1° Que tel que soit relevé et précipité le pas d'un cheval, il s'en faut toujours de beaucoup que le bras soit placé horizontalement ; 2° Que la plus grande partie du mouvement de la jambe, depuis le genou jusqu'en bas, se fait en dessous du corps du cheval ; 3° Que les trois quarts de la portion de cercle que décrit le pied dans le mouvement dont nous parlons, se fait en arrière de l'aplomb de l'os de l'épaule ; cela me fit encore craindre de la froideur dans le mouvement de mon cheval ; mais j'étois trop convaincu de la réalité de cet effet pour hasarder de passer par dessus.

4me Observation. Des effets du mouvement de la jambe de derrière lorsqu'elle se lève.

La grande attention que j'ai donnée à l'examen de la nature m'a encore fait observer, que lorsqu'un cheval lève une jambe de derrière, cette jambe à l'endroit du jarret se rapproche de l'autre sans que le pied sorte de la trace de celui de devant : ce rapprochement est si fort que la partie de devant du dit jarret se trouve presque à l'aplomb du milieu du corps de l'animal. Il s'en falloit de beaucoup que j'eusse connoissance de l'effet que produit ce mouvement lorsque je fis mon esquisse, car le jarret y étoit parallèle avec le pied. Aussi le cheval dans cette esquisse paroît-il s'être donné un écart.

5me *Observation. Du jeu de l'épaule lorsque la jambe qui en dépend se lève.*

Lorsqu'un cheval marche au pas, s'il lève les jambes de devant, l'épaule de celle qu'il lève se lève en même temps ; c'est-à-dire, que s'il lève la jambe droite, il lève aussi d'environ d'un pouce[H] l'épaule droite, et quand c'est la jambe gauche c'est aussi l'épaule gauche qui éprouve le même effet ; de sorte que cela produit un balancement de droite à gauche et de gauche à droite, qui ne laisse pas d'être assez sensible.

6me *Observation. Du jeu de la fesse lorsque la jambe qui en dépend se lève.*

L'effet que produit sur la croupe d'un cheval le mouvement des jambes de derrière est l'opposé de celui que les jambes de devant produisent sur le poitrail. Lorsque le cheval, par exemple, lève la jambe gauche de derrière, la croupe de ce côté-là au lieu de remonter d'un pouce, comme fait l'épaule droite, descend d'un pouce de plus que l'autre côté qui, comme on le verra ci-après, se trouve déjà l'être d'un pouce. Il en va de même lorsque le cheval lève la jambe de derrière. De sorte que comme dans l'allure à droite, la jambe droite de devant et la gauche de derrière sont en l'air en même temps, les deux effets de ces mouvemens, quoique contraires, concourent cependant à porter le cheval et le cavalier un peu sur la gauche ; et lorsque c'est la jambe gauche de devant et la droite de derrière qui se trouvent levées, la machine se porte également un peu sur la droite. J'ai observé de plus que

H. Cette élévation dans tous les chevaux n'est pas exactement d'un pouce ; mais elle diffère de si peu de chose qu'il ne vaut pas la peine d'en marquer ici la différence. (*Note de Saly.*)

lorsqu'une jambe de derrière se ploye pour se porter en avant, indépendamment du gonflement qu'occasionne sur les fléchisseurs l'office qu'ils font de tirer à eux cette jambe, l'os du jarret, ainsi que le nerf qui y est attaché et qui correspond au peronet, s'écartent encore du tibia ; de sorte que cette partie de la cuisse se trouve de beaucoup plus large que celle de la jambe qui est étendue.

7me *Observation. Du creux qui se forme au bas du grasset lorsque la jambe qui en dépend est étendue.*

Une chose qui m'a fort étonné et à laquelle j'ai eu beaucoup de peine à m'accoutumer, c'est le creux qui se forme au bas des grassets d'un cheval, lorsque les jambes de derrière sont étendues en arrière. Ce creux précisément placé à l'endroit où les anciens formoient une bosse fait paroître d'abord la cuisse à cet endroit-là infiniment trop étroite et trop maigre. Ce n'est qu'après avoir visité tous les chevaux des écuries du Roi et qu'après avoir bien accoutumé mes yeux à regarder cette partie, que je pris enfin la résolution de suivre là-dessus la nature [1] ; mais avant que de m'y résoudre, je voulus connoître la cause de ce creux dont je n'avois aucune notion. La voici : Lorsqu'un cheval veut marcher, ce qui lui sert le plus pour ce mouvement ce sont les jambes de derrière qui, se roidissant contre la terre, le chassent en avant : pour cet effet ses jambes sont obligées de s'étendre ; cette tension, dans celle qui pose, fait rentrer dans la partie charnue du grasset, l'os de la rotule à laquelle la peau est adhérente, et produit un creux au lieu de la saillie que forme cet os lorque la jambe est ployée. L'on voit tous les jours le même effet sur une main potelée qui, lorsqu'elle est ouverte, se trouve avoir des fossettes aux mêmes endroits où il y a des bosses lorsqu'elle est fermée.

1 En 1757, lorsque M. *Le Lorrain*, peintre du Roi et des Académies de Paris et de Copenhague, passa par cette capitale pour aller à Pétersbourg, où il étoit appelé par Sa Majesté Impériale, je lui fis voir mon petit modèle. Cette partie le frappa, et ce ne fut qu'après avoir visité beaucoup de chevaux qu'il se persuada de cet étonnant effet. (*Note de Saly.*)

8me Observation. De l'effet que le mouvement du pas produit sur la longueur du cheval.

Les chevaux, dans l'allure du pas, paroissent et sont effectivement plus longs de corsage que lorsqu'ils sont dans leur position naturelle, sur-tout du côté de la main. Avant que d'en avoir reconnu la raison, je ne sçavois pourquoi je trouvois, dans de certains momens, le même cheval ou plus long ou plus court ; mais lorsque l'idée m'est venue d'en chercher les causes, il ne m'a pas été difficile de les trouver ; les voici : 1° lorsqu'un cheval lève la jambe de devant, la tête de l'humérus se porte en avant du poitrail, et cette avance, jointe au gonflement des muscles que l'élévation de l'avant-bras cause, font que cette épaule avance beaucoup plus que quand l'animal est sur ses quatre pieds ; 2° lorsqu'une jambe de devant est dans cette attitude, celle du derrière, du même côté, se trouve fort allongée en arrière pour chasser, comme nous l'avons dit, toute la machine en avant, ce qui allonge encore de quelques pouces le bas de la fesse, de sorte que ce côté est effectivement de beaucoup plus long que le côté opposé. Il est donc évident que le cheval d'une statue équestre, s'il est au pas, sera nécessairement plus long d'un côté que de l'autre, et en tout, par conséquent, plus long que dans sa position simple sur ses quatre pieds.

9me Observation. De l'effet que le mouvement du pas produit sur la hauteur du corsage du cheval.

Autant le corsage du cheval s'allonge lorsqu'il marche, autant l'animal perd de sa hauteur, sur-tout à son arrière main. Les raisons en sont encore claires et simples. Un cheval, dans l'attitude du pas, ne porte que sur deux jambes qui sont toutes deux hors de leur aplomb et qui par conséquent laissent moins de distance entre son corps et la terre. J'ai remarqué, en mesurant les douze chevaux dont j'ai fait mention, que les garots de ces chevaux, lorsque ces animaux étoient dans l'attitude du pas, se trouvoient toujours aux environs d'un demi-pouce plus bas que lorsqu'ils étoient posés sur leurs quatre pieds, et que la différence des croupes étoient à peu près du double de celle des garots. Ce n'est pas que le hors d'aplomb de la jambe gauche de devant ne fasse baisser le poitrail du cheval autant que celui de la jambe droite de derrière fait descendre la croupe ; mais, comme nous l'avons dit, l'épaule droite se lève en même temps d'un pouce de plus que la gauche, et cela fait remonter le garrot de la moitié de ce pouce. Il est donc évident que si un cheval représenté dans le mouvement du pas, se trouvoit dans ses proportions ordinaires : c'est-à-dire, s'il étoit aussi haut du garot à terre et aussi court de l'épaule à la croupe, sur-tout du côté de la main que dans sa position naturelle, il seroit nécessairement défectueux. C'est cependant sur un cheval posé sur ses quatre pieds que chacun commence à se former une idée des proportions d'un cheval et que les yeux s'accoutument à estimer l'ensemble de tous les chevaux ; c'est encore d'après cela que jugent du cheval au pas d'une statue équestre tous ceux qui n'ont point fait les recherches nécessaires pour acquérir cette connoissance. Mais combien se trouve-t-il de personnes qui ayent fait ces recherches ?

10me Observation : De la tête du cheval et de sa position vu de profil dans le mouvement du pas.

Comme mon intention était d'animer le plus qu'il seroit possible la tête de mon cheval, sans cependant m'écarter de la vérité, je fis marcher long-tems et même galopper des chevaux pour leur faire prendre « ce feu » que je cherchois ; c'étoit des muscles de toute la tête que je l'attendois ; mais après un long examen je fus surpris et fâché en même temps de voir que, loin de trouver dans toutes les parties de ces têtes, soit dans celles des chevaux qui avoient beaucoup marché, soit dans celles de ceux qui avoient long-temps galoppé les expressions que je désirois ; elles ne se manifestoient fortement que dans les oreilles, les yeux, les naseaux et la partie nommée « bout du nez », et presque point ailleurs. Je remarquai, en effet, que plus un cheval étoit animé, plus les oreilles se rapprochoient et se portoient en avant ; que ses yeux s'ouvroient beaucoup, mais que parmi les différentes causes que produisoient cette agitation, l'attention qu'il donnoit à ce que le cavalier lui demandoit, étoit celle qui se manifestoit plus fortemeut ; que les naseaux s'ouvroient et se gonfloient à proportion que l'animal étoit agité et que ce gonflement ne produisoit aucun pli à la tête, si ce n'est à leur jonction avec le « bout du nez » ; que cette dernière partie remuoit continuellement et changeoit sans cesse de forme ; mais qu'à l'égard de toutes les autres parties de la tête, tous les mouvemens que j'avois supposé jusqu'alors être « feu et âme » étoient absolument factices et des pures grimaces. Cette persuasion me fit encore craindre du froid dans l'imitation de ces têtes ; mais c'étoit la nature qui parloit, et la nature devoit l'emporter sur mes préjugés. Après donc en avoir triomphé, j'examinai de nouveau les chevaux et je reconnus enfin que le cheval, par sa nature, rassembloit tant de beauté, de noblesse et de fierté, que c'étoit le dégrader que de le faire grimacer, sur-tout dans le mouvement tranquille du pas. Cela posé, je pris la résolution de tâcher de donner toute « l'âme » qu'il me seroit possible aux oreilles, aux yeux, aux naseaux et au « bout du nez » de mon cheval, et de le faire jouer avec son mords, comme j'avois observé que faisoient les meilleurs chevaux des écuries du Roi.

Lorsqu'il fut question de prendre connoissance de la belle et noble position de la tête d'un cheval au pas, il ne me fut pas difficile, après quelques examens, de reconnoître qu'elle doit être placée perpendiculairement : c'est-à-dire que le bas du nez doit être précisément à l'aplomb du haut du front [K]. Si j'avois été dans l'erreur à l'égard de la position de la tête en elle-même, je l'étois encore bien davantage touchant sa position relativement au reste du corps de l'animal lorsqu'il marche. Car avant mes observations, je croyois que la jambe levée d'un cheval au pas, comme je l'avois vu dans différens bas-reliefs antiques devoit être plus avancée que sa tête ; mais j'ai été forcé de reconnoître que c'est la tête qui avance davantage, parce que d'un côté le mouvement de cette jambe, comme il a été dit dans l'observation 3me, se faisant presque tout en arrière ; et

K Lorsqu'un cheval avance le nez plus que le front, l'on dit que sa tête porte au vent ; et lorsque son nez est plus reculé que le front, on dit qu'elle est encapuchonnée. (*Note de Saly.*)

7

que, d'un autre côté, l'action d'avancer portant la machine en avant, les parties les plus élevées doivent nécessairement excéder de beaucoup celles qui le sont le moins. Il n'y a que dans le cas de l'arrêt ou dans celui où le cheval a le défaut de battre à la main et de donner des coups de tête, que son col et sa tête se portent en arrière ; et que le genou levé se trouve plus en avant ; mais ce sont des accidents momentanés ou des défauts dans les chevaux, qu'il faut bien se garder d'imiter dans un monument de la nature de celui dont il est ici question ; de sorte que la tête d'un cheval au pas, qui en elle-même ne peut jamais sortir de la ligne perpendiculaire, doit être plus avancée que le genou de la jambe qui lève, et par conséquent beaucoup plus que le poitrail ; et le poitrail encore beaucoup plus en avant que la pince du pied de la jambe qui porte. Ce sont ces hors d'aplombs qui forment l'élan du mouvement du pas et donnent la vie au cheval imité.

Résultat de ces différentes observations.

Il résulte de ces différentes observations, que si l'on n'a point pris une connoissance suffisante de ce qu'elles contiennent, plus un cheval sera imité dans le mouvement du pas, moins il paroîtra proportionné. L'on est accoutumé, comme on l'a déjà dit, de voir des chevaux sur leurs quatre pieds et de se former les yeux à les voir à peu près aussi haut de corps qu'ils sont longs, et sans faire attention, ou pour mieux dire, sans être instruit des changemens que le mouvement dans lequel le cheval est représenté, opérée sur cette hauteur et sur cette longueur ; l'on juge le cheval imité mal ensemble. Après un défaut aussi capital que celui du mauvais ensemble, l'on ne s'avise guères de se prêter à l'examen des détails, et en supposant qu'on voulût entrer dans cet examen, si l'on n'a pas également pris une connoissance suffisante de chaque chose en particulier, l'on trouvera autant de défauts dans les différentes parties du cheval imité, que j'ai trouvé de sujets d'observation dans ces mêmes parties.

La connoissance des observations que je donne ici n'est donc que pour me servir d'excuses et d'autorité, en faisant connoître les motifs qui m'ont porté à traiter ces parties comme je l'ai fait. Si je n'avois pas été présent, lorsque Mr. *Le Lorrain* vit le petit modèle de mon cheval, il lui seroit toujours resté dans l'esprit que le creux du grasset étoit un défaut et que la cuisse à cet endroit-là étoit trop étroite.

Tous jugemens portés avec connoissance de cause, toute critiques judicieuses ne tournent pas seulement à l'avantage de l'auteur qui sçait en profiter, mais encore à celui des arts en général. Mais autant une critique fondée sert à l'artiste pour l'éclairer et au public pour le juger, autant un jugement qui ne porte que sur de simples préjugés est capable de retarder les progrès de ces mêmes arts, de mettre des entraves aux recherches des artistes et d'épaissir le voile qui couvre les yeux du public. En un mot, je ne cherche point à donner des règles. Mon dessein n'est que de communiquer ce que j'ai observé, de faire connoître les raisons qui m'ont porté à prendre le parti que j'ai pris à plusieurs égards, et de mettre un chacun à portée de me juger avec connoissance de cause.

Si depuis que l'on imite des chevaux, chaque artiste avoit fait part de ses observations, celles que j'effleure ici seroient inutiles, et l'on marcheroit aujourd'hui d'un pas sûr dans cette carrière.

Plusieurs écuyers ont écrit sur l'art de la cavalerie et ont admirablement bien traité les parties qui sont relatives à la bonté d'un cheval ; aux défauts qui indiquent ou occasionnent des maladies ; à la façon de dresser les chevaux, de les monter, de les guérir, etc. Mais je n'ai rien vu dans tous ceux de ces ouvrages qui me sont tombés entre les mains, qui ait pu m'être de la plus grande utilité et qu'y put l'être à aucun artiste, à qui il ne faudroit qu'une description simple, élaguée d'un fatras de choses, qui toutes belles et utiles qu'elles puissent être pour un homme de cheval, sont inutiles à un artiste, l'étourdissent, l'embarrassent et finissent par le rebuter sans l'instruire.

Lorsque j'ouvris, pour la première fois, l'excellent ouvrage de La Guerinière, pour y chercher quelques secours touchant les proportions d'un beau cheval, la position de ses parties dans l'allure que j'avois besoin, la façon dont la tête et les jambes devoient se mouvoir, etc., et que je trouvai seulement : Pour que telle ou telle partie soit bien proportionnée, il faut qu'elle ne soit ni trop longue ni trop courte par raport à telle ou telle autre partie. Par exemple : « Le corps d'un cheval ne doit être ni trop long ni trop court... une belle tête en général est petite, sèche, courte, et bien placée... la longueur des jambes doit être proportionnée à la taille du cheval... Le pied doit être proportionné à la structure du corps et des jambes, ni trop grand ni trop petit..., » et ainsi de toutes les autres parties, sans déterminer ce qu'un corps qui n'est « ni trop long ni trop court, » se trouve être par raport à la tête ; les jambes par raport au corps, etc. J'avoue que les bras me tombèrent et que je jettai le livre sans qu'il me soit venu dans l'idée de le regarder pendant tout le temps de mes études et de l'exécution de mes modèles. En effet, comment sans avoir déjà une connoissance assez étendue des chevaux, pouvoir déterminer ce beau milieu de la proportion d'un cheval ; de la grandeur et du placement de sa tête, ainsi que de ses autres parties ? Cela est de toute impossibilité. Aussi ne fut-ce qu'après avoir fort longtemps mesuré et examiné la nature que je parvins à m'en faire une idée. Si au lieu d'avoir trouvé au mois de mars de l'année 1770, *les Elémens d'Hippiatrique* de M. Bourgelat où ce sçavant auteur y donne les proportions géométrales du cheval [L] ; j'eusse eu ce secours au

L Depuis que j'ai cet ouvrage, j'ai été témoin que beaucoup de personnes, en voyant ces proportions, ont trouvé la tête prodigieusement grande. J'ai cependant comparé en gros ces mêmes proportions avec celles des douze chevaux que j'ai mesurés, et j'ai trouvé qu'elles avaient beaucoup de rapport entre elles. Si l'on cherche à approfondir la cause de l'absurdité de ce jugement, il sera aisé de voir que ces personnes ont donné plus d'attention à des représentations de chevaux qu'à des chevaux naturels, et qu'elles sont, par cette raison, tombées dans la même erreur que nombre de peintres qui, pour avoir entendu dire que de petites têtes, de petites oreilles, de petits pieds, sont des perfections dans un cheval, partent de là pour faire ces parties d'un tiers ou d'un quart moins grandes qu'elles ne doivent être ; et il se trouve qu'un cheval qui, selon M. Bourgelat, ne doit avoir « que 3 têtes de hauteur depuis la pointe de l'occiput jusqu'à terre ; 2 1/2 têtes du garot à terre ; ainsi que de la pointe de l'épaule à la pointe de la fesse ; 1 tête de grosseur et de largeur de corps prise dans le milieu, » etc., à force de diminuer la tête, ce cheval a presque la moitié de plus de hauteur de longueur et de grosseur. Il est étonnant qu'il se trouve quelqu'un qui puisse se flatter d'être en état d'embellir le beau des animaux, ou plutôt d'aimer mieux travailler d'idée que d'après nature et induire par là les autres en erreur, comme je l'étois lorsque j'examinai la première fois un cheval dans le dessein de le copier. L'exemple de l'injustice faite aux proportions données par M. Bourgelat prouve combien la vérité paroît erreur parmi ceux qui ne voyent et ne prononcent que d'après des préjugés, et combien il importe à un auteur de tout genre d'être entendu sur des raisons qu'il a eu de prendre un parti plutôt qu'un autre et d'être jugé en conséquence. (*Note de Saly.*)

commencement de mes études, cela les auroit abrégées de beaucoup.

Réflexions sur le contenu de la première et seconde partie de la description de la statue équestre de Frédéric V.

Quoique dans le contenu de la Description de la statue équestre de Frédéric V, il soit question d'un grand nombre de parties importantes et nécessaires à un tel monument, je suis fort éloigné de croire que ce soient les principales. Je sçois au contraire que dans ce qui a été dit jusqu'à présent, il n'est encore question que de ce qui tient à l'imagination, à la reflexion, à la combinaison, au rythme enfin de la sculpture; et que quand même un pareil monument réuniroit au plus haut degré de perfection tous ces objets, si toutes les parties de l'art relatives à la sublime exécution, et que l'on admire dans les beaux ouvrages grecs [M] ne s'y trouvoient pas jointes, cela ne feroit qu'un monument fort médiocre, de sorte donc que pour en faire un parfaitement beau, il faudroit tout au moins encore :

1° Que le style de toutes les parties qui doivent le composer, en fut énergique, pompeux et sublime ;

2° Que la grande et noble simplicité, le majestueux et l'imposant qui font les parties caractéristiques de la sculpture et l'essence de ce bel art, s'y trouvassent également répandus ;

3° Que le monument fût composé assez savamment pour que de tel point de vue qu'on pût le regarder, l'ensemble en fut également frappant, avantageux et agréable ;

4° Que les masses générales en fussent grandes, cadencées et décidées ;

5° Que toutes les parties de la statue équestre eussent entre

M. Malgré les beaux morceaux que nous ont laissé les grands statuaires grecs, et le secours que nous puissions en tirer en les étudiant dans notre jeunesse, il ne nous est pas possible d'atteindre à la grandeur et à la majesté du style de ces immortels chefs-d'œuvre. Les plus beaux ouvrages modernes sont ceux qui en approchent le plus, et le plus bel éloge qu'on puisse en faire, c'est de les comparer, comme nous disons, à « l'antique ». (*Note de Saly.*)

elles un rapport mutuel et qu'elles s'entreservissent les unes les autres ; qu'il ne s'en trouvât aucunes qui se choquassent et s'embarrassassent, de façon que vues de loin elles nuisissent au développement du cavalier et du cheval, ou que se confondant les unes avec les autres elles en fissent paroître quelques-unes défectueuses ;

6° Que le mouvement du cavalier et du cheval fussent parfaitement d'accord ; que le manteau du héros, la crinière et la queue du cheval, ainsi que toutes les autres parties légères dont un tel groupe est susceptible, participassent également au même air qui est supposé devoir les agiter ;

7° Qu'ayant su préférer à un faux éclat un accord harmonieux, et à un pétillant général de beaux repos qui font si bien valoir les parties travaillées, que n'ayant pas trop donné de jeu aux susdites parties et trop également chargé le tout d'ornemens, l'on eut sçu ménager des passages de demies teintes entre les grands clairs et les fortes ombres, et qu'il ne fut point resté de ces jours durs et de ces noirs tranchants desquels il résultât un papillotage qui blessât l'œil du spectateur ;

8° Qu'ayant su éviter le rond et l'exagéré, le caractère du dessein en fut grand, élégant, ondoyé et propre à l'âge du prince qui est représenté.

9° Que l'ostéologie et la myologie du corps de l'homme et du cheval s'y trouvassent dans la plus grande exactitude, tant par la vérité des muscles que par la justesse de leur mouvement ; que pour ne point vouloir paroître savant dans cette partie de l'anatomie, l'on n'eut point prononcé également tous les muscles et les veines, et que par là on eut évité de donner dans le sec et dans le décharné, ou qu'ayant voulu éviter ce défaut l'on ne fut pas tombé dans le rond et le soufflé ;

10° Que la touche, cette précieuse et importante partie de l'art, en fut franche, moelleuse et spirituelle ;

11° Que le héros, dont la consécration de la statue est une espèce d'apothéose [N] fut en quelque sorte déifié par un air de

N. Les premiers simulacres ont été faits en honneur des dieux et pour les exposer à l'adoration des peuples. On élevoit par vénération ces simulacres sur des autels de différentes formes placés sur des degrés, afin de les faire dominer au dessus des

dignité, d'élévation et de bonté ; et qu'on lut dans ses yeux la nature de son âme, de son esprit et de son cœur ;

12° Que le cheval par sa fierté et la noblesse de ses mouvemens, semblât s'enorgueillir du poids qu'il porte et fit connoître ce que peut ajouter à la belle conformation, l'éducation que les souverains font donner aux chevaux qu'ils montent ;

13° Que l'art eut triomphé de la matière au point que le bronze parut attendri et animé de façon à porter l'illusion jusqu'à imaginer voir respirer et mouvoir l'homme et le cheval ;

14° Que le magique de l'art, ce que je ne sais quoi qui étonne, qui émeut, qui charme, que l'on ne peut pas définir parce qu'il n'a aucunes règles pour base; que l'on sent beaucoup mieux qu'on ne le peut expliquer, et qui est encore moins difficile à expliquer qu'à exécuter; que je conçois mieux que ceux qui sont moins avancés que je ne le suis dans la carrière de l'art, et moins bien que ceux qui y sont plus avancés que moi [o] ; que ce magique, dis-je, s'y trouvât dans toute sa force.

Après ce qui vient d'être dit, il est clair que les seules parties dont il est fait mention dans la Description que je donne de la statue équestre de Frédéric V, quand même elles seroient portées au plus haut degré de beauté, sans être jointes à celle de l'art proprement dit, composeroient un ouvrage qui pourroit être comparé à un poëme épique dont le sujet seroit bien choisi, le plan de l'ouvrage bien conçu et bien distribué ; toutes les parties bien arrangées et bien travaillées ; les règles et le méthodique exactement observés, et

mortels et pour donner plus de facilité de les contempler à ceux qui ne pouvoient pas s'en approcher. Les premiers simulacres ou statues que l'on a consacré aux empereurs, soit de leur vivant, soit après leur mort, pour les déifier, ont été faites et élevées sur des autels ou piédestaux, à l'instar de celles des dieux ; et cet usage s'est transmis jusqu'à nous, quoique les motifs pour lesquels on consacre des statues ne soient plus les mêmes : on élevoit les premières pour leur rendre des cultes : L'amour et la reconnoissance des bienfaits reçus portent à élever celles-ci. (*Note de Saly.*)

o. Il en est de la connoissance dans les arts comme de la vue, celui don les rayons visuels portent fort loin, distingue et juge même d'une infinité d'objets que celui dont les mêmes rayons sont courts ne peut pas seulement apercevoir. Ce n'est qu'à raison du savoir que l'on découvre les mystères des arts, qu'on peut les analyser, les résoudre, les expliquer et les faire sentir dans ses ouvrages. (*Note de Saly.*)

les vers bien mesurés ; mais où manqueroit l'enthousiasme poëtique, cette étincelle de la divinité, ce don inestimable de la nature, que l'étude peut perfectionner, mais jamais donner.

Il resulte de tout ce qui vient d'être exposé, 1° que je suis fort éloigné de croire avoir beaucoup fait en exécutant tout ce qui est décrit dans la première et dans cette seconde partie de ma Description ; 2° qu'il est infiniment plus facile de parvenir à connoître tout ce qu'exige un tel monument qu'à l'exécuter ; 3° que pour former une parfaitement belle statue équestre, il faudroit non seulement que tout ce que j'ai indiqué jusqu'ici s'y trouvât réuni, mais encore que toutes les parties quelconques qui composent l'excellent, le sublime et merveilleux de la sculpture, tant pour la composition que pour l'exécution, ainsi que la portion des sciences et des autres arts qui en dépendent, y fussent même portées au plus haut point de perfection. Or comme la perfection en toutes choses est réservée au Créateur, et que par conséquent il n'est pas possible à un seul homme d'approfondir et de rendre tant de parties savantes au même degré de sublimité ; l'on doit conclure que la plus parfaite de ces statues est ou sera celle qui rassemble ou qui rassemblera le plus de ces parties ; et le statuaire qui a pu ou qui pourra les rassembler a été ou sera le plus habile et par conséquent le plus heureux.

Ainsi s'est exprimé *Saly* au cours de ses deux Lettres adressées à M. de Marigny. On l'a vu, ce sont à vrai dire des Mémoires explicatifs plutôt que des Lettres. L'artiste n'omet aucun détail. Il a voulu se faire l'historiographe de son monument, et non content d'une description minutieuse de la statue équestre sortie de ses mains, reprenant la plume, il a dit lui-même par quelles phases a passé son œuvre, les travaux, les études auxquels il s'est livré durant plusieurs années afin de laisser aux Danois un monument aussi achevé qu'il était en son pouvoir de le faire.

Saly en composant ces Lettres a-t-il cédé à un sentiment d'amour-propre ? S'est-il préoccupé de laisser après lui une sorte d'exposé laudatif qui le grandirait aux yeux de la postérité ? Nous ne pouvons croire que tel fut le mobile de ses écrits. L'homme est de nature simple, modeste, aisément timide. Il n'a pas oublié ce qu'il doit au roi de France. On l'a « prêté », c'est l'expression traditionnelle, au roi de Danemark et le « prêt » n'était fait que pour une durée de

« six à sept années ». Ainsi est-il spécifié sur la lettre de congé délivrée au sculpteur le 15 août 1753. *Saly* devait donc rentrer en France en 1760. Or, son premier mémoire est daté de Copenhague le 31 mai 1771 [1]. Evidemment l'homme correct, jaloux de tenir ses engagements, se sent en faute. Il s'est trop attardé à la cour de Danemark. Sans doute, le fondeur est pour une certaine part dans la prolongation de son séjour à l'étranger, mais, somme toute, *Gor* ne peut être fait responsable des onze années que *Saly* a dû passer loin de la France, contrairement à la parole donnée. Le mécontentement des Valenciennois qui réclamaient de lui, sans les obtenir, les bas-reliefs du monument de Louis XV pouvait indisposer le directeur des Bâtiments. *Saly*, de tempérament craintif, redouta quelque disgrâce s'il ne prenait le soin de fournir au gouvernement français la justification de lenteurs dont on avait le droit de s'étonner.

Telle est, selon toute vraisemblance, la raison dominante de son premier écrit. Mais l'artiste aurait pu se dispenser ce semble de publier cet écrit. Il lui suffisait de s'adresser à Marigny par une lettre autographe. En possession d'une pièce de cette nature, le directeur des Bâtiments eût été édifié sur le statuaire. Mais l'opinion? *Saly* n'ignorait pas que des esprits prévenus répandaient sur son compte plus d'une calomnie. Le seul moyen qu'il eût de combattre ses adversaires était de rendre public son mémoire justificatif. C'est ce qu'il fit.

Ayant résolu de ne laisser aucune prise sur sa conduite, *Saly* fait assister son lecteur aux diverses péripéties par lesquelles a passé son monument. L'esquisse en fut approuvée par le roi, le 30 août 1755 [2]. Elle comportait, outre la statue équestre, quatre bas-reliefs ovales et les figures allégoriques du Danemark et de la Norvège, de l'Océan et de la Baltique [3]. En août 1766, les bas-reliefs et les figures allégoriques sont supprimées par l'ordre de Frédéric V, désireux de diminuer les frais que s'impose volontairement la Compagnie des Indes orientales, promotrice du monument [4]. *Saly* éprouve

1. Voir plus haut, p. 53.
2. Voir plus haut, p. 53.
3. Voir plus haut, p. 54-55.
4. Voir plus haut, p. 55-60. Dussieux, dans ses *Artistes français à l'étranger*, (édition de 1876, p. 351), n'est pas renseigné sur les modifications apportées par *Saly* à son premier projet. L'explication de l'erreur dans laquelle est tombé Dussieux n'a rien de difficile. Il a consulté sur *Saly* le livre de Patte (*Monuments érigés à la gloire de Louis XV*). Notre lecteur sait ce qu'il faut penser de Patte quand il s'agit de *Saly*. On a vu combien la véracité de cet historien laissait place à la critique lorsqu'il s'est occupé du monument de Valenciennes. C'est incidemment, et sans y attacher la moindre importance, que Patte a signalé la statue équestre de Copenhague. Il ne s'est donc pas assuré de l'exactitude des faits qu'il mentionnait. Aussi est-il erroné. Dussieux qui l'a pris pour guide s'est trompé à son tour.

un profond chagrin de cette mutilation de son travail [1]. Mais force lui est de se résigner. Ces détails constituent, pour ainsi parler, le préambule de son mémoire. L'auteur entre ensuite dans l'exposé de ses études sur l'attitude, le geste, le costume, les accessoires de son cavalier, le caractère et l'allure de son cheval. Les dernières lignes de la Lettre de Saly nous renseignent sur la date à laquelle fut terminé le petit modèle de la statue succédant à l'esquisse. Ce fut le 22 novembre 1758 que son Altesse royale le prince Christian rendit visite au sculpteur et formula sur la statue de son père un avis des plus flatteurs. Ce prince avait alors dix ans [2].

La seconde Lettre de *Saly* est, on l'a vu, entièrement consacrée à la relation de ses études prolongées d'après des chevaux danois. C'est le 17 juillet 1756 que l'artiste entreprit cette partie de sa tâche [3]. Il voulut contrôler ses opinions par celle de personnages de marque au cours d'une assemblée d'écuyers du roi, le 18 août 1757 [4]. Il commença le cheval de son petit modèle le 29 août [5]. Il le termina le 28 novembre. La figure du roi l'occupa du 17 août 1758 au 16 novembre [6]. Le petit modèle étant achevé, *Saly* le remit aux mouleurs le 29 novembre, et il fit préparer l'armature du grand modèle qui ne fut terminée que le 23 juillet 1761 [7]. Il est aisé de voir à ces indications données par l'artiste que la lenteur qu'il mit à exécuter son monument ne doit pas lui être reprochée; ses auxiliaires travaillaient sans précipitation. L'atelier mis à sa dispositiou mesurait 90 pieds de long sur 50 de large [8]. Le statuaire s'occupe du grand modèle en 1761, en 1762 et en 1763 [9]. Il répare sa cire à dater du 2 décembre 1766 jusqu'au 25 avril 1767 [10]. L'hiver de 1758 fut particulièrement long et rigoureux [11]. *Saly* n'omet pas de relever ces particularités qui seront aux yeux de Marigny comme autant de circonstances atténuantes de la prolongation de son séjour en Danemark. Nous ne croyons donc pas nous tromper en qualifiant les curieuses Lettres du sculpteur que nous venons de reproduire de « Mémoires justificatifs. »

Le monument de Frédéric V est digne d'éloges. La sculpture en est sobre, légèrement sévère. L'artiste n'a fait aucune concession

1. Voir plus haut, p. 58.
2. Voir plus haut, p. 74.
3. Voir plus haut, p. 77.
4. Voir plus haut, p. 83.
5. Voir plus haut, p. 84.
6. Voir plus haut, p. 85.
7. Voir plus haut, p. 85.
8. Voir plus haut, p. 87.
9. Voir plus haut, p. 88.
10. Voir plus haut, p. 87, note G.
11. Voir plus haut, p. 85 et 88.

au goût pittoresque qui trop souvent dénature les œuvres de ses contemporains. On le peut voir à Copenhague, et bien peu de statues royales érigées au dernier siècle subsistent de nos jours.

On conserve à l'Académie des Beaux-Arts de Copenhague une esquisse de la statue équestre. Elle mesure 90 centimètres.

Le petit modèle était resté la propriété de *Saly* qui le rapporta en France lorsqu'il revint y mourir. A sa vente, cet ouvrage atteignit le prix de 72 livres[1]. Serait-ce ce même petit modèle que posséderait aujourd'hui, au dire de Dussieux, l'Académie de Saint-Ferdinand de Madrid[2] ?

De nombreux dessins exécutés par *Saly* à l'occasion de ce monument ont passé à sa vente[3] et ont atteint le chiffre de 468 livres 2 sols. Au cabinet des Estampes et Dessins de Copenhague, on conserve trois dessins se rattachant au monument de Frédéric V. Ce sont : 1° Le roi à cheval, vu de gauche. Crayon noir. H. 0.45. L. 0.58. Signé avec la mention « Fini le 14 juin 1766 ». 2° Le roi à cheval, vu de droite. Crayon noir. H. 0 m 47. L. 0 m 58. Signé avec la mention « Fini le 9 juillet 1767. » 3° Etude de draperie pour la statue de Frédéric V. Le roi vu de dos. Crayon noir. H. 0 m 54. L. 0 m 40[4].

La gravure la plus remarquable faite d'après ce monument est celle de *Johann-Martin Preisler*. Elle fut exécutée à l'aide d'un dessin de *Saly* peu après l'inauguration. Le monarque est vu de droite, la main appuyée sur un bâton de commandement dont l'extrémité pose sur la cuisse du cavalier. La partie supérieure du piédestal avec les tables suspendues par de forts anneaux se trouve reproduite sur la planche de *Preisler*. Dans l'angle inférieur de gauche est écrit : « *Delineavit J. Saly.* » Dans l'angle de droite : « *Sculpsit J.-M. Preisler.* » Au dessous de ces mentions se trouve une inscription latine et sa traduction en danois. Voici le texte latin :

NOMINI IMMORTALI
FRIDERICI QUINTI
DANORUM REGIS ET PATRIS
OB INNUMERA BENEFICIA P. SOCIETAS COMMERC. ASIAT.
PRAESIDE A. G. C. DE MOLTKE
ERECT. ACCLAMANTE POPULO
HAFN. IN FORO FRIDERIC.
D. XVI. AUG. MDCCLXVIII
INVENIT ET EX ÆRE FINXIT J. SALY. FUDIT P. GOR.

1. N° 27 bis du livret.
2. *Artistes français à l'étranger*, édition de 1876, p. 351.
3. N°s 32, 60 et 62 du livret.
4. Renseignements fournis par M. Emile Bloch, conservateur du Cabinet des Estampes et des Dessins (20 août 1895).

L'estampe de *Preisler* mesure 86 cent. de hauteur sur 60 de largeur.

Une estampe de moindre importance a été faite par *Abraham Heckel*. Nous en parlons plus haut [1]. *Heckel* reproduit au bas de sa planche l'inscription gravée par *Preisler* en y introduisant une légère inversion, et cette inscription adoptée par les deux graveurs est étrangère à celles qui décorent le monument et dont Butty nous a permis de donner le texte [2]. La planche d'*Heckel* mesure 0 m 38 de haut sur 0 m 24 de large. Elle sert de frontispice à la première Lettre de *Saly* rééditée par Butty en 1774. Une médaille exécutée d'après un dessin de *Saly* fut frappée lors de l'inauguration. Elle représente la statue équestre de Frédéric V. Un exemplaire en or de cette médaille conservé par l'artiste fut vendu 685 livres lors de son décès [3].

L'inauguration du monument de Frédéric V eut lieu le 16 août 1768. Saly avait travaillé à cet ouvrage durant treize années et, quand il le termina, le roi Frédéric n'était plus. Son fils Christian VII lui avait succédé.

Ce monument est le seul que le sculpteur français ait érigé en Danemark. Il sera parlé plus loin de plusieurs œuvres de moindre importance exécutées à Copenhague par *Saly*, mais nous ne nous expliquons pas que Charles Blanc, dans son livre *Le Trésor de la Curiosité* [4], attribue à l'artiste deux statues équestres, celles de Christian IV et de Frédéric V. Ce qui est inexplicable, c'est que Charles Blanc affirme avoir vu lui-même ces deux monuments. Christian IV régnait au XVIe siècle et dans aucun écrit concernant *Saly* nous n'avons trouvé trace de sa participation à un monument quelconque élevé en l'honneur de Christian IV. D'ailleurs, grâce aux documents circonstanciés laissés par l'artiste, nous le pouvons suivre presque jour par jour durant les années qu'il passe en Danemark. La statue de Frédéric V l'occupe pendant treize ans, et aucune hypothèse d'une seconde statue équestre sortie de ses mains n'est admissible.

1. Voir p. 231, note 1.
2. Pages 61 et 62, en note.
3. CHARLES BLANC, *Le Trésor de la Curiosité*, t. I, p. 316.
4. T. I, p. 312 et 314.

JACQUES SALY

PAR CARL-GUSTAV PILO

(1763)

(Académie des Beaux-Arts de Copenhague.)

CHAPITRE III

ŒUVRES DIVERSES DE JACQUES SALY

I

SCULPTURES

France. — 1735-1740.

Samson offrant sa vie au Seigneur et faisant périr avec lui les principaux des Philistins.

Bas-relief.

Cet ouvrage exécuté en 1737 valut à son auteur le second grand prix de Rome[1].

Le jeune David présenté à Samuel.

Bas-relief.

Ce travail fut exécuté en 1738, et c'est sur ce bas-relief que *Saly* obtint le premier grand prix de Rome[2].

Antoine-Joseph Pater, sculpteur.

Buste, terre cuite.

Ce buste date de 1739 ou de 1740. Il est conservé au Musée de Valenciennes[3]. M. Sohier-Chotteau a été le donateur de cet ouvrage.

Italie. — 1740-1748.

Antinoüs.

Statue, marbre.

Copie d'après l'antique, exécutée à Rome par *Saly* pendant son séjour à l'Académie de France.

De Troy, directeur de l'Académie de France, parle à diverses reprises de cette copie dans sa correspondance avec les surintendants des Bâtiments. Il écrit le 3 août 1746 : « Le sieur *Saly*, sculpteur, arrivé le 3 octobre 1740, fait une statue de l'*Antinoüs* pour le

1. *Procès-verbaux de l'Académie de peinture*, t. V, p. 213. Séance du 31 août 1737.
2. *Procès-verbaux*, etc., tome V, p. 240. Séance du 6 septembre 1738.
3. N° 426 du livret, édit. de 1865.

Roy, qui sera une des belles copies qui ont jamais été faite, et des talens duquel je vous ai parlé plusieurs fois[1]. » Le 23 août 1747, *De Troy* apprend au surintendant que l'*Antinoüs* « que finit à présent le sieur *Saly* » est en marbre de Carrare[2]. Le 4 octobre 1747, l'*Antinoüs* est entièrement terminé et le directeur de l'Académie ne craint pas d'écrire que le marbre de *Saly* « peut aller de pair avec l'original et on a peu envoyé en France de copies aussi belles et travaillées avec autant de soin[3] ». Enfin le 3 juillet 1748, *De Troy* écrit de nouveau : « Je vais faire encaisser la statue de l'*Antinoüs* qu'a fait le s[r] *Saly*. J'ai eu l'honneur de vous écrire plusieurs fois sur la beauté de cet ouvrage qui tiendrait mieux sa place dans un cabinet que dans un jardin[4]. » Cette œuvre prit place au Louvre, dans la salle des Antiques, entre 1748 et 1750. C'est du moins ce qui résulte de ces lignes de Bachaumont. « On voit de *Saly*, au Louvre, dans la salle des Antiques, une belle copie du nouvel *Antinoüs* jeune, plus beau que l'ancien[5]. »

Jeune Fille.

Buste, marbre.

Saly exécuta pendant son séjour à Rome un buste de jeune fille qu'il se proposait d'offrir à *De Troy*, lorsque Thiroux d'Espercennes, maître des requêtes, manifesta le désir de posséder cet ouvrage et l'obtint de l'artiste[6]. Le modèle de ce buste, transporté en Danemark, fut exposé par *Saly* au salon de Copenhague, en 1769[7].

Éléphant.

Terre cuite.

Cet ouvrage fut exposé par *Saly* au salon de Copenhague en 1769 et le livret de l'exposition renferme ces lignes : « Ce modèle a été fait à Naples, d'après nature[8]. »

France. — 1748-1753.

Jeune Faune qui tient un chevreau.

Statue marbre.

1. Archives nationales, O[1] 1939.
2. Même source.
3. Même source.
4. Même source.
5. *Liste des meilleurs peintres, sculpteurs, etc. des Académies royales de peinture, sculpture et architecture, et suivant leurs rangs, à l'Académie en 1750.* — *Revue universelle des arts*, t. V, p. 426.
6. Mariette, *Abecedario*, t. V, p. 168.
7. Renseignements fournis par M. Th. Stein, président de l'Académie de Copenhague (3 septembre 1895).
8. Renseignements fournis par M. Th. Stein (3 septembre 1895).

Cette œuvre est, après le monument de Frédéric V, celle dont on parle le plus volontiers lorsqu'on s'occupe de *Saly*. Nous avons fait de vains efforts aussi bien en Danemark qu'en France dans le but d'en retrouver trace. Le marbre se dérobe. Le modèle en plâtre n'a pas résisté sans doute aux déplacements multiples qu'on lui a fait subir. Les répliques en bronze nous échappent, mais il n'est pas impossible que nous retrouvions un jour soit le marbre, soit une des répliques. L'histoire circonstanciée de cette œuvre aidera peut-être à la découverte qu'il nous plairait de faire. En attendant, nous ne connaissons pas même une gravure du *Faune*.

Afin de mettre le plus de clarté possible dans l'historique qui va suivre, nous nous occuperons successivement : 1° de l'esquisse, 2° du modèle, 3° du marbre définitif, 4° des copies.

Esquisse. — Il est fait mention sur le livret de la vente de La Live de Jully d'une terre cuite du *Faune*. *Saly* l'aurait offerte à son ami. L'auteur du livret, Pierre Remy, expert connu et généralement bien renseigné, s'exprime ainsi au sujet de la terre cuite en question : « C'est le modèle fait à Rome pour le marbre que l'auteur a exécuté à l'Académie de France pour son morceau de réception [1]. » La première partie de la phrase peut être exacte, la seconde est erronée. Encore ne s'agit-il pas ici du modèle, mais de l'esquisse. Que *Saly* ait trouvé à Rome le sujet de sa composition et qu'il ait modelé son esquisse au palais Mancini, le fait n'a rien d'impossible, mais le modèle ne fut pas exécuté à Rome. Quant au marbre, on verra plus loin que *Saly* l'a sculpté à Paris. Les relations amicales que *Saly* entretint avec La Live de Jully et dont il sera question au sujet de diverses Suites dessinées par l'artiste et gravées par La Live expliquent les offres que fit le statuaire à son graveur. Mais il est à remarquer que les ouvrages de *Saly* qui passent à la vente de La Live sont de petites dimensions. Telle esquisse vendue chez La Live n'a pas été exécutée en grand par le sculpteur. La terre cuite du *Faune* fut donc, selon toute apparence, une esquisse, une « première pensée » et non pas un modèle. Cette esquisse peut avoir été faite à Rome avant 1748.

Modèle. — Ce fut à la séance du 27 juin 1750 que *Saly* présenta aux Académiciens le modèle en plâtre du *Faune*. Ce plâtre valut à son auteur le titre d'agréé [2]. Le 25 août de la même année, le plâtre présenté à l'Académie parut au Salon [3]. *Saly* conserva ce modèle dans son atelier jusqu'en 1753 et l'emporta en Danemark où il en

1. Page 78 du livret.
2. *Procès-verbaux de l'Académie*, t. VI, p. 216.
3. N° 146 du livret.

fit exécuter le moulage. Un sieur Augustin Guys, de Marseille, poète et voyageur, membre de l'Académie des Belles-Lettres de sa ville natale, fut appelé à Copenhague en 1762. Il se lia avec *Saly* et le pressa de se faire admettre à l'Académie de Marseille. L'usage étant que tout artiste qui briguait les suffrages des Académiciens offrît quelque ouvrage de sa composition, *Saly* eut d'abord le projet d'envoyer à ses nouveaux confrères le petit modèle de la statue équestre de Frédéric V [1]. Le sculpteur changea d'avis et substitua à la statue équestre du roi de Danemark des moulages d'après le modèle du *Faune* et celui de l'*Hébé* dont nous nous occuperons plus loin. L'envoi du statuaire parvint à Marseille en décembre 1763. Guys écrit de cette ville, le 20 décembre, à Dandré Bardon : « Le vaisseau parti de Copenhague vient d'arriver; les orages de l'hiver qui ont déjà fait périr bien des navires ont respecté le *Faune*, et les ouvrages immortels de M. *Saly*, qui ont été la sauvegarde du bâtiment qui les apportait.

« Je me suis empressé d'annoncer à MM. de l'Académie cette bonne nouvelle, par le vif intérêt que je prends à tout ce qui la regarde. Je dois la prévenir aussi que M. *Saly* a eu l'attention de payer le fret de la caisse qui est adressée à M. Moulinneuf, et que j'aurai soin de faire retirer [2]. »

D'autre part, Moulinneuf, secrétaire perpétuel de l'Académie, écrit, le 23 décembre, à *Saly* : « Monsieur, quels remerciements n'avons-nous pas à vous faire pour le *Faune* que M. Guys, un de nos zélés et chers amateurs, nous a présenté de votre part. La plupart de nous, assemblés pour le recevoir, comme pour ainsi dire en triomphe, nous avons été frappés d'admiration en considérant l'ensemble, les grâces, les finesses, le caractère de tête, en un mot toutes les beautés répandues si ingénieusement dans toutes les parties de ce chef-d'œuvre de l'art digne d'être admis dans les premières académies du monde. Quoi que nous en puissions dire, Monsieur, nos expressions seront toujours faibles pour vous en témoigner notre reconnaissance et le cas que notre compagnie va faire d'un morceau si précieux. C'est avec une entière satisfaction que nous allons le faire poser dans une place des plus distinguées et des plus avantageuses de notre sallon de peinture, autant pour l'avoir sous nos yeux et profiter de ses beautés que pour le manifester avec honneur à ceux de nos amateurs et de tout le public connaisseur qui, en exaltant unanimement votre célébrité, ne pourront que nous féliciter de la digne acquisition que notre Académie a fait d'un artiste si distingué en votre personne.

1. Etienne Parrocel, *Histoire documentaire de l'Académie de peinture et de sculpture de Marseille*, t. II, p. 150-151.
2. *Ibid.*, p. 151.

« M. Guys n'a pas eu moins de plaisir à nous montrer votre déesse de la Jeunesse. Ce morceau, ainsi que le premier, ne peuvent que donner les plus grands éloges à la main sçavante qui les a produits[1]. »

L'Académie subsista jusqu'en 1793. A cette date l'institution disparut et ses collections furent dispersées. M. Parrocel a bien voulu rechercher le *Faune*, soit au Musée, soit dans les édifices publics de Marseille : il ne s'y trouve pas. Un plâtre de cette œuvre a été offert par l'artiste, en 1769, à l'Académie de Saint-Pétersbourg. Tout porte à croire que ce plâtre est détruit. Quant au modèle conservé par *Saly*, son auteur l'exposa, en 1769, au Salon de Copenhague[2].

Marbre. — Le 29 mai 1751, le statuaire se présente à l'Académie de peinture de Paris et soumet son marbre, de trois pieds de proportion, aux suffrages des Académiciens[3]. *Saly* est reçu. Au Salon de la même année paraît le *Faune* dont la critique fait grand éloge[4]. L'Académie conserva le morceau de réception du sculpteur jusqu'en 1768. Le roi Christian VII étant venu à Paris en cette même année, se rendit chez les Académiciens, le 8 novembre. « Pendant les vingt minutes que le duc de Duras lui permit de s'arrêter dans les salles de l'Académie, Sa Majesté désira voir le petit *Faune* en marbre, morceau de réception de M. de *Saly*. Ce petit *Faune* a de la réputation; l'Académie, en le montrant au jeune roi, le supplia d'en agréer l'hommage, et Sa Majesté l'accepta. » Ces lignes sont tirées de la *Correspondance de Grimm*[5]. Le marbre partit donc pour le Danemark. Nous pensions qu'il serait aisé de le découvrir. Il n'en a rien été. Nos correspondants à Copenhague, malgré tous leurs efforts, n'ont pu nous dire ce qu'est devenu le marbre de *Saly*. Un instant nous avons craint que le *Faune*, si promptement offert au roi Christian VII, ne fût demeuré à Paris. Mais les lignes suivantes que nous extrayons d'une lettre de M. Th. Stein, statuaire, professeur et président de l'Académie des Beaux-Arts de Copenhague, à la date du 3 septembre 1895, lèvent tous les doutes : « Quant au *Faune*, je regrette vivement que, malgré toutes mes recherches, il m'ait été impossible d'en découvrir la moindre trace, non seulement à Copenhague, mais dans les châteaux royaux. Il en est question pour la dernière fois sur un inventaire de l'Académie dressé en 1793. Dans cette pièce se trouvent mentionnés *Cupidon*, *Hébé* et un *Faune* par *Saly*. » Il est donc prouvé, d'après ce texte, que le marbre

1. *Archives de l'Académie*, lettre inédite communiquée par M. Etienne Parrocel.
2. Renseignements fournis par M. Th. Stein (3 septembre 1895).
3. *Procès-verbaux de l'Académie de peinture*, t. VI, p. 273.
4. N° 96 du livret.
5. Edition Garnier. Paris, 16 vol. in-8°, t. VIII, p. 212.

8

dont les Académiciens de Paris avaient fait hommage à Christian VII a été transporté en Danemark où, nous l'espérons, il existe encore.

Copies. — Le *Faune* fut coulé en bronze, par les soins de l'artiste, pour M. Calabre, antérieurement à 1753[1]. D'autre part, d'Argenville signale la présence du *Faune*, de *Saly*, dans la collection du fermier général Bouret, demeurant rue Grange-Batelière[2]. A la vente du cabinet Bourlamaque, le 27 mars 1770, nous trouvons mentionné « le *Berger* de M. *Saly* ». Nous avons lieu de penser que nous sommes en présence d'une répétition du *Faune*[3]. On ne devra pas être surpris de découvrir dans un certain nombre de cabinets d'amateurs des répliques ou des copies du *Faune*. En effet, l'*Almanach historique et raisonné des artistes pour l'année 1777* renferme une étude sur *Saly* attribuée à l'abbé Lebrun, et dans laquelle il est dit au sujet du *Faune* : « Il en a été tiré un nombre infini de copies[4]. »

Le berger Paris.

Statue, bronze.

Cet ouvrage de *Saly*, mesurant 33 pouces de hauteur, et à sa base 12 pouces de diamètre, ce qui implique un socle de forme ronde, est ainsi décrit au catalogue de la vente Donjeux, qui eut lieu le 29 avril 1793 : « Le berger Paris, tenant de la main droite la pomme, et appuyé de la gauche sur un tronc d'arbre sur lequel il est posé. » Une seconde note porte : « Ce bronze est exécuté avec soin par *Gilet*[5]. »

Tombeau.

Marbre et plomb doré.

Commande de M. de Valory pour l'église cathédrale (*sic*) du Quesnoy (Nord). C'est l'artiste lui-même qui nous fournit ce renseignement[6]. L'esquisse en terre cuite de ce tombeau a figuré au Salon de 1750[7].

Pan, Syrinx et le fleuve Penée.

Groupe, terre cuite.

Cet ouvrage est mentionné sur le catalogue de la vente La Live de Jully. Le livret porte à la suite du titre de l'œuvre de *Saly* les indications suivantes : « 1 pied de haut. Cet ouvrage n'a pas été

1. Voir plus haut, p. 33, note.
2. *Voyage pittoresque de Paris*, édition de 1757, p. 187.
3. N° 369, p. 52.
4. *Revue universelle des arts*, t. XIII, p. 338.
5. N° 502 du livret.
6. Voir plus haut, p. 33, note.
7. N° 149 du livret.

exécuté ailleurs [1]. » La terre cuite qui nous occupe aurait été vendue 36 livres 12 sols. Nous nous trouvons évidemment en présence d'un souvenir d'ami offert par *Saly* à La Live de Jully.

Petit Tombeau.

Marbre et bronze doré.

Ce monument, commandé par Jacques Pineau, seigneur de Luçay ou Lucé, prit place dans une église de Tours [2]. Pineau de Lucé, conseiller au Parlement de Paris depuis le 15 février 1730, fut nommé Intendant de Touraine en 1743 et, deux ans plus tard, il devint Intendant du Hainaut. Le « petit Tombeau » placé à Tours nous donne lieu de supposer que, durant son séjour en Touraine, Pineau de Lucé perdit quelque membre de sa famille, peut-être un de ses enfants, mais *Saly* était alors à l'Académie de France. D'ailleurs ses relations avec Pineau de Lucé comme artiste susceptible de s'acquitter d'une commande à son honneur paraissent dater seulement de 1749, époque à laquelle Lucé est investi des fonctions d'Intendant du Hainaut. C'est donc en 1749 ou 1750 que le statuaire dut exécuter le monument dont nous parlons ici. Une esquisse de Tombeau en terre cuite, exposée par *Saly*, au Salon de 1750, doit se rattacher au monument commandé par l'ancien Intendant de Touraine [3].

Tombeau.

Marbre.

Ce monument, commandé à l'artiste par le comte de La Marche, prit place dans l'église Saint-Roch, à Paris [4]. L'esquisse en terre cuite de ce Tombeau, dont nous avons inutilement cherché la trace dans Piganiol et Thiéry, a été exposée au Salon de 1750 [5].

Diogène cherchant l'homme.

Bas-relief, terre cuite.

Un plâtre de cette composition exposée au Salon de 1750 à Paris [6], fut transporté par l'artiste en Danemark et parut à la première exposition organisée par l'Académie des Beaux-Arts de Copenhague, en 1769, sous le directorat de *Saly*. M. Th. Stein, actuellement président de l'Académie, possède ce plâtre du *Diogène*, retrouvé à une époque assez récente, dans un atelier jadis occupé

1. Page 78 du livret.
2. Voir plus haut, p. 33, note.
3. N° 149 du livret.
4. Voir plus haut, p. 33, note.
5. N° 149 du livret.
6. N° 150 du livret.

par *Jardin*, l'architecte de « l'église de marbre » et l'ami de *Saly*, près duquel il passa de longues années en Danemark.

Antisthènes.

Bas-relief.

Le livret de l'exposition de Copenhague, ouverte en 1769, renferme une note dictée par *Saly* et d'après laquelle le *Diogène* dont il vient d'être parlé aurait été composé « en pendant d'un *Antisthènes*, maître de Diogène[1]. »

Alexandrine d'Etiolles. (1743-1754), fille de Madame de Pompadour, alors Mme Le Normand d'Etiolles.

Buste, bronze.

Cet ouvrage a fait partie de la collection du marquis de Ménars, frère de Madame de Pompadour. Il est mentionné au n° 245 du livret de la vente de cet amateur sous la désignation « La tête d'une jeune fille[2] ».

C'est évidemment le buste d'Alexandrine d'Etiolles que nous voyons de nouveau passer en vente les 4-7 décembre 1872, à la suite du décès de M. F. L. Il est inscrit au livret de cette vente sous le titre « Jeune fille aux cheveux nattés et retroussés ». C'est un buste en bronze, signé *Saly*. On l'adjuge au prix de 1.480 fr.[3] En 1886, les 13 et 14 août, une nouvelle vente « par suite de décès » a lieu à Paris, et le même buste « Jeune fille aux cheveux nattés » reparaît. On l'adjuge, en même temps qu'un buste de jeune fille par *Pigalle*, au prix de 4.800 fr. pour les deux ouvrages[4].

Petite fille.

Buste, marbre.

Ce buste, exposé au salon de 1750, pourrait être l'original du portrait d'Alexandrine d'Etiolles, dont Madame de Pompadour aurait fort bien pu commander un bronze pour l'offrir à son frère, le futur marquis de Ménars[5].

*M****

Buste, plâtre.

Ce buste ne nous est connu que par le livret du salon de 1750[6].

1. Renseignements fournis par M. Th. Stein (3 septembre 1895).
2. Leturcq, *Notice sur Jacques Guay*, 1873, in-8°, p. 50 et 225.
3. *Chronique des Arts*, 1872, p. 420.
4. *Chronique des Arts*, 1886, p. 225.
5. N° 147 du livret.
6. N° 148 du livret.

DIOGÈNE CHERCHANT L'HOMME

Esquisse, plâtre, 1750

(Cabinet de M. Th. Stein, président de l'Académie des Beaux-Arts de Copenhague.)

Le duc de Beauvillier.

Buste, marbre.

Cet ouvrage est mentionné par *Saly* dans son mémoire de 1766[1].

Cariatides.

Hauts-reliefs, pierre.

Deux cariatides, de 14 pieds de proportion, furent exécutées par *Saly*, pour décorer l'entrée de l'escalier de la maison de Madame Geoffrin. L'une fut placée en avril et l'autre en juillet 1752. Elles étaient en pierre de Tonnerre. L'artiste les termina peut-être sur place. Mariette critique ces deux figures. Les modèles lui avaient paru supérieurs aux œuvres définitives[2]. Qu'entend-il par les modèles? Sont-ce les esquisses en terre cuite exposées au salon de 1750[3]? Il est probable que Mariette veut parler des modèles en plâtre, grandeur d'exécution, que *Saly* emporta en Danemark et qu'il exposa au salon de Copenhague en 1769[4].

L'Amour.

Statue, marbre.

Cette figure « de 2 pieds de proportion », est-il dit au Livret, fut exposée au Salon de 1753[5]. *Saly*, dans son mémoire de 1766, donne à cette statue 3 pieds de proportion[6]. L'*Amour* était une commande de Madame de Pompadour. Mariette, en 1753, écrit que ce marbre était destiné au château de Crécy[7]. Piganiol signale, en 1765, la présence de ce marbre au château de la favorite à Bellevue[8]. Le 28 avril 1766, à la vente de la marquise, décédée depuis le 15 avril 1764, l'*Amour* passa dans le cabinet de Blondel de Gagny. Cet amateur étant mort, sa vente eut lieu le 10 décembre 1776, et nous trouvons au catalogue la mention suivante : « Un Amour, debout, tenant une flèche; son bras gauche est posé sur un tronc d'arbre où est attaché son carquois : hauteur 2 pieds 10 pouces; son pied d'estal, qui a 3 pieds 3 pouces, est orné d'une guirlande de fleurs. Cette figure est de toute beauté. L'auteur Jacques-François-Joseph Saly l'a faite pour Madame la marquise de Pompadour, et elle vient

1. Voir plus haut, p. 33, note.
2. *Abecedario*, t. V, p. 167.
3. N° 150 du livret.
4. Renseignements fournis par M. Th. Stein, (3 septembre 1895.)
5. N° 56 du livret.
6. Voir plus haut, p. 33, note.
7. *Abecedario*, t. V, p. 167.
8. *Description de Paris et de ses environs*, t. IX, p. 42.

de la vente après son décès [1]. » Blondel d'Azincourt fut l'acquéreur du marbre de *Saly* au prix de 5.000 livres. A son tour, Blondel d'Azincourt décéda, et son cabinet fut vendu en 1783. Dans quelles conditions eut lieu cette vente ? L'œuvre de *Saly* n'atteint plus aux enchères que le prix singulièrement réduit de 1961 livres [2]. Le fermier général Bouret possédait, en 1757, une copie en bronze de cette statue [3]. A la vente de *Saly* se trouvent mentionnées « deux différentes compositions de l'Amour debout : il est appuyé sur un tronc d'arbre et armé de flèches et carquois. Dessins à la sanguine [4]. »

Le modèle en plâtre de l'*Amour*, transporté en Danemark, a figuré au Salon de Copenhague, en 1769. Le livret de cette exposition contient les lignes suivantes : « L'Amour indique en souriant deux flèches de son carquois au dessus desquelles flotte une banderolle avec cette inscription : *Duo tela unus amor* [5]. »

Hébé, déesse de la Jeunesse.

Statue, pierre de Tonnerre.

Le modèle de cet ouvrage parut au salon de 1753 [6], Ce modèle était de proportions réduites. L'œuvre définitive mesura 6 pieds de haut [7]. La marquise de Pompadour avait commandé cette statue. Des moulages d'après le modèle en plâtre furent offerts par l'artiste à l'Académie de Marseille en 1763 [8] et à celle de Saint-Pétersbourg, en 1769. Le marbre passa, vraisemblablement, à la vente de la favorite, dans le cabinet du duc d'Aumont. Il est en effet mentionné sur le catalogue de la vente de ce cabinet en 1782 [9]. Une terre cuite, conforme au modèle quant aux proportions, portant sur le socle « *Saly*, 1756 » a passé en vente à Paris, le 23 mai 1887, et a atteint le chiffre de 1500 francs [10]. La même œuvre passe à la vente Penon en mai 1891 et est adjugée au prix de 1250 francs [11].

Le modèle en plâtre de l'*Hébé*, transporté en Danemark, fut exposé par *Saly* au salon de Copenhague en 1769 [12].

1. N° 400 du livret.
2. CHARLES BLANC, *le Trésor de la Curiosité*, t. II, p. 73.
3. D'ARGENVILLE, *Voyage pittoresque*, p. 187.
4. N° 63 du livret.
5. Renseignements fournis par M. Th. Stein (3 septembre 1895).
6. N° 57 du livret.
7. Voir plus haut, p. 33, note.
8. ETIENNE PARROCEL, *Histoire documentaire de l'Académie de peinture et sculpture de Marseille*, t. II, p. 312.
9. Page 62 de la réimpression Davillier.
10. *Chronique des Arts*, 1887, p. 194.
11. *La Curiosité universelle* du 1er juin 1891.
12. Renseignements fournis par M. Th. Stein (3 septembre 1895).

Danemark. — 1753-1774.

Le comte Adam Gottlieb de Moltke, président de l'Académie des Beaux-Arts pendant le directorat de *Saly* (1754-1771).

Buste, bronze.

Ce buste, de proportions monumentales, représente le président de l'Académie revêtu du costume et des insignes de chevalier de l'ordre de l'Eléphant. La tête est légèrement tournée vers l'épaule gauche; une perruque tombe sur les épaules; le vêtement avec ses broderies, le manteau très ample, le collier, la plaque de diamants, sont traités avec une rare souplesse et un goût parfait.

Le buste est signé : *Saly f. Copenhague,* 1757.

Le modèle en plâtre parut au Salon de Copenhague en 1769. Il est aujourd'hui à l'Académie des Beaux-Arts et le plâtre a été bronzé[1]. Après la mort du comte de Moltke, son médaillon en bronze de proportions colossales, sculpté par *Saly* fut placé dans la chapelle funéraire du ministre décédé. Il n'est pas sans intérêt de relever ici que le comte de Moltke, grand-maréchal sous Frédéric V, est le bisaïeul du comte de Moltke-Huitfeldt, ministre plénipotentiaire de Danemark en France à la date où nous écrivons.

A la vente de *Saly* une médaille en argent gravée par *Arbien,* représentant le comte de Moltke, et portant le millésime 1757, a été adjugée au prix de 20 livres. Il est de toute évidence que cette médaille a été exécutée sur un dessin du sculpteur. D'autre part, « quatre dessins pour les jets et les évents du buste » ont été vendus 4 livres au décès de *Saly* avec quatre autres dessins de même caractère[2].

Frédéric V, roi de Danemark (1746-1766).

Buste, marbre.

Cet ouvrage, de grandeur nature, fut modelé par l'artiste en 1765[3]. *Saly* exposa son marbre au Salon de Copenhague en 1769[4]. Ce marbre faisait alors partie de la galerie royale de peinture de Christianborg; un bronze de ce buste est conservé de nos jours à l'Académie des Beaux-Arts de Copenhague. Il décore la salle des séances publiques. Un autre exemplaire en bronze est conservé au château de Sans-Souci en Allemagne. Cinq autres doivent exister encore, car la Compagnie des Indes avait fait exécuter sept fontes,

1. Renseignements fournis par M. Th. Stein (3 septembre 1895).
2. N° 61 du livret.
3. Renseignements fournis par l'Académie des Beaux-Arts de Copenhague (15 octobre 1867).
4. Renseignements fournis par M. Th. Stein (3 septembre 1895).

mais nous ne saurions dire où se trouvent aujourd'hui les cinq exemplaires dispersés depuis plus d'un siècle [1].

Un dessin d'après nature représentant le visage du roi, conservé au cabinet des Estampes et Dessins de Copenhague paraît être une étude préparatoire du buste qui nous occupe ici. Ce dessin, au crayon noir, mesure 0 m 32 sur 0 m 32 [2]. Lors du décès de l'artiste, « quatre dessins pour les jets et les évents du buste » se sont vendus 4 livres avec quatre autres dessins de même nature [3].

Wasserschlebe, secrétaire de légation.

Buste, plâtre.

Ce buste parut au Salon de Copenhague en 1769. Le livret de l'exposition porte : « Ce buste est destiné à être exécuté en marbre. »

Tombeau.

Esquisse, terre cuite.

Cette esquisse fut exposée par *Saly* au Salon de Copenhague en 1769. Le livret du Salon contient ces lignes descriptives : « Pour Madame ***. L'Humilité et la Chasteté, vertus distinctives de cette dame, gardent son portrait [4]. »

Nous supposons que cette composition fut exécutée en Danemark, mais ce n'est qu'une hypothèse. En 1750, à Paris, notre artiste avait exposé, on l'a vu, d'assez nombreuses esquisses de Tombeaux.

Chasseur surpris par un lion.

Esquisses, terre cuite.

Au Salon de 1769, à Copenhague, *Saly* expose « quelques esquisses représentant un chasseur surpris par un lion ». Une description sommaire de ces esquisses est ainsi conçue : « L'auteur a voulu exprimer l'action d'un chasseur fatigué qui s'est assis et endormi. Un lion s'approche ; le chasseur se réveille et se dispose à blesser le lion ; il est trop tard, le lion se jette sur lui et le saisit par derrière [5]. »

1. Renseignements fournis par M. Th. Stein (12 novembre 1895).
2. Renseignements fournis par M. Emile Bloch (20 août 1895).
3. N° 61 du livret.
4. Renseignements fournis par M. Th. Stein (3 septembre 1895).
5. *Ibid.*

II

DESSINS ET EAUX-FORTES

Italie. — 1740-1748.

Études de figures d'après le Dominiquin.

Dessins.

A la mort de *Saly* « trente-cinq études de figures, têtes, etc., d'après *le Dominiquin* » se sont vendues avec seize autres dessins pour 70 l. 1 s.[1].

Suite de Caricatures.

Dessins.

La Live de Jully a gravé dix-sept caricatures dessinées par *Saly*. Sur ce nombre se trouvent trois portraits en charge de l'artiste par lui-même. Il en sera parlé plus loin. Nous avons lieu de penser que La Live n'a pas gravé la totalité des Caricatures de *Saly*, car à la vente du statuaire nous trouvons un « Recueil de dix-sept caricatures dessinées à la sanguine, sur papier, en 1745, par *Saly*, à Rome[2] »; puis « Trente-cinq charges et caricatures[3]; et enfin « Quarante-cinq dessins de caricatures à la sanguine, ou contre-épreuves[4] ». L'ensemble de ces études a été adjugé au prix de 279 livres 13 sols.

Suite de Tombeaux.

Dessins et eaux-fortes.

Les compositions de cet ordre, au nombre de 4 ou de 6, ont été gravées à l'eau-forte par *Saly*. Elles comportent non seulement des Tombeaux mais aussi des Mausolées et des Catafalques ingénieusement conçus et d'une décoration très cherchée. « Deux dessins de Tombeaux à la sanguine sur papier blanc, gravés par l'artiste », existaient dans l'atelier du sculpteur lors de son décès. Ils ont été adjugés à Duvivier, en même temps que deux dessins de l'*Amour*, au prix de 12 livres 2 sols[5]. D'autre part, « quatre projets de Tombeaux », gravés à l'eau-forte par *Saly*, et six épreuves de chaque ont été vendus 16 l. 1 s.[6]. Mariette possédait un dessin de Tombeau

1. N° 90 du livret.
2. N° 75 du livret.
3. N° 76 du livret.
4. N°s 77 à 80 du livret.
5. N° 63 du livret.
6. N° 96 du livret.

à la sanguine représentant une femme drapée debout, et auprès d'elle une lampe sépulcrale. A la vente de Mariette, ce dessin et une Figure drapée atteignirent le prix de 75 l.[1].

Nicolas Zabaglia, savant mécanicien romain.

Dessin.

Mariette nous apprend qu'il conservait un curieux portrait de Zabaglia représenté « dans son uniforme » et dessiné par *Saly*[2]. L'artiste avait exécuté ce dessin durant son séjour à Rome. A la vente de Mariette, en 1776, ce dessin à la sanguine fut adjugé au prix de 40 livres[3]. La Live de Jully a gravé ce portrait.

Suite de Vases.

Dessins et eaux-fortes.

Cette Suite, fort connue et qui constitue l'un des meilleurs titres à la réputation que s'est acquise l'artiste, comprend 30 pièces gravées à l'eau-forte par *Saly*, d'après ses propres compositions. Un certain nombre de ces pièces ont été gravées à nouveau d'après les planches originales par *Auguste Péquégnot*. *Saly* avait dédié sa Suite de Vases à *De Troy*. La dédicace, dont voici le texte, occupe le frontispice du recueil : « ILLMÕ VIRO DNÕ I. F. DE TROY REGI XÑO — A. SANCT. CONSILIIS ORDINIS REGII S. MICH. — EQUITI TORQUATO REGIA ARTIVM DE — URBE ACADEMIAE PRAEFECTO — VASA A SE INVENTA — ATQ. STVDII CAVSA, DELIN. ET INCISA — D. V. C. IACOBVS SALY IN PRAED. ACADEMIA ALUMNUS — S. H. MDCCXLVI.

Un exemplaire de la Suite de Vases conservé par *Saly* et des planches détachées de cette Suite ont été adjugés à Alibert, au prix de 320 livres, à la vente du statuaire[4]. De même dix-sept dessins de « Vases, lampes antiques, etc., à la sanguine et à la mine de plomb » furent vendus à Joullain 19 livres 19 s.[5]. Un dessin de « Vase orné de figures » à la sanguine est conservé au Cabinet des Estampes et Dessins de Copenhague. H. 0. 17. L. 0. 12[6].

Danemark. — 1753-1774.

Frédéric V.

Dessin.

Une médaille, représentant Frédéric V et gravée par *Arbien,* fut frappée en 1754, à l'occasion de la réorganisation de l'Académie

1. *Le Trésor de la Curiosité,* t. I, p. 295.
2. *Abecedario,* t. VI, p. 147.
3. *Le Trésor de la Curiosité,* t. I, p. 295.
4. N° 95 du livret.
5. N° 93 du livret.
6. Renseignements fournis par M. Emile Bloch (20 août 1895).

de peinture de Copenhague. *Saly* en fourni le dessin. Un exemplaire en or de cette médaille fut vendu 445 livres au décès de l'artiste; un exemplaire en argent fut adjugé au prix de 26 livres [1].

Frédéric V accordant sa protection aux arts.

Dessins.

Deux dessins, l'un à la pierre noire, l'autre à la mine de plomb, ayant servi de modèles pour les médailles mises par le roi à la disposition de l'Académie de peinture et de sculpture de Copenhague en 1755 sont inscrits sous ce titre au livret de la vente de *Saly* [2]. Ces deux dessins ont été vendus 72 livres.

Frédéric V.

Dessin.

Une médaille représentant le roi de Danemark en buste fut exécutée sur le dessin de *Saly* et frappée en 1760. Elle porte en exergue : *Parens et conditor alter.* Un exemplaire en argent de cette médaille conservé par l'artiste se vendit 29 livres lors de son décès [3].

Médailles pour l'Académie de peinture de Copenhague.

Dessins.

Huit dessins et esquisses de médailles pour l'Académie, à la sanguine et à la mine de plomb, passent en vente à la mort de *Saly*. Ils sont adjugés au prix de 13 livres 10 sols [4].

Académies.

Dessins.

Vingt-neuf académies à la sanguine sont mentionnées au catalogue de la vente de *Saly*. Ces compositions ont été vendues au prix de 151 livres 6 s. [5].

Renne.

Dessin.

A la vente de l'artiste, un dessin à la pierre noire représentant un renne et onze dessins renfermant les « détails des parties du même animal » ont été adjugés au prix de 24 livres [6]. L'un de ces dessins « fait à Copenhague, d'après nature », a été exposé au Salon danois de 1769 [7].

1. *Le Trésor de la Curiosité*, t. I, p. 316.
2. N° 33 du livret.
3. N° 64 du livret.
4. *Le Trésor de la Curiosité*, t. I, p. 316.
5. N°s 67 à 74 du livret.
6. N° 35 du livret.
7. Renseignements fournis par M. Th. Stein (3 septembre 1895).

Figures.

Dessins.

Seize compositions de figures à la sanguine et à la mine de plomb passent en vente à la mort de *Saly*. Elles sont adjugées au prix de 7 livres 1 s.[1].

Figures, têtes, torses, etc.

Dessins.

A la mort de *Saly* passèrent en vente 480 dessins à la sanguine ou à la pierre noire renfermant des études de tout genre d'après nature. Ces dessins, auxquels se mêlent quelques contre-épreuves furent adjugés environ 130 livres[2].

Les Arts.

Dessins.

Douze compositions représentant « les Arts caractérisés par des enfants » ont été adjugés au prix de 18 livres 1 sol, à la vente de *Saly*. Ces dessins avaient été faits pour l'Académie de Copenhague[3].

Emmanuel Pinto de Fonseca, grand-maître de Malte de 1741 à 1773.

Dessin.

Nous ne connaissons cette œuvre que par le livret de la vente de *Saly* (14 juin 1776). L'artiste avait conservé un dessin de *Hallé* d'après « le portrait en buste de Pinto » exécuté par lui. Ce dessin s'est vendu 23 livres[4].

Tycho-Brahé, astronome danois (1546-1601.)

Dessin.

A la vente de *Saly*, parmi ses dessins ou ceux exécutés d'après lui, se trouve mentionné un portrait de Tycho-Brahé « à la mine de plomb, sur papier blanc », qui fut vendu 5 livres 1 s. à Joullain[5].

Jean-Frédéric Struensée, médecin et homme d'État (1737-1772).

Dessin.

Ce dessin, à la mine de plomb, exécuté d'après nature, à Copenhague, représentait Struensée vu en buste et de profil. Il a été gravé. A la vente de *Saly*, le dessin original et une estampe « d'après ce portrait » se sont vendus 12 livres[6].

1. N° 66 du livret.
2. N°s 81 à 91 du livret.
3. N° 65 du livret.
4. N° 59 du livret.
5. N° 92 du livret.
6. N° 34 du livret.

Le texte que nous avons sous les yeux est assez vague pour qu'on hésite à se prononcer sur la nature du portrait original de Struensée. Est-ce un simple dessin ou est-ce un buste?

Isaac Newton, mathématicien (1642-1727).

Dessin.

A la vente de *Saly*, un portrait dessiné ou une médaille représentant Newton, et portant le millésime 1774, fut adjugé 71 livres [1].

Ange priant.

Dessin à la sanguine sur papier vert. — H. 0 m 27. L. 0 m 18.

Cabinet des Estampes et Dessins de Copenhague [2].

Ange.

Dessin au crayon noir sur papier bleu. — H. 0 m 24. L. 0 m 19.

Il est vu en buste.

Cabinet des Estampes et Dessins de Copenhague [3].

Femme nue pleurant.

Dessin à la sanguine et au crayon noir. — H. 0 m 28. L. 0 m 14.

Debout, tournée vers la gauche.

Cabinet des Estampes et Dessins de Copenhague [4].

Femme nue priant.

Dessin à la sanguine et au crayon noir. — H. 0 m 27. L. 0 m 18.

Debout, tournée vers la gauche.

Cabinet des Estampes et Dessins de Copenhague [5].

Un Empereur à cheval.

Aquarelle. — H. 0 m 60.

Cabinet des Estampes et Dessins de Copenhague [6].

Muse assise, tournée vers la gauche.

Dessin au crayon noir. — H. 0 m 22. L. 0 m 31.

Signé : *Saly*.

Cabinet des Estampes et Dessins de Copenhague [7].

Combats antiques. Cavaliers et soldats.

Deux dessins au crayon noir. — H. 0 m 52. L. 0 m 33.

Cabinet des Estampes et Dessins de Copenhague [8].

Trépied décoré de têtes de lions.

Dessin à la sanguine. — H. 0 m 23. L. 0 m 19.

Cabinet des Estampes et Dessins de Copenhague [9].

1. *Le Trésor de la Curiosité*, t. I, p. 316.
2. Renseignements fournis par M. Émile Bloch (20 août 1895).
3, 4, 5, 6, 7, 8, 9, même source.

III

ICONOGRAPHIE DU MAITRE

Jacques Saly par Pilo.

L'Académie de Copenhague conserve le portrait de *Saly* peint en 1763 par *Carl-Gustav Pilo*. L'artiste est vu à mi-corps, le torse tourné vers la droite, la tête nue et de face. Il porte les cheveux courts. La main gauche s'appuie sur un grand portefeuille posé verticalement. La main droite tient un crayon. Derrière le personnage est figurée une étude préparatoire ou modèle réduit de la statue équestre de Frédéric V. La tête et le cou du cheval, vivement éclairés, se dessinent au dessus de l'épaule gauche de l'artiste et font une heureuse opposition avec le costume sombre que porte *Saly*.

Jacques Saly par Hojer.

Au nombre des miniatures que conserve l'Académie de Copenhague se trouve un portrait de *Saly*, peint en 1770 par *Cornelius Hojer* ou *Hoejer*. Dans ce portrait *Saly* porte le cordon de l'ordre de Saint-Michel.

Jacques Saly par lui-même.

Dessins.

Trois portraits-charges du statuaire existent dans le Recueil de Caricatures gravé d'après lui par La Live de Jully. Ce sont (pl. I) : *Signor Saly allant à l'Académie;* (pl. V) *Signor Saly allant dessiner dans la campagne*, et *Signor Saly dans son atelier, examinant son modèle* [1].

Trois portraits de l'artiste que nous avons lieu de croire dessinés par lui-même ont passé en vente après son décès [2].

Jacques Saly par Cochin.

Estampe.

Charles-Nicolas Cochin a gravé le portrait de *Saly* en 1752. Cette estampe a été reproduite en 1841 par *Malfeson* de Valenciennes.

Jacques Saly par Auvray.

Sculptures.

Louis Auvray, sculpteur de Valenciennes, a exposé, en 1835, un buste en plâtre de *Saly* [3]. Le marbre est aujourd'hui au Musée de Valenciennes [4]. Le même artiste a exposé au Salon de 1880 un médaillon en bronze de *Saly* [5].

1. *Œuvre de A. L. de La Live de Jully.*
2. N°s 68, 72 et 88 du livret.
3. N° 2176 du livret.
4. N° 346 du livret, édit. de 1865.
5. N° 6065 du livret.

CHAPITRE IV

ESSAI BIOGRAPHIQUE

C'est le 20 juin 1717 que naquit à Valenciennes Jacques-François-Joseph *Saly*[1]. Son père, François-Marie était né à Florence en 1684. C'est ce qui résulte de son acte de décès que nous publions plus loin. François-Marie ne comptait donc que trente-trois ans quand naquit son fils. Le métier de François-Marie était celui de ménétrier[2]. C'est à Valenciennes qu'il avait épousé Marie-Michelle Jardez. Il eut trois enfants. Une fille avait vu le jour avant Jacques *Saly*. Elle ira mourir aux Petites Antilles en 1765. Une autre fille fut la sœur cadette de l'artiste. Selon toute vraisemblance elle dut succomber à Copenhague, vers 1773. Quant à la mère de *Saly*, nous connaissons la date précise de son décès en 1760.

M. Foucart ne se borne pas à qualifier François-Marie de « ménétrier »; il le dit « pauvre ». *Saly* tiendra le même langage. Ses proches étaient sans ressources et les sacrifices qu'ils eurent à s'imposer pour son éducation achevèrent de les plonger dans la gêne[3]. Ses premiers maîtres furent Antoine *Gillis* et Antoine *Pater*, deux sculpteurs de Valenciennes. L'enfant n'avait que neuf ans lorsqu'il était déjà dans l'atelier de *Gillis*. On lit en effet sur le registre de la corporation des peintres et sculpteurs de Valenciennes pour l'exercice compris entre la fête de saint Luc de 1726 et celle de 1727, cette mention curieuse : « De Joseph *Sallis*, apprenti de sculpteur en dessous d'Antoine *Gillis*, reçu 6 livres[4]. »

Ce *Gillis* était un Franc-Comtois, tandis que *Pater* était de Valenciennes. *Gillis* reçu franc-maître dans la corporation des sculpteurs de Valenciennes en 1724, ne tarda pas à voir de nombreux élèves se grouper autour de lui. En diverses occasions on l'oppose à *Pater* et il le supplante. C'est ainsi que la décoration extérieure de mai-

1. Voici l'acte succinct obligeamment relevé à notre intention sur les registres de l'État civil de Valenciennes par M. Maurice Hénault, archiviste municipal : « Le 20 de juin 1717. — Jacques-François-Joseph fils légitime de François-Marie Saly et de Marie-Michelle Jardez : parin Jacques Ternan, Mareine Marie-Marguerite Heneau. »

2. *Antoine Pater*, par M. Paul Foucart. Onzième session des Sociétés des Beaux-Arts (1887), p. 85.

3. Voir plus haut, p. 33.

4. Renseignement fourni par M. Paul Foucart.

sons placées à la base du beffroi fut exécutée par *Gillis* et ses élèves au grand désespoir de *Pater* [1]. Entre 1728 et 1732, c'est encore *Gillis* qui prend la place de *Pater* auprès de la confrérie de Notre-Dame du Puy [2].

1. *Antoine Pater*, par M. Paul Foucart, p. 85.

2. *Ibid.* p. 89. — On connaît peu l'histoire de *Gillis*. Certains écrivains signalent comme exécutées par cet artiste les stalles de la chapelle de Saint-Pierre à Valenciennes. *Gillis* fit plus. Nous avons en mains le contrat inédit passé par le sculpteur au sujet d'un tabernacle dans la même chapelle. Jamais occasion plus opportune ne s'offrira de faire connaître *Gillis* dans la variété de ses aptitudes et de ses travaux. Sans doute, il n'est pas question de *Saly* dans le contrat visé, mais son premier maître sera moins ignoré après la publication de cette pièce :

« Par devant les notaire royal et jurés de Cattels de la ville de Valenciennes soussignés, furent présents messieurs Pierre Albert, Joseph Mustelier, écuyer, seigneur de Berlaymont, et Pierre-Louis-Joseph Boulé, tous deux jurés eschevins de laditte ville, et en cette qualité commissaires à la chapelle de Saint-Pierre de la même ville, et authorisés pour ce qui suit de messieurs du magistrat, d'une part; et le s[r] Antoine *Gilis*, M[e] sculpteur, demeurant au dit Valenciennes, d'autre part. Lesquels premiers comparans étans dans le dessein de faire faire un nouveau tabernacle en la ditte église suivant et conformément au dessein approuvé par mesdits sieurs le quinze du présent mois de may, ils ont proposés cet ouvrage audit sieur second comparant, lequel l'a accepté et s'est obligé aux clauses et conditions suivantes : Sçavoir qu'il s'engage à livrer les bois de chesnes nécessaires pour la menuiserie dudit tabernacle, et les bois de tillieux pour la sculpture, lesquels ouvrages seront dorés et argentés aux endroits convenables, à ses frais, comme aussy fournira les miroirs dans tous les fonds de la Gloire audessus dudit tabernacle et de ceux de la porte et des médailles da cotté. Les consolles de dessous les gradins seront aussy dorés et argentés sans y avoir de fonds de glace. Il s'oblige aussy de redorer et marbrer la table d'autel et de reparer la drapperie et la redorer s'il est nécessaire, s'obligeant en outre de redorer et marbrer les ouvrages du cotté de l'autel, jusqu'à la boiserie vernie, à laquelle boiserie il s'oblige aussy de donner un nouveau vernis plus clair. Toutes les susdittes dorures seront faittes d'or et d'argent fin de Paris. Toutes lesquelles livrances et main d'œuvres seront faittes aux frais dudit sieur *Gilis* parmy la somme cy après. Et les dits sieurs premiers comparans s'obligent et s'engagent de payer audit sieur *Gilis* pour tous les dits ouvrages, livrances et main d'œuvres la somme de dix neuf cent livres tournois, monnoye d'Haynaut, sçavoir six cent livres le quinze juin prochain, et le surplus à la délivrance de l'ouvrage, laquelle délivrance devra se faire la veille de la saint Gille prochain. A tout ce que dessus, les parties chacunes pour ce qui les regarde se sont obligés esdits noms et qualités aux clauses et conditions du présent contract..... Fait et passé en la ville de Valenciennes, après lecture, ce seize de may mil sept cent cinquante quatre, du depuis a été conditionné que la ditte délivrance ne devra se faire que le premier d'octobre prochain. Sont signés, Mustellier, de Berlaymont, Boulé, Antoine *Gilis*, Wibaille, et Nicée, not. royal. — Il est ainsi à son original reposant en l'étude du notaire royal de la ville de Valenciennes soussigné, suivant collation y faitte par ledit notaire. Signé : Nicée, not. royal. — Nous soussignez échevins commissaires à la chapelle de Saint-Pierre, certiffions que le sieur *Gillis* a acomply les conditions du marché cy dessus. A Valenciennes, ce 10 décembre 1754. Signé : Mustellier de Berlaymont, Boulé. — Messieurs du magistrat, vû le contract de l'autre part, ensemble l'acte et certificat des sieurs échevins, commis à la chapelle de Saint-Pierre, couché au bas, ont ordonné et ordonnent au sieur Dusart, trésorier de cette ville de païer au dit sieur *Gilis*, sur l'argent provenant des nouveaux magistrats en service, la somme de dix neuf cens livres Hainaut pour les raisons reprises au dit contrat. A Valenciennes, le 10 décembre 1754. Signé : Malotau. — J'ay receu de Monsieur Dusart, trésorier général de cette ville, la somme de dix-neuf cens livres pour le montant de l'ordonnance cy dessus. Fait à Valenciennes, le 14 décembre 1754. Signé : Antoine *Gilis*. — Controllé à Valenciennes ce 13 février 1755. Signé : Brifaiel. » — Une autre pièce, également inédite, relative à *Gillis*, nous reporte à trente ans en arrière. En voici le texte : « Messieurs du magistrat ordonnent à Charles

A quelle date *Saly*, désertant les leçons de *Gillis*, alla-t-il se ranger parmi les élèves de *Pater*? Ce dut être aux environs de 1730. Antoine *Pater*, né à Valenciennes en 1670, marié en 1692, s'était fait recevoir maître sculpteur deux ans après son mariage. Outre son atelier de sculpture, *Pater* possédait un magasin de peintures et d'œuvres d'art. C'était un homme actif, avisé, mais d'un caractère difficile. Le magistrat de Valenciennes, la confrérie de Notre-Dame du Puy, après avoir tenté d'obtenir des travaux du sculpteur irritable, durent renoncer à tout commerce avec lui. Il exécuta, toutefois, le buffet-orgue de Notre-Dame la Grande, et l'ornementation riche de ce buffet fonda la réputation de l'artiste. Un travail du même genre, destiné à l'abbaye de Saint-Jean, sortit également de l'atelier de *Pater*. Ces ouvrages, très remarqués dans la première moitié du XVIIIe siècle, sont aujourd'hui complètement détruits[1].

Saly demeura peu d'années auprès de *Pater*, mais il conserva de ce maître un souvenir assez vif pour modeler son portrait d'une main résolue, alors qu'il n'avait encore qu'une vingtaine d'années. *Watteau*, à une date antérieure, avait peint *Pater*. M. Foucart a marqué, en quelques lignes qu'il faut rappeler, la différence qui sépare les deux portraits.

Au lieu de représenter *Pater* en toilette de visite, comme autrefois Antoine *Watteau*, *Saly* prit son maître dans son déshabillé d'intérieur; une chemise entr'ouverte et un bourgeron de travail remplacèrent donc l'habit de cérémonie; un simple foulard noué autour du crâne, la vaste et cérémonieuse perruque. Mais les changements les plus graves résultèrent de la différence des temps. Déjà très gros dans le portrait de *Watteau*, le nez de *Pater* avait tourné à la trogne; les rides de son front s'étaient encore creusées, et sa bouche sans dents avait été tirée vers la gauche par quelque récente apoplexie. Il avait pris ainsi un air hargneux et féroce, absolument en accord avec ce que nous savons de la rudesse de son caractère. *Saly* le saisit sur le vif; bien qu'âgé seulement de vingt-trois ans, il fit de son buste un véritable chef-d'œuvre que n'ont surpassé ni *Houdon*, ni les *Caffiéri* dans leurs plus parlantes

Albert Bruiere de payer à Antoine *Gillis* la somme de trente livres pour avoir sculpté deux lions pour servir au tribunal de la chambre de Justice. Fait à Valenciennes le 8 novembre 1726. Signé de Rozel. — Je soussigné ay reçu de Bruyere la somme de trente livres pour avoir sculpté deux lions de la tribune de la Chambre de Justice. A Vallenciennes, ce neuf de novembre 1726. Signé : Antoine *Gilis*. »

1. *Antoine Pater* par M. Paul Foucart, p. 78-90.

terres cuites, et devant lequel j'ai vu *Carpeaux* passer des demi-heures en contemplation [1].

L'éloge n'a rien d'excessif. L'œuvre est vraiment belle, et il appartenait à M. Foucart de nous révéler en quelle admiration *Carpeaux* tenait le travail de *Saly*. Mais *Pater* ne pouvait être un éducateur suffisant pour un disciple bien doué. Aussi lorsqu'il eut atteint l'âge de quinze ou seize ans, le jeune *Saly* prit le chemin de Paris. Quelles étaient ses ressources? Sur quels protecteurs pouvait-il compter? Nous sommes en 1733. Le fermier général La Live de Bellegarde occupe à Paris une haute situation, et sa femme est originaire de Valenciennes. C'est au foyer et dans l'entourage de ce financier que *Saly* trouvera ses appuis.

La Live de Jully, fils du fermier général, était né en 1725. Son frère porta le nom de La Live d'Épinay; l'une de ses sœurs épousa Pineau de Lucé de Viennay; une autre fut la comtesse de Houdetot. Ces noms célèbres nous avertissent que nous sommes dans la société des gens d'esprit. La demeure de Mme Geoffrin est proche et nous y entrerons tout à l'heure à la suite de *Saly*.

Guillaume *Coustou* aurait été le maître du jeune artiste valenciennois. De ce patronat nulle preuve. Mais tous les biographes sont d'accord sur ce point. Il y a plus, l'abbé Lebrun, en 1777, ne craint pas d'insister sur le lien de gratitude qui unit *Saly* à *Coustou*.

Le jeune *Saly*, écrit-il, possédait le germe d'un grand talent, mais il lui fallait pour le développer plus aisément et les conseils et les encouragements d'un homme supérieur. Il trouva ces rares avantages dans le fameux M. *Coustou*, sculpteur du Roi et recteur de l'Académie royale, dont tant de morceaux précieux attestent la célébrité. Des progrès rapides furent le prix des veilles et de la docilité du jeune *Saly*, et M. *Coustou* qui joignait le précepte à l'exemple, et qui ne savait donner des éloges qu'au mérite reconnu, trouva dans son élève tant de motifs d'attachement qu'il eût voulu, dans ses leçons, lui communiquer tout son enthousiasme et la chaleur qu'il mettait lui-même dans ses ouvrages; aussi M. *Saly*, dont le cœur fut toujours droit et sensible, a-t-il conservé toute sa vie pour un si respectable maître des sentiments de la plus grande vénération et de la plus vive reconnaissance [2].

1. *Antoine Pater* par M. Paul Foucart, p. 94.
2. *Revue universelle des arts*, t. XIII, p. 337.

ANTOINE-JOSEPH PATER

PREMIER MAITRE DE JACQUES SALY

Terre cuite, 1740

(Musée de Valenciennes.)

Lebrun est un contemporain : il y a lieu de ne pas mettre ses assertions en doute.

Élève de l'école académique, *Saly* obtint le second grand prix de Rome dès l'âge de vingt ans en 1737 [1] et le premier grand prix l'année suivante [2]. Mais le lauréat de 1738 dut attendre deux années avant de recevoir son « brevet d'élève à l'académie de France à Rome. » Cette pièce porte la date du 9 mars 1740 [3].

Les Valenciennois se sentirent honorés par les rapides succès de leur jeune compatriote. Celui-ci s'étant rendu dans sa ville natale peu après avoir obtenu son second prix, reçut, le 23 octobre 1737, de la part des Prévot, jurés et échevins de Valenciennes « les vins d'honneur [4] ». Trois ans plus tard, le 1er avril 1740, alors que *Saly*, en possession de son « brevet d'élève », était allé embrasser les siens avant de partir pour l'Italie, les magistrats de la cité lui firent porter à nouveau « les vins d'honneur » et un certificat officiel de cette distinction lui fut remis [5].

Selon toute vraisemblance, c'est pendant le séjour de *Saly* à Valenciennes, en 1740, que fut exécuté le buste d'Antoine *Pater* dont nous avons parlé précédemment. On a prétendu que ce buste remarquable aurait été modelé en 1739. Nous n'avons pas la preuve que le jeune sculpteur se soit rendu, cette année-là, dans sa ville natale. Au surplus, la date précise importe peu. Ce qui est certain, c'est que *Saly* n'a pu voir son modèle après 1740 puisqu'il part pour Rome d'où il ne reviendra qu'en 1748 et *Pater* aura cessé de vivre le 24 février 1747 [6].

La première phase de la vie du statuaire se résume dans une œuvre de haut mérite qui est en même temps un témoignage de gratitude à l'endroit de son maître Antoine *Pater*. Il ne nous déplaît pas de relever ce détail. C'est un trait de la physionomie du statuaire dont nous esquissons la vie. A mesure que nous avancerons dans notre récit, nous apprendrons à connaître l'artiste, mais son penchant initial est à l'honneur de son caractère. *Saly* se révèle à nous sous l'aspect d'un homme reconnaissant envers l'artiste provincial qui l'a formé.

1. Voir plus haut p. 109.
2. *Ibid.*
3. *Nouvelles Archives de l'Art français*, IIe série, t. I, p. 387. — Il n'est pas inutile de faire observer que le brevet d'élève dont il est ici question vise le second grand prix obtenu par *Saly*, en 1737. Evidemment, une erreur s'est glissée dans la transcription. C'est le premier prix remporté en 1738 qui valut à *Saly* d'être pensionnaire du Roi.
4. Voir plus haut, p. 2.
5. Voir plus haut, p. 2, 10, 38 et 43.
6. *Antoine Pater* par M. Paul Foucart, *ut suprà*, p. 97.

Saly entra à l'Académie de France, le 3 octobre 1740 [1]. *De Troy*, le directeur de l'institution, propose, dans sa lettre du 25 novembre de la même année, de confier au nouveau venu l'exécution « d'une Tête pour le Roi. » Deux ans plus tard, le 9 novembre 1742, *De Troy* s'exprime ainsi sur le compte de notre artiste :

L'émulation qui se trouve entre les s[rs] *Saly* et *Vassé* ne me permet pas de douter de la réussite du projet que j'ay eu l'honneur de vous proposer. Je vous prie, Mgr, de me faire savoir si ce qu'il feront doit servir pour orner des jardins ou des appartements, si on veut des figures nues ou drapées [2].

Un événement imprévu allait décider de la copie d'après l'antique dont *Saly* serait chargé en application des règlements. Laissons parler *De Troy*. Nous sommes à la date du 11 janvier 1743 :

Mes lettres précédentes vous parlent de la longue et dangereuse maladie du Sr *Marchand* qui étoit attaqué de trois maux presque incurables; paralysie, fluxion de poitrine et playes gangrenées; malgré les soins qu'on a pris de luy et les dépenses qu'a causé sa maladie, tant pour les consultations que pour les chirurgiens et les différends remèdes, il vient de mourir. C'était un excellent sujet. La figure de *Lantin*, qu'il avoit commencée était encore fort imparfaite; je crois qu'il est à propos de la donner à finir au Sr *Vassé* ou au Sr *Saly*; ce dernier surtout, me paroit fort capable d'y travailler avec succès à cause des soins que demande cette figure. Je n'ai encore rien vu des sculpteurs arrivez ici dernièrement, aussi, je ne puis point juger de leurs talents. J'attens vos ordres, Monseigneur, concernant cette figure, et je la ferois finir par celui que vous me nommerez [3].

Le jeune sculpteur qui vient de succomber à l'Académie de France s'appelait *Le Marchand*. Second grand prix en 1736, il avait remporté le premier grand prix en 1737, devançant ainsi d'une année son camarade *Saly* dans l'obtention de la seule récompense qui ouvre les portes de l'Italie.

Le « Lantin » dont il est question dans la lettre de *De Troy*, c'est « l'Antinoüs. » Mais on l'a vu plus haut, Bachaumont nous avertit

1. L'*Académie de France à Rome. Correspondance inédite des directeurs* par A. Lecoy de la Marche, in-8°, 1874, p. 232.
2. *Inédite*. — Archives nationales O[1] 1939.
3. *Inédite*. — Archives nationales, O[1] 1939.

que *Saly* a copié « l'Antinoüs jeune, plus beau que l'ancien[1] ». Rome possédait trois Antinoüs, également célèbres, aux musées du Capitole, de Latran et du Vatican. *De Troy* ne nous a pas dit dans quelle collection *Le Marchand* et après lui *Saly* prirent leur modèle

Le 23 janvier 1743, le Directeur des bâtiments répond à *De Troy* :

J'ai reçu, monsieur, la lettre que vous m'avez écrite le 11 de ce mois, par laquelle vous m'aprénés la mort du Sr *Marchand*. Le sujet étant bon, il est fâcheux qu'il ait été enlevé aussi jeune. Je pense comme vous qu'il est à propos de donner à finir, ou à *Vassé* ou à *Saly* la figure du Lantin qu'il n'a pas eu le temps de finir. Vous pouvez aussi donner au Sr *Duflos*, pour le restant de cette année, la place que *Marchand* avoit à l'Académie et continuer à le faire travailler[2].

En possession de cette lettre, *De Troy* fait choix de *Saly* pour terminer l'*Antinoüs* et il instruit le Directeur des bâtiments par une lettre du 15 février de la décision qu'il a prise. *De Troy* estime que *Saly*, mieux que *Vassé* « ne se laissera pas emporter à la vivacité de son goût, et qu'il suivra avec la dernière exactitude, la finesse de cette admirable antique[3] »

Quel était le milieu dans lequel se trouva *Saly*? Les pensionnaires du roi que notre artiste connut au palais Mancini sont les peintres *Duflot*, Philippe *Van Loo*, *Hutin*, *Favray*, *Le Lorrain*, Michel-Ange *Challes*, *Tiersonnier*, *Vien* et *Hallé*; les sculpteurs *Roettiers*, *Mignot*, *Gillet*, Gaspard *Adam*, Simon *Challes* et *Larchevêque*; les architectes *Hazon*, *Moreau*, *Petitot*, *Legeay* et *Jardin*.

Entre tous, *Jardin* fut pour notre artiste un ami. Tous deux se retrouveront un jour à Copenhague où ils vivront unis durant de longues années ; tous deux recevront à la même date le cordon de l'ordre du Saint-Michel, sur la demande de Christian VII, et *Vien*, leur camarade de Rome, montrera quelque aigreur d'une exemption d'impôt dont ils profitèrent et qu'il n'obtint pas lui-même sans effort[4].

1. Page 110.
2. *Inédite*. — Archives nationales O¹1100.
3. L'*Académie de France*, p. 236-237.
4. Voici en quels termes s'expliquera *Vien* en 1779, lorsqu'il recevra le cordon de Saint-Michel. Après avoir rappelé que le roi de Danemark, en 1754, lui avait offert le poste de directeur de l'Académie des beaux-arts de Copenhague, honneur qu'il déclina par patriotisme, « M. *Jardin*, architecte, et M. *Salis*, sculpteur, écrit-il, profitèrent des avantages offerts, et le roi de Danemarc, content de leurs travaux et de leurs talents, demanda pour eux, lors de son voyage en France en 1768, le cordon de Saint-Michel et l'obtint. J'ose me flatter, Monsieur, que, si je n'eusse pas préféré le service de l'Académie à ma fortune, j'aurois été compris dans la distribution des

Mais vingt années séparent encore ces jeunes hommes de la célébrité qui les attend. Aucun d'eux n'a le secret de sa destinée. Aussi vivent-ils à Rome dans une commune entente. *Saly* n'est pas le moins apprécié. Sa droiture, sa douceur, la régularité de sa conduite le font aimer de tous. Nous avons une preuve bien imprévue de l'attachement que lui portaient ses camarades. *Saly* tomba gravement malade. On craignit pour ses jours. L'anxiété fut extrême à l'Académie. Mais la constitution de l'artiste triompha de la maladie. On le vit reprendre des forces, entrer en convalescence, puis, guérir. Ce fut une explosion de joie, et J.-B. *Piranesi* est l'auteur d'un « dessin d'une riche composition, à la plume et à l'encre de Chine » auquel il a donné pour titre : « Idée d'un feu d'artifice pour le recouvrement de la santé de M. *Saly* à Rome, en 1746 ». Le sculpteur avait conservé ce dessin. Il fut acquis à sa vente au prix de 12 livres par Basan [1]. Il n'est pas douteux, en présence de ce témoignage d'un caractère tout particulier, que les pensionnaires de l'Académie n'aient eu des craintes fondées de perdre leur camarade. Ce « recouvrement de santé « ne fut célébré avec autant d'éclat que parce qu'il avait paru plus improbable.

C'est en cette même année 1746 que *Saly* acheva de composer et de graver sa Suite de *Vases* si ingénieusement conçus. Le recueil en est dédié à *De Troy*. En France, beaucoup de personnes ne connaissent *Saly* que par cette Suite. Les œuvres sculptées de l'artiste ayant disparu, nous le jugeons sur ses dessins et ses eaux-fortes. En Danemark, la statue de Frédéric V a plus d'éloquence, mais combien peu de Français sont allés à Copenhague ! Nous sommes de race sédentaire. Une autre raison peut être donnée de l'estime en laquelle sont tenus les *Vases* de *Saly*. Ces faciles conceptions ont l'aisance et la grâce des menus ouvrages exécutés avec un art si attrayant par les maîtres du dernier siècle. La vogue est à ces maîtres. *Saly*, dans sa Suite de *Vases*, est de son temps. Il a l'esprit, le charme de ses contemporains. Sa statue de Frédéric V, au contraire, se rapproche davantage des œuvres héroïques, imposantes, quelque peu sévères à force d'étude, qui ont fait la richesse du siècle antérieur. Puis, il faut bien le dire, la sculpture a ses croyants, mais les compositions souriantes que nous classons de nos jours, en usant de locutions impropres, parmi les « œuvres décoratives » ou les « pièces d'ameublement » dans leur infinie variété n'ont pas seulement pour elles des « croyants » mais des « fervents. »

grâces obtenues pour les artistes françois, mes camarades, résidant en Dannemarc, et, comme le droit du marc d'or n'existoit pas alors, j'aurois eu cette imposition de moins à payer. » Cette requête est adressée à d'Angeviller (*Nouvelles Archives de l'Art français* 1re série, t. I, p. 379.)

1. N° 38 du livret.

On a vu plus haut que *Saly* exécuta, pendant son séjour à Rome, un buste de jeune fille, et, au cours d'un voyage à Naples, le modèle d'un éléphant [1]. Ses compositions dessinées ou gravées entre 1740 et 1748 ont été groupées à leur rang [2].

Comment expliquer que notre artiste ait pu bénéficier d'un séjour de huit années à l'Académie de France? *De Troy* omet de nous renseigner sur cette faveur étrange. *Saly* avait-il déjà de puissants appuis auprès du Directeur des bâtiments? Le 14 février 1748, *De Troy*, invité à fournir la liste des pensionnaires présents à l'Académie indique que *Le Lorrain* est arrivé à Rome du 30 décembre 1742, puis il ajoute : « Voilà deux années et plus au delà du temps [3] ». De même, au sujet de *Vien*, entré à l'Académie le 21 décembre 1744, *De Troy* s'empresse d'écrire : « son temps est fini [4] ». S'agit-il de *Saly*, le directeur de l'Académie se contente de cette mention : « *Saly* du 3 octobre 1740. » *De Troy* s'abstient de toute réflexion. Il ne croit pas utile d'insister sur le long séjour de ce pensionnaire. *Saly* est donc l'objet d'une mesure gracieuse dont nous ne découvrons pas le secret?

Quoi qu'il en soit, au cours de l'été de 1748, le départ de *Saly* était chose décidée. *De Troy* écrit le 3 juillet au Directeur des bâtiments.

Je vais faire encaisser la statue de *l'Antinoüs* qu'a fait le Sr *Saly*. J'ai eu l'honneur de vous écrire plusieurs fois sur la beauté de cet ouvrage qui tiendrait mieux sa place dans un cabinet que dans un jardin. Comme le Sr *Saly* se dispose à repasser en France l'automne prochain, il vous supplie, Monseigneur, de vouloir bien lui accorder la gratification qu'on a coutume de donner à ceux qui ont fait des figures pour le Roy, telle que l'a eue encore, en dernier lieu, le Sr *Slodts*, savoir de 112 écus romains pour le voiage au lieu de 56 qu'on donne ordinairement. Le Sr *Saly* l'a mérité soit par la statue de *l'Antinoüs* que j'aurai l'honneur de vous envoyer, par la première occasion, soit par ses talens et sa conduite [5].

Le témoignage est à retenir. On ne parle jamais du talent de *Saly* sans mettre en parallèle sa conduite privée. Nous sommes en présence d'un sage. Il est ordonné dans sa vie comme dans ses ouvrages.

A quelle date précise notre artiste prit-il congé de *De Troy*? Ce

1. P. 110.
2. P. 121-122.
3. *Inédite*. — Archives nationales, O[1] 1939.
4. Même source.
5. *Inédite*. — Archives nationales, O[1] 1939.

dut être pendant l'automne de 1748, mais nous pensons que le sculpteur n'avait pas encore quitté l'Italie au mois de décembre de cette même année. On le verra plus tard se réclamer du titre de membre de l'Académie des Beaux-Arts de Bologne; or, c'est le 18 décembre 1748 que *Saly* fut reçu membre honoraire de cette compagnie [1]. D'autre part, aucune lettre de l'artiste ne se retrouve dans les archives de l'Académie. Nulle trace de négociations préalables tendant à la nomination de notre compatriote. Il est donc admissible que l'ancien pensionnaire de *De Troy* a pu s'arrêter à Bologne en rentrant en France et qu'il aura su se faire bienvenir des académiciens de cette ville. Le lien par lequel ils s'empressent de l'attacher à leur société serait une preuve que déjà *Saly* jouissait d'un certain renom.

L'absence avait été longue. Le premier soin de l'artiste fut de se rendre près de son père. Il lui tardait d'embrasser ses proches. Lui-même nous apprend qu'il arriva à Valenciennes le 9 mars 1749 [2]. Deux mois après, le 8 mai, le corps de ville s'avisant de la présence du sculpteur l'invite à paraître devant lui et lui demande un ouvrage de sa composition qui sera placé dans l'Hôtel de Ville [3]. *Saly* chez qui la simplicité des manières n'exclut pas l'esprit d'à propos se hâte de répondre qu'il serait heureux de doter sa ville d'une statue du roi, à laquelle volontiers il donnerait gratuitement ses soins, ne laissant à la charge de ses compatriotes qne les frais de marbre et de pratique. Son offre, si séduisante qu'elle soit, n'est pas acceptée. Le corps de ville ne dispose d'aucunes ressources. Les finances municipales traversent une période difficile. Grande déception pour l'artiste. Il se retire. Mais en traversant la place où il avait rêvé de dresser la statue du roi, le chagrin qu'il éprouve lui suggère la pensée d'espérer encore. Il ne peut songer à assumer les frais du monument. Que fera-t-il donc? Il exécutera son esquisse et peut-être, en la voyant, les magistrats se laisseront-ils fléchir [4]? Quelques jours lui suffisent pour mettre son projet à exécution et le 21 mai il obtient gain de cause. La statue ne devra coûter que « 22.000 livres ou environ [5] ». Le 28 mai, une députation du corps de ville se rend chez *Saly* pour le remercier de son offre généreuse [6]. L'autorisation royale est accordée le 19 juin [7]. C'est le prince de Tingry gouver-

1. Renseignements fournis par le président de l'*Accademia delle Belle Arti di Bologna* (8 août 1895).
2. Voir plus haut, p. 42, note N.
3. *Ibid.*, p. 42, note N.
4. *Ibid.*, p. 43.
5. *Ibid.*, p. 38.
6. *Ibid.*, p. 10.
7. *Ibid.*, p. 5.

neur de la ville qui procure à l'artiste une audience de Sa Majesté [1]. Une seconde esquisse, moins fruste que la première, est placée sous les yeux de Louis XV. Le roi l'approuve, promet le marbre nécessaire et consent à poser devant *Saly* pour lui permettre de rendre fidèlement ses traits [2]. Les magistrats demandent au sculpteur de faire porter cette même esquisse, approuvée par le roi, à l'Hôtel de Ville de Valenciennes [3]. Le succès de l'artiste est complet. Il promet d'être prêt pour le mois de septembre 1752 et il tiendra parole [4]. Détail à l'honneur de *Saly* : l'académicien de Boze chargé des inscriptions qui seront placées sur le monument fit de fréquentes visites au statuaire dans le but de préciser les textes qu'il convenait de graver, et jamais l'artiste ne voulut permettre qu'il fût fait allusion sur le piédestal à son initiative et à son désintéressement [5].

Pendant que le sculpteur était occupé à la statue de Louis XV, il frappait à la porte de l'Académie. Agréé le 27 juin 1750, il était reçu le 29 mai 1751. Son morceau de réception, le *Faune* parut au Salon de la même année [6], et sous la date du 6 septembre, la *Correspondance de Grimm* contient ces lignes :

Nos artistes n'ont jamais été aussi faibles que cette année. Tout ce qui se trouve de véritablement estimable au Salon se réduit à un *Faune* de marbre de M. *Saly* qui est peut-être le morceau le plus fini qui ait jamais été fait dans ce pays-ci [7].

Mariette, avec plus de compétence que n'en doit avoir le rédacteur de la *Correspondance de Grimm* jugera quelque peu sévèrement l'œuvre de l'artiste.

Je ne veux pas diminuer le mérite du jeune *Faune* que *Saly* a donné à l'Académie pour son morceau de réception. C'est une jolie figure, mais ces petites clochettes et mille autres bagatelles qui ont été si fort applaudies, ne sont pas, à beaucoup près, ce qui m'y paroist de plus estimable. Il ne faut pour cela que de la patience, et, si l'auteur doit à ces riens sa réputation, c'est selon moi, l'avoir acquis à trop bon marché. Avec la râpe et le tems il n'est point de sculpteur qui n'en fît autant, mais quel est l'habile homme qui ne s'ennuyât d'un pareil travail ? [8].

1. Voir plus haut, p. 43.
2. *Ibid.*, p. 43, note Q.
3. *Ibid.*, p. 44, note U.
4. *Ibid.*, p. 10 et 15.
5. *Ibid.*, p. 40, note 1.
6. *Ibid.*, 110-114.
7. Edition Garnier, t. II, p. 97.
8. *Abecedario*, t. V, p. 165-166.

De cette double critique, retenons que le *Faune* « est une jolie figure » puisque Mariette y consent, mais évidemment l'œuvre est précieuse, un peu chargée de détails, trop minutieusement exécutée. Son succès lui vint peut-être de ces lacunes. L'engouement se fonde sur ce qui plaît au public. Les connaisseurs n'y peuvent rien. Le courant général s'empare d'une œuvre ou d'un nom et l'emporte, pour un temps, dans toutes les directions, aux applaudissements d'une foule inconsciente. L'abbé Lebrun ne nous apprend-il pas que le roi voulut voir le *Faune* de *Saly*?

Ce beau morceau lui fut présenté au château de la Muette, par l'auteur lui-même, qui mit encore sous les yeux de Sa Majesté une Tête d'enfant en marbre qu'il avait composée et exécutée à Rome [1]. Sa Majesté daigna lui en marquer sa satisfaction de la manière la plus flatteuse [2].

Laurent d'Houry donne l'adresse de *Saly* en 1752 « Porte Gaillon ». Le 27 mai de cette même année, l'artiste est élu adjoint à professeur [3]. Il assiste le 10 septembre à l'inauguration de sa statue de Louis XV [4]. En janvier 1753, il professe à l'école académique comme suppléant de *Bouchardon* [5]. Le roi de Danemark lui ayant offert de se rendre à Copenhague pour exécuter sa statue équestre, et le traité étant conclu, l'artiste prend congé de l'Académie le 4 août 1753 [6], puis il s'empresse de se rendre auprès du magistrat de Valenciennes pour liquider les comptes de la statue de Louis XV dont les frais n'avaient pas atteint 30.000 livres [7].

Il y avait environ cinq ans que l'artiste était revenu d'Italie. Ni la statue de Louis XV, ni le *Faune* ne lui avaient procuré de ressources. Mme de La Live de Bellegarde sa compatriote et, croyons-nous, sa première protectrice était morte en 1740. Mais son fils La Live de Jully, amateur, homme du monde, artiste lui-même était devenu l'ami du sculpteur. N'est-ce pas La Live qui voulut graver en se jouant une suite de *Caricatures* dessinées par *Saly*? Une sœur de La Live de Jully était mariée à Pineau de Lucé de Viennoy que le roi avait appelé de l'Intendance de Touraine à l'Intendance du Hainaut en 1745, c'est-à-dire juste à point pour seconder *Saly* lorsqu'il aurait le projet d'élever la statue de Louis XV sur une place de Valenciennes?

1. Il s'agit ici du buste de *Jeune Fille* dont nous parlons plus haut, p. 110.
2. Almanach historique et raisonné des architectes, peintres, sculpteurs... pour l'année 1777. — *Revue universelle des arts*, t. XIII, p. 338.
3. *Procès-verbaux de l'Académie*, t. VI, p. 321.
4. Voir plus haut, p. 7.
5. *Procès-verbaux*, t. VI, p. 340.
6. *Procès-verbaux*, t. VI, p. 358.
7. Voir plus haut, p. 5, 10, 12.

Mme d'Epinay était la belle-sœur de La Live de Jully. Tout s'explique dans la vie du sculpteur qui, à peine entré à l'Académie, travaille pour Mme Geoffrin, M. de Valory, le duc de Beauvillier et surtout pour Mme de Pompadour [1]. *Saly*, en moins de deux ou trois ans, exécute coup sur coup, pour la favorite, le buste d'Alexandrine d'Etiolles, un *Amour* et une *Hébé* [2]. Le roi l'accueille à deux reprises : à l'occasion de la statue de Valenciennes et à propos du *Faune*. L'artiste est admis à modeler le portrait de Louis XV d'après nature. Les débuts du statuaire sont de bon augure. De 1748 à 1753, ses travaux lui ont rapporté près de 22.000 livres [3]. Si donc il quitte la France pour se rendre à l'appel de Frédéric V, ce n'est pas l'intérêt qui le guide. S'il demeurait à Paris il ne tarderait pas à prendre rang à la suite de *Bouchardon* et de *Pigalle*. Il convient en effet d'insister sur ce point. Le monument de Frédéric V va devenir une cause de ruine pour la Compagnie des Indes orientales. Dans l'embarras où se trouve l'historien soucieux d'établir les responsabilités, plus d'un écrivain de notre temps s'est fait l'accusateur de *Saly*. Nous pensons que les dilapidations, les frais exagérés, déraisonnables, dont le Danemark eut à supporter la charge, doivent être imputés pour la plus large part au fondeur de la statue équestre, *Gor*, venu de France comme *Saly*, mais homme dénué de scrupules, violent, rapace, qui ne vit dans le monument de Copenhague que l'occasion de s'enrichir. On se rendra compte au surplus par les faits qui vont suivre de la différence de tempérament des deux hommes. *Gor* et *Saly* vécurent en ennemis. Pouvait-il en être autrement ?

La ville de Copenhague ayant été la proie d'un terrible incendie en 1728, on conçut le projet de célébrer le relèvement de la cité, au lendemain de cette catastrophe, par l'érection d'une Fontaine monumentale. *Marcus Tuscher*, architecte danois, se chargea de donner une forme à ce projet. Les plans de *Tuscher* portent la date de 1743. Six ans plus tard, Frédéric V faisait connaître à son peuple, par rescrit spécial, son désir de voir transformés en une place somptueuse, les terrains occupés jusqu'alors par les jardins royaux du palais d'Amalienborg. L'architecte *Eigtved* avait été le collaborateur du souverain dans ce second projet. Sans aucun retard, la place fut tracée. Elle est de forme octogone. Quatre palais y furent construits, et c'est *Eigtved* qui en dirigea les travaux. Mais avant que ces palais fussent terminés, *Eigtved* s'était préoccupé de la décoration centrale de la place, et, d'accord avec *Tuscher*, il fut convenu que la Fontaine

1. Voir plus haut, p. 3, en note.
2. *Ibid.*, 116-118.
3. *Ibid.*, p. 3, en note.

monumentale conçue par celui-ci serait élevée sur la place d'Amalienborg. Elle devait être considérable. Des statues en décoreraient le pourtour. Des vasques de moindre importance recevraient l'eau que déverserait la vasque principale, et, au milieu, sur un rocher fort élevé, serait placée la statue équestre de Frédéric V.

Tuscher mourut en 1751. On put craindre que son plan fût abandonné. Mais il avait séduit le roi; la cour l'estimait grandiose: on se mit en devoir de chercher l'artiste capable de l'exécuter.

De Vienne, on manda *Ludvig Wiedeman*, le fondeur de la statue d'Auguste II [1]. *Wiedeman* arriva; mais il n'était pas sculpteur. Il lui fallait un modèle de statue pour qu'il le traduisît en bronze. On le comprit. *Wiedeman* n'en demeura pas moins l'hôte des Danois de 1751 à 1754, date de son décès, sans qu'il lui fût possible d'user à leur profit de son savoir et de ses bonnes dispositions.

Le 9 novembre 1751, le comte Bernstorff fut chargé par le roi de Danemark d'écrire à son ambassadeur près la cour de France dans le but de découvrir un statuaire. L'ambassadeur, comte Reventlow, était invité à se rendre près de *Bouchardon* et à prendre conseil de lui sur l'homme qu'il conviendrait d'appeler à Copenhague. Ces indications précises nous sont fournies par Thiele [2]. *Bouchardon* ne paraît pas avoir réfléchi longuement avant de donner sa réponse. Il désigna *Saly* qui, cette année même, avait été reçu à l'Académie, comme étant susceptible de satisfaire pleinement au désir du roi de Danemark [3]. Reventlow vit le sculpteur, mais les conditions que posa celui-ci furent jugées excessives. En conséquence, les négociations se ralentirent et Reventlow mit son souverain au courant des exigences de *Saly*. Reventlow reçut peu après du comte Bernstorff la lettre qui suit. Elle est datée de Copenhague, 29 février 1752.

1. La statue équestre d'Auguste II le Fort, roi de Pologne et électeur de Saxe, en cuivre repoussé et doré, est à Dresde, sur la place du marché; *Wiedeman*, qui l'avait exécutée, habitait Vienne.

2. Pages 1 à 77. — J. M. Thiele, secrétaire de l'Académie des Beaux-Arts de Danemark, est l'auteur d'un curieux volume intitulé *Kunst-Akademiet og Heststatuen paa Amalienborg* (Copenhague, 1860, in-8° de 174 pages). Cet ouvrage, entièrement composé à l'aide des archives de l'Académie, est à la fois l'histoire circonstanciée de cette compagnie et celle de la statue équestre de Frédéric V. C'est en quelque sorte, jour par jour, que Thiele nous permet de suivre *Saly* pendant qu'il vécut en Danemark. Le travail de Thiele qui nous a été gracieusement offert par l'Académie, sur la proposition de M. *Th. Stein*, statuaire, professeur et directeur en 1895, était donc pour nous un document inappréciable. Mais l'ouvrage est écrit en danois. M. *Stein* se chargea de lever toute difficulté. Son gendre, M. *John Lubschitz*, peintre et graveur de talent, est fixé à Paris. Avec une bonne grâce empressée que nous ne saurions trop reconnaître, M. *Lubschitz* vint nous proposer de traduire à notre intention l'ouvrage de Thiele dont nous étions redevable à l'attention délicate de son beau-père. Nous nous acquittons ici d'un double devoir en remerciant M. *Lubschitz* et M. *Stein* du concours éminemment précieux qu'il nous ont prêté. C'est en grande partie grâce à leur obligeance que nous devons d'être moins incomplet que nos devanciers sur *Saly*.

3. Voir plus haut, p. 113.

J'ai remis, Monsieur, à S. E. M. le Grand-Maréchal celle de vos lettres, dans laquelle vous me parlez des conditions que le sieur *Sally* demande pour se charger de faire, à la Fonte près, la statue du roi. Elles sont un peu fortes, mais M. le Grand-Maréchal après les avoir mûrement examinées et après avoir pris les ordres de S. M. me charge néanmoins de vous authoriser et de vous prier de conclure à ces conditions avec le dit *Sally*, en cas qu'il n'en veuille rien rabattre.

Le sieur *Sally* se rendra donc ici au plus tard dans un an et restera dans cette ville jusques à tant que la statue soit entièrement faite, fondue et achevée et il se chargera de perfectionner (excepté la fonte) tout cet ouvrage. Moyennant quoi, il recevra vingt mille francs avant que de partir de Paris et puis cent trente mille livres à raison de vingt mille livres par an. Outre cela, S. M. lui accordera une maison ou appartement pour y demeurer, un attelier, pour y travailler, et le plâtre et les ferrailles nécessaires pour faire son modèle.

Je vous prie d'assurer cette affaire, et de la mettre en règle avant que de partir de Paris. Votre recommandation me suffit pour me faire croire le sieur *Sally* assez habile dans son art pour la grandeur de l'entreprise, et dans ce cas il pourra nous être utile à bien d'autres choses encore pendant les 7 ans qu'il sera ici.

Pour les fondeurs, nous croyons en avoir un, tel qu'il le faut, et le métal, comme vous l'observez très bien, est sans doute à meilleur marché ici, qu'il ne peut l'être en France[1].

1. Cette lettre est publiée en français par Thiele, dans son ouvrage, p. 78. — *Saly* nous apprend, d'autre part, que Mme de Pompadour prit la peine de le recommander à Ogier, ambassadeur de France en Danemark. Toutefois, l'artiste manque de précision sur l'époque à laquelle la favorite usa de son influence en sa faveur. (*Nouvelles Archives de l'Art français*, 1re série, t. VI, p. 84.) On remarquera que la Cour de Danemark compte sur un séjour de sept ans du sculpteur *Saly* à Copenhague. La permission accordée au statuaire par le Directeur général des Bâtiments, datée du 15 août 1753 et dont nous publions le texte, prévoit en effet une absence de *Saly*, pour six à sept années seulement « — Nous, Abel-François Poisson de Vandières, conseiller du Roy en ses conseils, Directeur et Ordonnateur général des Bâtiments, etc., avons, suivant l'intention de Sa Majesté, permis au Sr *Jacques-François-Joseph Saly*, sculpteur, l'un des adjoints à professeur de son Académie de peinture et de sculpture établie au Louvre, à Paris, de s'absenter six à sept années seulement, pour aller à la Cour de Copenhague, travailler aux ouvrages de son art et y exécuter la statue équestre du roi de Danemarck, après lequel temps expiré il sera tenu de revenir en France pour s'occuper aux travaux qu'il plaira à Sa Majesté de lui ordonner. En foi de quoi nous avons expédié la présente permission au sieur *Saly*, etc..., à Versailles, le 15e jour du mois d'aoust 1753, signé : Vandières et plus bas : le directeur général, signé : De Gilet, avec paraphe. » (*Nouvelles Archives de l'Art français*, 1re série, t. VI, p. 29).

Le Grand-Maréchal dont il sera plus d'une fois question dans les pages qui vont suivre, était S. E. le comte Adam Gottlieb de Moltke.

C'est le 6 octobre 1753 que *Saly* mit le pied à Copenhague. Il fut reçu sans retard par Frédéric V en audience d'apparat. Dès la première heure, avant même que l'on eût été en mesure d'apprécier son talent, il imposa par ses manières, sa tenue, ses paroles et s'assura une réelle autorité dans toutes les questions qui auraient trait à l'art. Le roi et sa cour le considérèrent comme un guide [1]. En conformité du contrat passé avec lui, *Saly*, accompagné de son père, de sa mère et de ses deux sœurs, fut somptueusement installé au palais de Charlottenborg [2].

Ce même palais se trouvait être le siège de l'Académie dont le directeur, à la fin de 1753, était l'architecte *Eigtved*. Déjà ancienne d'un demi-siècle, l'Académie des Beaux-Arts était dotée d'une école; mais à part l'enseignement qu'elle distribuait, la Société danoise ne ressemblait à l'Académie de peinture et de sculpture de Paris ni par les règlements, ni par le prestige. Les premiers entretiens de Frédéric V et de *Saly* eurent pour objet la réforme et l'extension de l'Académie. *Nicolas Eigtved*, nommé directeur en 1751, n'était pas resté inactif. Il avait élargi le programme d'enseignement, réuni des cours d'architecture aux cours de peinture et de sculpture, et obtenu des ressources pour que de jeunes pensionnaires pussent aller étudier à l'étranger pendant deux ou quatre années [3].

Au début de l'année 1754, *Eigtved*, à qui revenait l'honneur de l'installation récente de ses confrères dans le palais de Charlottenborg, occupé jadis par l'opéra italien, fit voter des statuts rédigés par lui et s'appliquant au fonctionnement régulier d'une Académie de Peinture, de Sculpture et d'Architecture. Ces statuts approuvés par un vote unanime des professeurs furent mis en vigueur dès le mois de janvier 1754 [4]. La réforme était importante, et *Saly* n'ignora point ce qui se passait au sein de l'Académie. Mais il avait l'oreille du roi, il était étranger, il était homme. La pensée lui vint de ne compter pour rien les efforts généreux du directeur en exercice et de se substituer à lui en usant du crédit dont il jouissait. La tentation n'avait rien de grand. *Saly* eut le tort d'y succomber [5].

L'Académie s'étant assemblée le 20 mars 1754, *Eigtved* présida ses confrères. Mais, le 29 mars, le Grand-Maréchal en personne, pré-

1. Le 26 janvier 1754 une lettre de *Saly* faisant part à ses confrères de Paris « de l'accueil favorable qu'il a reçu à la Cour de Danemarc » était lue à l'Académie royale de peinture. (*Procès-verbaux*, t. VI, p. 378.)
2. Thiele, p. 82.
3. *Ibid.*, p. 74.
4. *Ibid.*, p. 83.
5. *Ibid.*, p. 84.

sident de l'Académie, parut dans la salle des séances accompagné de *Saly*. Le comte de Moltke prit la parole. Il exposa que le sculpteur français avait été choisi pour exécuter la statue équestre de Sa Majesté ; qu'en outre, le roi, pénétré des hautes qualités de l'artiste, avait souhaité qu'il remplit les fonctions de professeur à l'école académique, et qu'en conséquence il y avait lieu de le féliciter d'appartenir désormais à la Compagnie. « Au surplus, ajoutait le Grand-Maréchal, il n'est pas douteux que M. *Saly* ne s'emploie à rendre plus florissante l'Académie, et chacun de ses membres sera heureux de se sentir l'obligé du nouvel académicien [1]. »

Le 30 mars, eut lieu un dîner de gala chez le comte de Moltke qui prenait possession de son hôtel nouvellement construit sur la place d'Amalienborg. Le roi et plusieurs dignitaires de la cour étaient les hôtes du Grand-Maréchal. A la suite du repas, le roi voulut visiter l'école académique. Il se rendit à Charlottenborg. Le comte de Moltke l'y avait devancé. Il reçut Sa Majesté, ayant auprès de lui *Eigtved* et les professeurs, parmi lesquels se trouvait *Saly*. L'école académique comportait sept cours différents et il est à remarquer que, durant les vingt années qui suivirent, aucun changement notable ne fut apporté dans le mode d'enseignement conçu par *Eigtved*. On ne doit donc pas attribuer à *Saly* l'honneur d'une création qui, en fait, appartient à son devancier. Le roi visita l'Académie et l'école qui en était le complément avec un soin minutieux. *Eitgved* fût-il frappé de la froideur du souverain au cours de cette visite ? On est en droit de le penser, car, à dater du 30 mars, il cessa de paraître à l'Académie [2]. *Saly* l'avait moralement supplanté. Il le comprit. Un autre grief vint s'ajouter à sa première disgrâce. *Eigtved* était l'architecte de « l'église de Frédéric » que l'on construisait non loin de la place d'Amalienborg. Or, *Saly* venait de suggérer au roi la pensée d'appeler de France un de ses amis, l'architecte *Jardin*, pour donner ses soins au monument projeté. Les plans devaient en être modifiés, et l'édifice que *Saly* rêvait de toute richesse pourrait être entièrement construit en marbre, grâce aux ressources que présentait une carrière récemment découverte en Norwège. C'est pourquoi « l'église de Frédéric » est devenue légendaire sous la dénomination « d'église de marbre » *Eigtved* n'ignorait par les plans de *Saly*; aussi crût-il devoir vivre désormais dans une retraite absolue [3].

Le 9 avril, le comte de Moltke étant présent, et, d'autre part, *Eigtved* ayant négligé de paraître, *Saly* fut invité à le remplacer dans les fonctions de directeur en sa qualité « d'inspecteur mensuel des écoles »

1. Thiele, p. 84.
2. *Ibid.*, p. 84-87.
3. *Ibid.*, p. 87.

qui sans doute lui donnait préséance sur ses confrères. Cette investiture avait été préparée, car *Saly*, en prenant possession du fauteuil directorial prononça un discours sur « la perfection et le progrès » de l'Académie, puis il donna lecture aux académiciens d'un règlement en dix-huit articles élaboré par lui.

Nous avons peine à saisir l'utilité de ces nouveaux statuts. Certaines prescriptions dictées par *Saly* paraissent oiseuses. Telles celles-ci : « Les réunions de l'Académie se tiendront toujours au même lieu ; les académiciens seront pleins de respect envers le roi et la famille royale ; toute proposition faite au sein de l'Académie devra être conforme aux volontés du souverain ; il ne sera délibéré en assemblée que sur des questions d'art. Quelques rares articles ont trait aux études. Il est notamment interdit aux élèves de porter l'épée pendant la durée des exercices. La pose du modèle se fera, durant les trois mois d'été, au jour naturel, et durant les autres mois à la lumière artificielle, « l'application de ce système étant faite pour former promptement les étudiants à se bien pénétrer des effets de la nature [1] ».

Saly se posait en directeur. On l'avait évidemment instruit de la retraite définitive d'*Eigtved*. A l'assemblée qui suivit celle du 9 avril, *Saly* fit ouvrir un nouveau registre de procès-verbaux qui fut rédigé tant en français qu'en danois, car notre artiste, pas plus que le professeur *Le Clerc*, Français comme lui, ne parlait le danois [2]. *Eigtved* mourut le 7 juin. L'Académie se réunit le 1er juillet. Elle décida que les actes, intéressant la Compagnie, depuis le 30 mars 1754 jusqu'au 1er juillet, seraient consignés sur le nouveau livre de ses délibérations, que les archives déposées dans le cabinet d'*Eigtved* seraient remises au Secrétaire et que « les statuts antérieurement imprimés mais annulés seraient livrés au feu [3] ». Cette décision prise, on gratifia chacun des professeurs présents à la réunion d'un exemplaire imprimé du règlement du 31 mars dont un seul article mérite d'être relevé. Il y était dit que « le directeur et les professeurs, qui tous avaient été appelés de l'étranger, en vertu de contrats avantageux, devaient s'acquitter de leurs fonctions académiques sans aucun salaire [4] ».

Quelques semaines plus tard, le 25 juillet, le Grand-Maréchal convoqua l'Académie en séance extraordinaire. Il annonça la mort

1. Thiele, p. 89-90.
2. Louis-Auguste *Le Clerc*, sculpteur, troisième fils de Sébastien *Le Clerc*, s'était rendu en Danemark en 1735 où il avait été appelé pour la décoration de Christianborg. On lui avait payé son voyage et assuré une pension annuelle de 1750 francs. Il devint professeur à l'école académique. *Le Clerc* était élève de *Coyzevox* (Thiele, p. 46).
3. Thiele, p. 91.
4. *Ibid.*, p. 91.

d'*Eigtved* et proclama « le professeur *Saly*, directeur choisi par Sa Majesté pour une période de trois années. » Ainsi se trouvait sanctionnée la prise de possession d'une charge que notre artiste exerçait depuis plusieurs mois déjà, non sans quelque excès d'autorité [1]. La destruction, par le feu, d'archives antérieures à sa gestion, est un de ces actes violents qu'il paraît difficile d'excuser. Thiele semble dire qu'on ne brûla que des pièces imprimées, mais les historiens danois qui ont parlé de cet événement sont moins précis, moins réservés que Thiele, et laissent supposer que *Saly*, dans son désir de faire disparaître toute trace d'une administration ancienne, aurait nui aux droits de l'histoire en brûlant les pièces d'archives et papiers de tout ordre se rattachant au directorat d'*Eigtved*. Si telle fut sa conduite, elle est blâmable.

L'Académie tenait, sans doute, une large place dans les occupations de l'artiste, mais il ne perdait cependant pas de vue la statue de Frédéric. Le Grand-Maréchal, comte de Moltke, se trouvait être le président de la « Compagnie asiatique royale du Danemark ». Le 3 avril 1754, il y eut une assemblée générale des membres de la Compagnie. Leurs affaires étaient florissantes. Le président leur suggéra la pensée de demander au roi l'autorisation de faire les frais de la statue projetée du souverain. La proposition fut acceptée, et, séance tenante, il fut convenu que *Saly* recevrait de la Compagnie une pension égale à celle que lui allouait le roi, soit 1000 rixdales (2.800 livres environ), ce qui de nos jours équivaudrait à 8.400 fr. [2].

On remarquera l'empressement avec lequel la Compagnie asiatique assume les charges d'une entreprise dont elle n'a pas eu l'initiative. Elle fait siennes des conventions consenties en dehors d'elle, et elle ajoute aux dépenses résultant du contrat passé par le gouvernement danois, avec *Saly*, une pension viagère au bénéfice du sculpteur. C'était agir avec un absolu désintéressement.

En présence de telles marques de sympathie, le statuaire n'avait plus qu'à se mettre à l'œuvre. Mais sa préoccupation constante était de s'assurer, préalablement, le concours d'un fondeur. *Saly* n'avait nulle confiance dans la capacité de *Viedemann*, qui d'ailleurs, mourut en 1754. En Danemark, on ne pouvait espérer trouver un praticien capable de jeter en fonte le monument projeté. Il fallut recourir aux ambassadeurs près les cours étrangères. Ceux de Paris et de Stocklom furent consultés. Le premier vit *Bouchardon* qui, à

1. Thiele, p. 92. — Le 31 décembre 1754, le Secrétaire de l'Académie de peinture de Paris communiquait à la Compagnie une lettre de *Saly* annonçant à ses confrères sa nomination de directeur de l'Académie de Copenhague (*Procès-verbaux*, t. VI, p. 403).

2. Thiele, p. 94.

diverses reprises, avait usé des bons offices de *Varin*; mais ce fondeur était mort en 1752[1]. *Bouchardon* conseilla de prendre un fondeur de Stocklom nommé *Meyer*. A titre de compensation, l'ambassadeur de Danemark essaya, du moins, d'obtenir une *Vue* de l'atelier de *Varin*. Le prévot des marchands et un architecte se prêtèrent au désir du comte Reventlow, et celui-ci put espérer, à un certain moment, que des plans exacts de l'atelier du fondeur décédé allaient lui être fournis[2]. Sans pour cela se ralentir dans ses démarches, il frappait à la porte de *Le Moyne*. Ce sculpteur, chargé du monument de Louis XV, pour la ville de Rennes, avait été obligé de former son propre fondeur[3]. Il était donc initié aux opérations compliquées de la fonte. Il accepta de rédiger pour la cour de Danemark un mémoire « contenant tous les renseignements utiles et les dessins nécessaires à la construction d'une fonderie, mais sous la condition que ces dessins, une fois terminés, seraient gravés sur cuivre[4] ». Le comte Reventlow, ravi de tant d'obligeance, demandait à son gouvernement l'autorisation d'acquérir une petite statue de bronze composée par *Le Moyne*. Pleins pouvoirs furent donnés à l'ambassadeur pour conclure cet achat, et afin de flatter *Le Moyne*, le roi de Danemark chargea *Wille* de faire une gravure d'après l'œuvre du sculpteur. Thiele affirme que dans la correspondance de l'ambassadeur se trouve une note de *Wille* attestant qu'il a exécuté la planche dont il vient d'être parlé, encore que celle-ci soit de nos jours fort peu connue[5]. Mais *Le Moyne* s'était trop avancé. *Gor*, son fondeur, ne se prêta point à la divulgation de son matériel. *Gor* était ombrageux et vénal. Il obligea *Le Moyne* à revenir sur ses promesses, et sans rompre avec le gouvernement danois, *Gor* exigea que les négociations ayant pour but d'instruire Frédéric V sur les procédés de la fonte seraient tenues secrètes. De Berlin, on proposait *Giese*, fondeur de quelques statues en plomb, conservées à Sans-Souci. De Dresde, on signalait *Weinhold*, inspecteur des fonderies royales de Saxe. Celui-ci avait bien voulu dresser un devis de ce que coûterait la fonte du monument de Copenhague[6].

1. Thiele (p. 96) marque sa surprise de ce que *Bouchardon*, consulté seulement en 1754, ne propose pas *Varin* pour se rendre en Danemark. Thiele n'a pas remarqué que *Varin* n'existait plus depuis deux ans.
2. Thiele, p. 96.
3. *Archives de l'Art français*, t. VI, p. 136-137.
4. Thiele, p. 97.
5. Nous avons essayé, à l'aide des *Mémoires et Journal de Wille*, de ressaisir la trace de cette estampe. Mais *Wille* ne tient la plume qu'à dater de 1759, et nous sommes en 1754. D'autre part, dans l'œuvre de *Wille*, il n'est question que d'une seule œuvre de *Le Moyne* traduite par le graveur. C'est un buste de Louis XV, et la planche parait dater de 1748. La « petite statue en bronze », acquise par Reventlow, se dérobe à nos recherches.
6. Thiele, p. 98.

Les pourparlers en étaient là au mois d'août 1754, date à laquelle *Saly* plaça sous les yeux du roi « un premier ouvrage de sa composition ». Frédéric V goûta beaucoup ce travail et gratifia l'artiste d'une tabatière en or. Nous ne connaissons pas le sujet traité par *Saly* dans cette circonstance. On est toutefois d'avis que le travail en question, sorte de spécimen des talents du sculpteur, dut être sans aucun rapport avec le monument qui allait occuper le directeur de l'Académie.

Les faits que nous venons de raconter rendent assez inintelligible certaine lettre de *Vien* dans laquelle le peintre s'exprime ainsi :

« Quelque temps après ma réception à l'Académie, Frédéric V, roi de Danemarc, me fit demander par M. le comte de Molk, son ministre, pour être directeur de son Académie. Mon traitement étoit de vingt mille livres par an, logé, et mes ouvrages payés. Je refusai ces propositions avantageuses parce que, François, je me devois à ma patrie ; je venois d'ailleurs d'obtenir un logement au Louvre, et la reconnoissance me fit une loi, chère à mon cœur, de ce que mon zèle pour ma patrie me prescrivoit comme un devoir ; M. de Marigny voulut bien m'en témoigner sa satisfaction [1]. »

L'élection de *Vien* à l'Académie de Peinture de Paris est du 30 mars 1754. On a peine à croire que postérieurement à cette date, le Grand-Maréchal, comte de Moltke, ami et protecteur de *Saly* qu'il place à la tête de l'Académie de Copenhague, avant même que le directeur *Eigtved* soit décédé, ait sollicité *Vien* de venir en Danemark, avec un traitement annuel de 20.000 livres, pour y occuper la première place à la tête de l'Académie danoise. *Vien* tiendra la plume en 1779. Sa lettre est datée de Rome où il dirige l'Académie de France. Ses souvenirs sont-ils exacts ? Je suppose volontiers qu'il se sert d'une expression impropre : on a pu lui proposer d'occuper une place de professeur à l'Académie de Copenhague, non la fonction de directeur déjà dévolue à *Jacques Saly*.

Aucun fait saillant n'est à relever dans les registres de l'Académie pendant le premier semestre du directorat de notre artiste. Le 30 décembre 1754, *Saly* proposait à ses confrères d'adopter une coutume en honneur à l'Académie royale de Paris. Une assemblée extraordinaire pourrait être fixée au dernier jour de l'année afin de permettre aux académiciens d'échanger leurs souhaits de nouvel an. Cette proposition mise aux voix fut approuvée à l'unanimité. Mais

1. *Nouvelles Archives de l'Art français*, 1re série, t. I, p. 378-379.

la réunion ayant lieu, cette fois, l'avant-veille du jour de l'an, les membres présents décidaient qu'il convenait de s'acquitter sur l'heure de l'usage confraternel dont le principe venait d'être adopté [1].

Le 15 janvier suivant, le Grand-Maréchal présentait aux académiciens les deux frères *Jardin* « appelés de France par Sa Majesté sur la recommandation de M. *Saly* pour construire l'église de Frédéric.» Ils étaient nommés séance tenante professeurs de l'Académie [2].

C'est en 1755 qu'il fut procédé pour la première fois au concours des médailles. L'Académie distribua trois médailles d'or. *Saly* avait rédigé un règlement en douze articles, relatif à ce concours. Afin d'exciter l'émulation des artistes danois, les étrangers étaient admis à concourir. La médaille distribuée, composée par *Saly*, avait été gravée par *G. Arbien* [3].

Le 1er avril 1755, l'Académie se réunit en assemblée solennelle pour fêter le jour de naissance du roi Frédéric V. Cette réunion ne fut que le prélude de fêtes célébrées en commémoration de la fondation de la Compagnie. Pour ajouter à l'éclat de ces solennités, *Saly*, d'accord avec ses confrères, avait fait battre une médaille en l'honneur du président de Moltke. Le directeur de l'Académie accompagna d'une harangue la remise de l'exemplaire en or destiné au Grand-Maréchal. *Arbien* fut le graveur de cette médaille, composée par *Saly*. Sur la face est le portrait du président de l'Académie, avec l'inscription : A. G. COMES DE MOLTKE, SACR. REG. M. CONSILIAR. INTIM. ET. SUPREM. AUL. MARESCHAL. Le revers est orné d'une couronne de laurier, et porte pour légende : MAECENATI. SUO. D. D. D. REGIA. ACADEMIA. PICT. SCULPT. ET. ARCHIT. MDCCLVII [4].

Le 13 avril, une autre médaille, également composée par *Saly* et gravée par *Arbien*, fut distribuée aux membres de l'Académie par le Grand-Maréchal. Sur la face était l'image du Roi, et sur le revers une femme assise tenant une lime, une couronne de laurier et deux grenades. Au-dessous de cette allégorie de l'Académie était gravé ALIT ARTES, et en exergue : REGIA. ACADEMIA. PICT. SCULPT. ET ARCHIT. INSTITUTA. MDCCLIV [5].

Le lecteur sera frappé comme nous des tendances personnelles qui se manifestent chez *Saly*. Cette médaille commémorative de la

1. Thiele, p. 93.
2. *Ibid.*, p. 99.—*Nicolas-Henri Jardin*, ancien pensionnaire de l'Académie de France, avait obtenu son congé du Directeur des Bâtiments, le 10 décembre 1754. Il était autorisé à séjourner en Danemark jusqu'en décembre 1760. *Louis-Henri* n'ayant pas été pensionnaire du Roi n'avait pas à obtenir de congé. Il accompagna son frère, sans avoir à solliciter aucune autorisation. (*Nouvelles Archives de l'Art français*, 1re série, t. VI, p. 35).
3. Thiele, p. 105.
4. *Ibid.*, p. 108.
5. *Ibid.*, p. 109.

fondation de l'Académie danoise porte le millésime de 1754. Notre artiste ne peut admettre que la Compagnie dont il est le directeur date d'une époque antérieure à sa nomination [1].

Avec l'année 1757 prit fin la première période du directorat de *Saly* qui fut réélu pour trois années [2].

Si l'on en croit une publication contemporaine, c'est le 4 décembre 1754 que le statuaire aurait présenté à Sa Majesté, au palais de Charlottenborg, une première esquisse de la statue équestre qu'il était chargé d'exécuter. Le roi parut satisfait [3]. Mais le 3 août suivant, une esquisse plus grande, plus achevée, fut placée par *Saly* sous les yeux du monarque qui l'approuva hautement [4]. Le piédestal était orné de quatre bas-reliefs rappelant la protection donnée par Frédéric aux Sciences, aux Arts, au Commerce et à l'Industrie [5]. Aux deux extrémités du piédestal se trouvaient des trophées allégoriques et des inscriptions. Quatre statues demi-couchées, le Danemark, la Norwège, l'Océan et la Baltique, décoraient le soubassement. De larges bassins complétaient cette décoration [6]. Son esquisse étant approuvée, *Saly* eut souhaité de pouvoir entreprendre son petit modèle. Mais il sentait le besoin de conférer avec un fondeur. C'est ce qui le faisait insister pour qu'on appelât le plus rapidement possible de Stockholm le sieur *Meyer* recommandé par *Bouchardon*. De son côté, *Meyer* se montrait difficile. Il exigeait, notamment, l'envoi du modèle à Stockholm. On le fit céder sur ce point, et *Meyer* se rendit à Copenhague. Inutile tentative. Fondeur et statuaire ne purent s'entendre. *Saly* ne voulait confier à *Meyer* que la statue équestre, réservant à des fondeurs français, qu'on avait l'espoir de découvrir, les figures accessoires du monument. Tout à coup *Meyer* disparaît; il est reparti pour Stockholm. On négocie de nouveau avec lui par l'entremise de l'ambassadeur. Ses prétentions sont excessives et, de plus, il entend ne paraître à Copenhague qu'après

1. Pendant qu'il exerce en Danemark la magistrature suprême sur toute question relative à l'art, *Saly* n'est point oublié de ses protecteurs parisiens. C'est en effet sous la date du 27 mai 1755 que nous trouvons inscrite aux Archives nationales (O[1] 1064), la pièce ci-après, qui constitue *Saly* bénéficiaire d'une pension de 600 livres : — « *Travail du Roy.* — J'ai envoyé à M. Perrier un bon du Roy par lequel Sa Majesté accorde au sieur *Michel-Ange Slots*, sculpteur de l'Académie, une pension de 600 livres, et une autre de pareils 600 livres au sieur *Salis*, aussi sculpteur de la même Académie, les dites pensions vacantes par le déceds du sieur *Vinache*, sculpteur de l'Académie qui jouissoit de 200 livres, et par celuy du sieur *Le Moine*, père, aussi sculpteur de l'Académie qui avoit 1000 livres de pension. (Nous devons la communication de ce document à l'obligeance de M. Henri Stein, archiviste aux Archives nationales.)

2. Thiele, p. 110.

3. *Ibid.*, p. 95.

4. Voir plus haut, p. 61.

5. Thiele, p. 100.

6. *Ibid.*, p. 101.

le complet achèvement du grand modèle. *Saly* déclare ne pouvoir souscrire à cette condition. D'ailleurs, les frais de voyage et le salaire exigés par *Meyer* atteignaient une somme de 17.900 livres[1]. Il fallut rompre. On se tourna vers Berlin, dans l'espoir de décider le sieur *Giese* à se rendre en Danemark. *Giese* était mort[2]. Une seule ressource restait aux Danois : recourir à *Pierre Gor*, le fondeur de *Le Moyne*. On entra directement en correspondance avec lui. Il fallait s'y attendre, *Gor* se montra très exigeant. Il ne demandait pas moins de 7.000 livres pour le seul voyage de Paris à Copenhague. Son retour à Paris coûta plus cher encore, et si nous évaluons en monnaie de nos jours la somme qu'il reçut pour ses frais de déplacement, nous atteignons le chiffre de 42.000 francs. Son séjour en Danemark, on le constatera plus loin, fut encore plus onéreux[3].

Saly voyant terminées les négociations avec *Gor*, se promettait de commencer prochainement le grand modèle de sa statue, qu'il se flattait d'achever en 1758. Dans sa pensée, la fonte pourrait avoir lieu en cette même année. De son côté, *Gor* donnait des ordres pour la préparation des fours dans la fonderie. Quant au marbre nécessaire au piédestal et aux vasques, le Gouvernement avait fait une commande de 142 blocs de marbre à Carrare[4].

Il faut le reconnaître, *Saly* est un tempérament inquiet. C'est en vain qu'il a refondu les règlements de l'Académie, en 1754, et livré au feu les statuts composés par *Eigtved*. Avant même que la première période de son directorat eût pris fin, en novembre 1757, *Saly* se disposait à tout bouleverser une seconde fois. Ce qui subsistait encore de l'ancien esprit de l'Académie, chez les confrères de notre artiste, le troublait. C'est dans cette pensée qu'il remit au Grand-Maréchal un mémoire contenant ses propositions de réforme. Il y avait à craindre que le comte de Moltke parût peu favorable à de nouveaux changements. La constitution de 1754 pouvait être jugée trop récente pour qu'il fût opportun de la modifier. *Saly* le comprit, et il essaya de convaincre un à un les professeurs de l'Académie. L'émotion fut générale parmi les membres du corps enseignant. Une opposition sérieuse se fit jour, et l'un des adversaires déclarés de *Saly* fut le sculpteur *Petzoldt*. Celui-ci, d'ailleurs, avait singulièrement perdu de son influence dans l'Académie depuis la nomination du nouveau directeur. Il jugea la situation si fâcheuse qu'il partit en secret pour la Saxe, son pays d'origine, et ne reparut

1. Thiele, p. 102-104.
2. *Ibid.*, p. 107.
3. *Ibid.*, p. 108. — Voir plus haut, p. 25.
4. Thiele, p. 112.

plus à Copenhague [1]. Chaque article des nouveaux statuts proposés par *Saly* fut discuté et souvent amendé par les académiciens. Ainsi retouché, le texte du sculpteur français fut communiqué à l'assemblée du 6 mars 1758 et voté. Le comte de Moltke était présent. Il eut la bonne grâce de remercier *Saly*, au nom de l'Académie, de ses efforts infatigables pour le bien de ses confrères, ajoutant qu'il avait l'espoir d'obtenir du Roi la ratification des nouveaux statuts [2].

Le 1er avril, le Roi vint en personne à l'Académie, et remit à cette Compagnie, sous la date du 31 mars, une sorte de charte ainsi intitulée : « Réforme et complément de la fondation du 31 mars 1754 [3] ».

Un article des statuts nouveaux portait que le directeur élu par les recteurs et professeurs, pour une période de trois ans, était rééligible. Il devait servir « par honneur », c'est-à-dire sans gages, et recevrait après sa retraite le titre de « maître-directeur [4] ». Réorganisation platonique. Malgré l'émotion causée et les risques encourus, les choses marchèrent comme devant. Aucun recteur ne fut nommé, et encore moins un « maître-directeur », car *Saly* eut soin de se faire réélire tous les trois ans [5].

Le 2 novembre 1759 décéda *Louis-Henri-Jardin*, récemment venu en Danemark, et qui occupait le poste de professeur de perspective à l'Académie [6]

L'année suivante, en décembre, *Saly* eut la douleur de voir mourir sa mère. On lit sur les registres de la paroisse de la Sainte-Trinité de Copenhague :

> Le 6 décembre 1760, le matin, à dix heures, fut enterrée Mme Michelle Saly, âgée de 70 ans, du château de Charlottenborg. Avec corbillard. Maladie : phtysie [7].

Saly nous avait dit « avoir perdu la plus tendre et la meilleure des mères le 1er décembre 1760 [8] ». De son côté, M. *Stein* appelle notre attention sur les mots « avec corbillard ». Cette mention indique, pour l'époque, des obsèques luxueuses. Tels sont les faits dignes d'être relevés dans la vie de l'artiste durant la seconde période de son directorat.

Nous avons vu *Saly* presser l'exécution de son petit modèle pen-

1. Thiele, p. 109, 110.
2. *Ibid.*, p. 113.
3. *Ibid.* p. 113.
4. *Ibid.*, p. 114.
5. *Ibid.*, p. 119.
6. *Ibid.*, p. 121.
7. Renseignement fourni par M. *Th. Stein* (26 octobre 1895).
8. Voir plus haut, p. 27.

dant l'année 1757. Il ne le termina que le 16 novembre 1758[1]. Son grand modèle, aussitôt entrepris, ne sera complètement achevé que le 5 janvier 1764[2]. Que devenaient, en présence de pareilles lenteurs, les projets de fonte pour 1758 ? C'est en novembre de cette même année que Frédéric, accompagné de son fils, le prince Christian, alors âgé de dix ans, se rendit dans l'atelier de *Saly* pour juger du petit modèle[3].

Il ne faut pas croire que les études prolongées de *Saly* n'aient pas eu leur contre-coup sur la Compagnie asiatique. Pendant les trois ans que dura l'exécution du grand modèle, dessinateurs, menuisiers, forgerons, etc., reçurent une somme de 5.363 rixdales, et les gens de peine 4.488 rixdales. Au reste, avant qu'il put être procédé à la fonte, la Compagnie asiatique avait déjà dépensé 116.000 rixdales ou 324.000 livres[4].

Ce fut le 18 octobre 1760 que l'on résolut de poser solennellement la première pierre du piédestal. La cérémonie eut lieu sous la présidenee du comte de Moltke, représentant la Compagnie asiatique. Il avait, pour la circonstance, fait graver une médaille. Sur la face était le portrait du Roi, et au revers l'inscription : DANORUM.FELICITATIS.MONUMENTUM[5]. Des exemplaires de cette médaille, en or, en argent et en bronze, les monnaies ayant cours, et une plaque de métal revêtue d'une inscription commémorative furent déposés dans le soubassement du piédestal[6].

Réélu pour la troisième fois à la fin de décembre 1760, *Saly* se préoccupa de relever l'éclat de l'Académie en faisant inviter, à une assemblée solennelle, les princes Christian et Frédéric, fils du Roi, que son état de santé tenait à l'écart de toute réunion. Les princes vinrent le 1er avril 1761. A cette occasion, le directeur salua les princes par une harangue des plus gracieuses, à laquelle le prince héritier, âgé seulement de 13 ans, répondit avec beaucoup d'à-propos. Vers le même temps, l'Académie s'était enrichie de divers portraits de ses membres, d'origine étrangère. Ainsi prit naissance une collection qui existe et s'augmente encore actuellement. On fit alors observer au peintre *Carl-Gustav Pilo*, devenu l'hôte des Danois depuis 1741, et professeur de dessin des pages de la cour et des cadets, qu'il était en dette d'un morceau de réception envers l'Aca-

1. Voir plus haut, p. 62, 85.
2. Au sujet des études nécessitées par ce grand modèle, voir plus haut, p. 85, 86.
3. Thiele, p. 118.
4. *Ibid.*, p. 119.
5. *Ibid.*, p. 121. — Cette médaille coûta à la Compagnie 2922 rixdales, soit 8119 livres (Thiele, p. 142).
6. *Ibid.*, p. 122.

démie. *Pilo* le comprit, et promit de peindre, outre son propre portrait, celui du sculpteur *Le Clerc*, et celui du directeur *Saly*. Ce dernier ouvrage fut achevé en 1763 [1].

Augustin Guÿs, qualifié par M. Parrocel, du titre de « secrétaire du Roi, Maison et couronne de France », était en outre un grand voyageur. Se trouvant en Danemark en 1762, il s'y était rencontré avec *Saly* et *Jardin*. Guÿs appartenait à l'Académie de Peinture de Marseille. Il suggéra sans doute à ses deux compatriotes la pensée de se faire admettre dans cette Académie. *Jardin* devait fournir, comme morceau de réception, un projet d'église, et *Saly*, le modèle de sa figure équestre de Frédéric [2]. A une date ultérieure, *Saly* substitua les modèles du *Faune* et de l'*Hébé* à celui du monument de Copenhague [3].

Instruits des bonnes dispositions de *Saly* à leur endroit, les académiciens de Marseille se félicitèrent, le 3 septembre 1762, de voir entrer dans leurs rangs un artiste aussi célèbre. *Saly* écrit en ces termes au secrétaire de l'Académie, le 27 novembre suivant :

Monsieur,

J'ay reçu la lettre que vous m'avez fait l'honneur de m'écrire le 3 septembre dernier. J'ÿ ai vu, avec une véritable satisfaction, que votre illustre compagnie avait agréé la demande que j'avois prié Monsieur Guÿs de faire en mon nom. Je lui en témoigne ma reconnoissance dans la lettre ci jointe, que je vous prie, Monsieur, d'avoir la bonté de lui présenter. Si je suis sensible à l'honneur, je ne le suis pas moins à celui qu'elle me fait de souhaiter un morceau de ma main. J'épierai sûrement la première occasion de faire partir ce morceau.

J'ay l'honneur d'être, avec la considération la plus distinguée, Monsieur,

Votre très humble et très obéissant serviteur,

SALY.

Copenhague, ce 27 novembre 1762 [4].

La lettre destinée aux académiciens est d'une allure plus solennelle :

Copenhague, ce 27 novembre 1762.

MESSIEURS,

J'ai appris, avec autant de sensibilité que de reconnois-

1. Voir plus haut, p. 126.
2. E. PARROCEL : *Histoire documentaire de l'Académie de Marseille*, t. II, p. 150-151.
3. Voir plus haut, p. 111, 112.
4. Inédite, communiquée par M. Et. Parrocel.

sance, l'honneur que vous me faites de me recevoir au nombre de vos associés. Cette faveur, Messieurs, me flatte d'autant plus que j'ai toujours été admirateur de votre ville célèbre qui, de tout temps, s'est distinguée par l'appui qu'elle a donné au mérite et à la vertu, et par les grands hommes qu'elle a produits dans tous les siècles. Je vous l'avoue, Messieurs, je ne pouvais me rappeler votre immortel *Puget*, ni me représenter votre illustre Société, composée d'hommes savants dans tous les genres et remplis de zèle pour la gloire de leur patrie, sans désirer d'être incorporé parmi vous. Cette époque sera pour moi une des plus flatteuses de ma vie, et je conserverai constamment les sentiments de reconnoissance qu'elle fait naître aujourd'hui dans mon cœur.

Je satisferai avec empressement au désir que vous témoignez, Messieurs, d'avoir de mes ouvrages; je profiterai de la première occasion pour vous en faire parvenir, et je me trouverai heureux s'ils peuvent mériter vos suffrages.

J'ai l'honneur d'être avec un très profond respect, Messieurs, votre très humble et très obéissant serviteur,

SALY [1].

Le 31 janvier 1763, les académiciens font parvenir à *Saly* un extrait du procès-verbal de la séance au cours de laquelle il a été admis. Le statuaire ne veut pas demeurer en reste vis-à-vis de ses nouveaux confrères. Il leur écrit :

Copenhague, le 23 avril 1763.

MESSIEURS,

J'ai reçu, il y a deux jours, la lettre que vous m'avez fait l'honneur de m'écrire, en date du 31 janvier dernier, avec l'extrait de la délibération de l'Académie, touchant ma réception, et la lettre de notification qui l'accompagnait. Rien de plus flatteur, Monsieur, pour un artiste sensible, que la façon dont votre illustre Académie a accompagné la faveur qu'elle m'a fait. Aussi je puis vous assurer que rien ne peut égaler les sentiments d'amour, d'attachement et de reconnoissance dont je suis pénetré, et que je conserverai toute ma vie.

Il est des circonstances qui touchent fortement; il est des sentiments qui sont difficiles à rendre. Je me trouvai dans ce

1. ET. PARROCEL : *Histoire documentaire, etc.*, t. II, p. 312-313.

cas lorsque j'eus l'honneur d'écrire ma lettre de remerciements à l'Académie. Je vous prie, Monsieur, de lui réitérer tous mes sentiments pour elle.

Je vous rends mille grâces, Monsieur, de la part que vous avez prise en ce qui m'est arrivé d'avantageux à ce sujet; on ne saurait être plus sensible à tout ce que vous avez dit de flatteur dans votre lettre.

La façon dont vous vous portés, Monsieur, à obliger me fait espérer que vous voudrés bien avoir la bonté de m'instruire de ce que je dois faire à l'avenir touchant tout ce qui peut avoir raport à l'Académie, mon intention étant de remplir tous mes devoirs; je serois au désespoir si, faute d'en être informé, je venais à en obmettre quelques uns : soit à l'égard des fraix pour l'expédition de mes lettres patentes ou autres, soit à l'égard de quelques formalités. Enfin, Monsieur, je vous prie de m'instruire de tout; vous êtes sur les lieux; vous connoissés l'esprit et les usages du corps; et la confiance que j'ai en vous me persuade que je ne manquerois en rien lorsque je me conformerois à tout ce que vous voudrez bien me dicter. Je suis avec tous les sentiments d'estime et de considération, Monsieur, votre très humble et très obéissant serviteur.

SALY [1].

Ce n'est là qu'un épisode. Des faits plus graves s'imposent à notre étude. Nous avons dit que le comte de Moltke, Grand-Maréchal du Palais, président de l'Académie, était chargé de la surveillance de la statue équestre [2]. Mais le comte de Moltke était en même temps président de la Compagnie asiatique. Celle-ci s'effrayait à bon droit des dépenses grandissantes occasionnées par une œuvre dont on n'entrevoyait pas l'achèvement. Lorsque *Saly* entreprit son grand modèle, il se fit construire un atelier spécial près le palais de Charlottenborg. La Compagnie paya les frais de cet atelier [3]. Dès 1761, alors qu'on était loin encore de procéder à la fonte, le machiniste du théâtre royal, *Joseph Zuber*, reçut l'ordre de construire toutes les machines nécessaires au transport de la statue et à son érection [4]. Travail prématuré que, sans doute, *Saly* avait

1. ET. PARROCEL : *Histoire documentaire, etc.*, t. II, p. 313-314.
2. Voir plus haut, p. 76.
3. Thiele, p. 118.
4. *Ibid.*, p. 121.

prescrit, et que la Compagnie dut solder encore. Le mécontentement était manifeste. *Gor*, toujours à Paris, faisait préparer à Copenhague une fonderie colossale. La Compagnie asiatique acquittait les mémoires. L'opinion publique s'émut de pareilles dilapidations. Si la Compagnie se plaignait à *Saly*, celui-ci rejetait tous les torts sur le fondeur. *Gor* recevait-il des observations écrites, qu'il se faisait aussitôt l'accusateur du statuaire.

Le 11 janvier 1762, *Saly* invita les directeurs de la Compagnie asiatique à venir voir son grand modèle dans l'atelier où il l'exécutait. L'entrevue fut le point de départ d'explications assez tendues[1]. Peu après, ce fut la Compagnie qui pria *Saly* de se présenter devant l'assemblée générale de ses membres. Évidemment, le sculpteur se fit attendre un peu, car la rencontre souhaitée n'eut lieu que le 13 mars 1763 au siège de la Compagnie. Dans cette réunion, *Saly* le prit d'assez haut. Il marqua son mécontentement des rumeurs désobligeantes qui avaient cours sur son compte. N'avait-on pas dit que lui, *Saly*, aurait ralenti son travail dans le seul but de bénéficier plus longtemps des avantages qui lui étaient faits! En conséquence, il sommait la Compagnie de lui fournir une occasion de réfuter par écrit les calomnies répandues à son sujet. Le 4 juillet, la Compagnie fit tenir à *Saly* un *memorandum* des conventions passées entre elle et lui. Le statuaire répondit à cette pièce par une lettre fort longue dont nous regrettons de ne pas avoir le texte, et au cours de laquelle il se déclarait très blessé du tort qui lui était fait. C'était renverser les rôles. Aux dépenses que nous venons de signaler s'en ajoutaient d'autres vraiment surprenantes. Veut-on savoir, par exemple, à quelle somme s'élève le « fer fondu » dans l'établissement de l'atelier destiné à *Gor* ? La Compagnie paya, pour cette seule fourniture, 48.242 rixdales (134.000 livres). Une note d'outils, tels que : étuis, limes, repoussoirs, montait à la somme de 11.899 rixdales (33.050 livres). A la date de 1763, les ouvriers travaillant pour le compte de *Gor* avaient reçu 39.148 rixdales (108.746 livres). Et, naturellement, dans cette somme n'est pas comprise la dépense occasionnée par les cinq ouvriers français qui accompagneront le fondeur. Les salaires de ces aides, déjà fixés, atteindront 23.474 rixdales (65.205 livres). D'autres dépenses sont à prévoir. Mais la simple pension de *Gor* et celle de sa femme formeront un total de 8.625 rixdales (23.958 livres)[2]. On comprend que la popularité de *Saly* et de *Gor* eut à souffrir de semblables gaspillages.

1. Thiele, p. 122.
2. *Ibid.*, p. 123-126.

L'artiste acheva son grand modèle le 5 janvier 1764 [1]. Il convoqua ses confrères le 3 février dans son atelier. Le jugement des académiciens fut des plus flatteurs pour *Saly*. On ne craignit pas de consigner sur le livre des procès-verbaux que « si la statue de Copenhague était comparée aux chefs-d'œuvre exécutés jusqu'à ce jour, on constaterait sa supériorité sur tous les autres ouvrages ». Thiele fait remarquer avec malignité que ce fut *Saly* qui réclama l'insertion de cette phrase sur le registre de l'Académie [2]. Mais si les contemporains de *Saly* ont pu mettre quelque hyperbole dans leur jugement, Thiele n'est pas exempt d'une certaine amertume à l'endroit de notre artiste, en songeant aux lourdes charges dont la statue de Frédéric fut le principe. Il est donc permis de douter de l'entière exactitude de son dire. *Saly* peut ne pas être le promoteur d'une mention qui l'honore et dont ses confrères auront voulu conserver le souvenir.

Son grand modèle étant prêt pour la fonte, notre artiste manifesta le désir de rentrer en France, se proposant de revenir en Danemark lorsque *Gor* aurait achevé son travail et qu'il n'y aurait plus qu'à procéder à l'inauguration. Ce projet causa quelque surprise. On fit observer à *Saly* que si la statue équestre se trouvait terminée, les parties accessoires du monument restaient à faire. Il s'était, en effet, proposé d'entourer l'image de Frédéric des allégories du Danemark, de la Norwège, de l'Océan et de la Baltique. Quatre bas-reliefs symbolisant la protection du Roi sur les Arts, les Sciences, le Commerce et l'Industrie devaient compléter l'ensemble décoratif [3]. *Saly* comprit l'objection, mais il avoua ne pas être disposé à entreprendre cette partie de son programme après les plaintes formulées par la Compagnie asiatique. L'exécution des statues et des bas-reliefs qui devaient entourer le piédestal serait sûrement onéreuse et la Compagnie ne manquerait pas de s'élever contre les nouvelles dépenses qu'elle serait tenue de supporter [4]. Je ne sais si le sculpteur fut retenu par cette seule considération. Pour peu qu'il y réfléchit, il ne manqua pas de se rendre compte qu'il avait mis dix ans à exécuter le modèle de sa statue équestre. S'il abordait avec ce soin patient dont il avait donné la mesure les quatre statues et les quatre bas-reliefs projetés, nul doute qu'il ne mît encore dix ou quinze ans à s'acquitter de sa tâche. Quelle situation lui serait faite durant un tel laps de temps? *Saly* se trouvait dans un mauvais pas. Il le comprit et sollicita du roi un rescrit qui fut rendu en juin 1765,

1. Voir plus haut, p. 4.
2. Thiele, p. 126.
3. Voir plus haut, p. 54-55
4. Thiele, p. 126, 127.

et d'après lequel les statues du Danemark, de la Norwège, de l'Océan et de la Baltique étaient supprimées. Frédéric motiva cette suppression par son désir d'alléger les charges de la Compagnie asiatique[1]. Il ne restait donc plus à exécuter que les quatre bas-reliefs. C'était encore beaucoup. *Saly* se mit à l'œuvre, mais sans enthousiasme et sans conviction. Il modela lentement un premier bas-relief et n'alla point au delà[2]. Il paraissait toujours préoccupé de rentrer en France. Ses compatriotes réclamaient de lui les bas-reliefs du piédestal de la statue pédestre de Louis XV. L'architecte *Patte* l'attaquait. C'en était fait de sa tranquillité d'esprit.

Sur ces entrefaites, le roi Frédéric V vint à mourir (13 janvier 1766). Le prince héritier monta sur le trône. Pendant quelques mois, on parut oublier le monument de Frédéric, mais, en août de l'année 1766, un rescrit de Christian VII, évidemment inspiré par *Saly*, supprima les bas-reliefs qui seraient remplacés par des inscriptions[3]. L'artiste parut très peiné de cette décision qui diminuait l'éclat de son monument, mais il est permis de penser que la douleur de *Saly* n'eut rien de profond. Le rescrit du roi le dégageait de promesses difficiles à tenir, et, de par la volonté du souverain, sa tâche se trouvait achevée. Il était libre.

Réélu directeur de l'Académie à la fin de l'année 1763, *Saly* fut l'objet d'une élection du même caractère en décembre 1766. Mais durant ce double directorat, les faits dignes de remarque sont assez rares chez les académiciens. Mettons à profit cette pénurie d'événements sur terre danoise pour entr'ouvrir la correspondance que *Saly* entretient d'une part avec l'Académie royale de Paris et de l'autre avec le marquis de Marigny, Directeur des Bâtiments.

De tous les artistes français appelés à l'étranger, il n'en est pas, croyons-nous, que l'on puisse opposer à *Saly* pour la fidélité du souvenir et la déférence affectueuse envers ses confrères parisiens. Les *Procès-verbaux* en témoignent. Chaque année, le sculpteur en titre de Frédéric se rappelle à ses amis de France. Nous l'avons vu leur annoncer, en 1754, sa nomination de directeur de l'Académie de Copenhague. Nous retrouvons trace de ses lettres de 1756 à 1774[4].

A la vérité, le texte des lettres de *Saly* à ses confrères de l'Académie de peinture de Paris n'a pas été conservé, tandis que sa cor-

1. Thiele, p. 129. — Au sujet de cette décision du Roi, voir plus haut, p. 4, 54-57, 59.
2. Thiele, p. 129.
3. *Ibid.*, p. 134.
4. *Procès-verbaux*, t. VII, p. 2, 30, 55, 80, 118, 155, 187, 212, 243, 284, 320, 351, 383 ; t. VIII, p. 1, 32, 63, 90, 115, 143.

respondance avec Marigny, ressaisie en majeure partie par M. Jules Guiffrey, est publiée[1]. Toutefois, une lettre datée de 1764, et conservée aux Archives nationales, est demeurée inédite. Elle a son intérêt. Nous lui donnerons place ici. En voici le texte :

MONSIEUR,

Permettez, je vous suplie, qu'en ce renouvellement d'année je vous présente mon respectueux hommage et les assurances des vœux que je ne cesse de faire pour votre conservation. Rien de plus essentiel aux succès et à la gloire des arts que l'amour que vous leur portez, Monsieur, et que la bienveillance dont vous honnorez les artistes.

Je suis pénétré de la plus vive reconnoissance des marques de bonté que vous daignez, Monsieur, me donner dans la dernière lettre dont vous m'avez honnoré; tout y porte l'empreinte d'une prévoyance sage et éclairée pour la sûreté et pour le bien-être des artistes du Roy demandez par des souverains étrangers, et tout les assure de l'appui qu'ils trouveront en vous. En mon particulier je vous rends mille grâces, Monsieur, de la permission que vous m'avez accordée de rester ici pour finir le monument que Sa Majesté danoise m'a demandé. J'y serois tranquille et je supporterois patiament un si long séjour hors de ma patrie, si je ne craignois que l'Academie ne me privât des avantages qu'elle a accordés à plusieurs de ses membres qui se trouvoient dans le même cas où je me trouve.

Le grand modèle de ma statue équestre, Monsieur, quoique fini depuis le commencement de l'année, n'est pas encore modelé[2]. La raison en est que le fondeur suédois avec qui on avait contracté, sans ma participation, en 1757, et qui devait arriver au mois de mars dernier, s'est désisté alors de cette ouvrage. M. *Gor* qui a fondu celle de Paris a été demandé; mais au lieu d'arriver au mois de juin, il n'a pu venir qu'au

1. *Nouvelles Archives de l'Art français*, 1re série, t. VI, p. 82-100. — Nous ferons observer qu'une faute d'impression s'est glissée dans les *Nouvelles Archives*. La lettre de *Saly* à Marigny, publiée aux pages 82-83, et dans laquelle l'artiste annonce le récent achèvement de son grand modèle, n'est pas du 18 janvier 1766, mais bien du 18 janvier 1764. C'est, en effet, le 5 janvier 1764 que fut terminé le grand modèle, et l'autographe de *Saly*, conservé aux Archives nationales, porte la date de 1764.

2. Lisez : moulé. — Au sujet de l'exécution du grand modèle, voir plus haut, p. 87, 88.

mois d'octobre. Comme on ne pouvoit commencer sans danger le moule de plâtre, tant à cause de la brieveté des jours qu'à cause des fortes gelées qu'on est dans le cas d'essuier, les opérations de ce moule, Monsieur, ont été remises au printems prochain ; de sorte que voilà encore un an de retard sur cette partie.

J'ai l'honneur d'être avec un profond respect, Monsieur,

Votre très humble et très obéissant serviteur,

SALY.

A Copenhague, ce 18 décembre 1764 [1].

Le point à relever, dans la lettre qu'on vient de lire, c'est l'arrivée de *Gor* à Copenhague. Nous avons lieu de penser que le fondeur va séjourner en Danemark, sans interruption, jusqu'à l'achèvement de sa tâche, c'est-à-dire jusqu'en novembre 1770.

Le 25 avril 1765, *Saly* perdit sa sœur ainée. Elle était mariée à M. Dubois de Champré, capitaine commandant, pour le compte de Frédéric V, l'un des forts de l'île Saint-Thomas aux Antilles [2].

Dans une lettre publiée par M. Guiffrey, et adressée à Marigny, sous la date du 31 mai 1766, *Saly*, en homme prudent, sollicite une recommandation du directeur des Bâtiments « auprès de M. le marquis de Blosset, qui vient d'être nommé ministre plénipotentiaire près de Sa Majesté danoise. » Marigny s'empresse d'envoyer à l'artiste la lettre de recommandation qu'il lui a demandée [3]. La réponse de Marigny est du 15 juillet. A cette date, le départ de Paris de M. de Blosset n'est pas encore fixé. Quelques lignes seulement de la lettre de *Saly* ont trait au monument qui l'occupe. « L'impression des cires de ma statue équestre, écrit-il, sera bientôt finie. J'espère que dans quelque temps on pourra couler le noyeau [4]. » N'en doutons pas, *Gor* est présent à Copenhague et préside à ces opérations.

Il est à peine besoin de signaler, en cette même année 1766, le discours officiel que *Saly* dut prononcer à l'Académie, en sa qualité de directeur, à l'occasion de la mort de Frédéric V. Il termina cette harangue en proposant l'envoi à Sa Majesté Christian VII, d'une « Adresse » tendant à la ratification, par le Roi, des statuts et privilèges de l'Académie. Cette requête fut immédiatement rédigée et expédiée le même jour par les soins de M. Wasserschlebe, membre d'honneur [5].

1. Inédite. — Archives nationales, O[1] 1909. — Cette pièce a été obligeamment transcrite à notre intention par M. H. Stein.
2. Voir plus haut, p. 27, 28.
3. On a vu plus haut, page 4, qu'en cette même année 1766, *Saly* caressait le projet de pouvoir rentrer en France « sous deux ou trois ans au plus. »
4. Voir plus haut, p. 87, ce que l'artiste écrit au sujet des retouches de la cire.
5. Thiele, p. 132.

Le 30 mars 1767, la jeune reine Caroline-Mathilde honora l'Académie de sa présence ; la salle d'honneur était décorée des ouvrages des académiciens. *Saly* harangua la souveraine [1].

Deux pensionnaires de l'Académie, graveurs en médailles, *Johan-Heinrich Wolff* et *Daniel-Jensen Adzer* étaient rentrés à Copenhague. L'un et l'autre reçurent le titre d'agréé, à charge par eux de graver, pour leur réception, les poinçons de deux médailles : l'une, destinée à fixer le souvenir de la fête décennale de l'Académie, et l'autre offerte en hommage au président de Moltke. Il fut décidé qu'un exemplaire en or de la première serait présenté au Roi. Mais les professeurs, à l'instigation de *Saly*, résolurent de faire battre à leurs frais un exemplaire en or de la seconde médaille, et de l'offrir au président de l'Académie. Le 3 septembre, directeur et professeurs se présentaient chez le Grand-Maréchal, le priant de vouloir bien remettre à Sa Majesté la médaille qu'ils lui destinaient. Sans plus tarder, *Saly* priait le président d'agréer la médaille frappée à son effigie. Le comte de Moltke se montra très sensible à cette marque de civilité. Six jours plus tard, il convoquait l'Académie et l'informait que Sa Majesté Christian VII était heureuse de confirmer la Compagnie dans ses privilèges. Là, ne s'arrêtait point la bienveillance du Roi. Christian VII élevait la dotation de l'Académie, fixée jusqu'alors à 2.400 rixdales (6.666 livres), à la somme de 5.000 rixdales (14.000 livres) pour les dépenses annuelles. Christian VII faisait plus encore. Il voulait que les artistes en fonction, les professeurs et les simples membres de l'Académie reçussent des honoraires. A l'avenir, les veuves des académiciens méritants bénéficieraient de pensions. « A cette fin, était-il dit dans le document royal, dans le but d'aider au développement des arts déjà florissants, nous constituons à perpétuité un fonds de 6.000 rixdales (16.666 livres) à distribuer annuellement en quinze parts à des peintres, sculpteurs, architectes et graveurs. »

Non content d'avoir été le porteur de cette bonne nouvelle au sein de l'Académie, le comte de Moltke invita tous les académiciens dans son palais pour un somptueux banquet, et personne ne douta qu'à dater de ce jour une ère de prospérité ne s'ouvrît pour l'art danois [2].

Christian VII étant venu en personne à l'Académie le 1er avril 1768, *Saly* harangua le Roi et le remercia de la belle dotation promise. Il se garda d'oublier que la meilleure façon de flatter le monarque était de mettre en lumière la formation d'artistes danois.

1. Thiele, p. 134.
2. *Ibid.*, p. 134-137.

Aussi eut-il soin d'insister sur ce résultat heureux. Voici en quels termes notre artiste s'exprima dans la péroraison de son discours :

> Déjà, Sire! Votre Académie, cet établissement si digne de Votre Majesté, commence à se choisir des membres parmi les sujets qu'elle a formés ; déjà les Danois peuvent se glorifier de compter d'habiles artistes parmi leurs concitoyens; déjà cette Compagnie peut citer des personnes illustres parmi ses membres [1].

L'Académie ne doit pas nous faire perdre de vue la statue de Frédéric. Le 21 janvier 1768, *Saly* écrit à Marigny que « la veille, à deux heures, on a mis le feu au recuit du moule de potée. » On lui fait espérer que « la fonte se fera dans le courant du mois de mars prochain. Dieu le veuille », ajoute *Saly*[2].

Ce fut, en effet, le 2 mars que *Gor*, qui avait obtenu le titre pompeux de commissaire en chef du Roi, procéda à la fonte. L'opération réussit. Toutefois, après le démontage de la forme, *Saly* remarqua quelques défauts dans la tête du Roi et dans celle du cheval. Il ne manqua pas de dire avec humeur que les retouches nécessitées par ces lacunes allaient exiger de lui beaucoup de travail, et retarderaient pour longtemps encore son retour en France[3]. Mal lui prit de parler ainsi. Ses plaintes vinrent aux oreilles de *Gor* qui, le rencontrant sur une place publique, le 4 juillet, lui administra une rude correction, à l'aide d'une lanière, comme s'il se fût agi de châtier un simple matelot. *Gor* fit comprendre à *Saly* qu'il n'entendait pas qu'on lui reprochât d'avoir mal fondu la statue. *Saly* était accompagné de son domestique. Celui-ci voulut intervenir. *Gor* l'en empêcha et le mit à la raison, non pas en usant de sa lanière, mais d'un simple bâton, laissant voir clairement, par cette différence de procédé, qu'il savait distinguer entre le maître et le valet. Quelles suites eut l'incident ? Y eut-il jugement ou réconciliation amiable ? Les historiens de l'époque ont omis de le dire. Mais l'opinion n'était plus absolument favorable à *Saly*. On jugea sans doute que *Gor* s'était montré brutal, mais il eut pour lui les rieurs[4].

Quelques semaines plus tard, le mécanicien *Zuber* qui, de longue date, on l'a vu, s'était préparé à son rôle, procédait au transport de la statue, depuis la fonderie jusqu'à la place d'Amalienborg. Nous ne décrirons point l'ingénieuse machine à l'aide de laquelle *Zuber*

1. Thiele, p. 143.
2. Lettre publiée par M. Guiffrey.
3. Thiele, p. 137.
4. *Ibid.*, p. 138.

opéra ce transport. La première partie du trajet fut accomplie le 23 juillet. Une seconde étape, et la plus curieuse, eut lieu le 16 août. Deux cents matelots commandés par *Zuber* tiraient, à l'aide de cabestans, la statue posée sur un traîneau, lequel glissaitt lui-même sur des poutres. Lorsqu'on avait franchi quarante pieds, il était nécessaire de déplacer les poutres sur lesquelles venait de passer le traîneau. On les portait en avant pour établir un nouveau plancher. La nuit surprit les travailleurs avant la fin de l'opération. On se remit à l'œuvre le lendemain, au petit jour, et, à midi, la statue se trouvait hissée sur son piédestal.

Il est inutile de dire que cette inauguration eut pour témoins la Cour, les hauts fonctionnaires de l'État, une délégation de la Compagnie asiatique et tout le Peuple de Copenhague. Toutefois, Christian VII, absent de sa capitale, n'assista point à la cérémonie. En revanche, la reine douairière, Julienne-Marie, le prince Frédéric, frère du roi et maint autre personnage de marque avaient pris place aux balcons du palais du Grand-Maréchal, situé, comme l'on sait, sur la place d'Amalienborg. Des salves d'artillerie, des feux de mousqueterie, l'illumination traditionnelle, et un magnifique souper offert aux frais de la Compagnie asiatique, marquèrent cette journée.

La Compagnie fit, en outre, frapper deux médailles pour la circonstance. La plus grande est l'œuvre de *Wolff*; la seconde fut gravée par *Adzer*. Sur l'une et l'autre, le monument se trouvait représenté, mais avec des différences. L'inscription, sur les deux médailles, était la même. On lisait sur la face :

STATORI. SUO. OB. INNUM. BENEF. P. SOC. COMM. ASIATICA. MDCCLXVIII.

Sur le revers . DIVO. FREDERICO. QUINTO. POPULI. SUI. PATRI. GENERIS. HUMANI. AMICO.

Les frais de l'illumination s'élevèrent à 1.150 rixdales (3.200 livres). Ceux du souper à 581 rixdales (1.600 livres), et la dépense des deux médailles dont il vient d'être parlé atteignit 5.804 rixdales (16.120 livres [1]).

Saly s'empressa d'écrire le 20 août 1768 au Directeur des Bâtiments pour l'informer de l'inauguration de sa statue équestre. Il ne manqua pas d'ajouter :

Quoique ma statue soit placée sur son piédestal, elle n'est cependant pas achevée, puisqu'il me reste encore toute la

1. Thiele, p. 139-142.

réparation à faire. J'ai devancé l'opération du placement pour avoir plus de lumière que je n'en aurois eu dans la fosse de la fonderie où il y en avoit fort peu [1].

Deux événements, d'inégale importance, se rattachent à l'année 1768, et veulent être racontés.

On lit dans le journal des grandes assemblées de l'Académie impériale des Beaux-Arts de Saint-Pétersbourg, sous la date du 8 juillet 1768 :

Sur le rapport de M. le Président, M. *Jacques-François Saly*, sculpteur de S. M. le roi de France, membre de son Académie de Peinture et de Sculpture, membre de l'Académie de Florence et de Bologne, Directeur de l'Académie de S. M. le roi de Danemark, a été élu dans la séance extraordinaire du 25 juin, membre libre, et confirmé, en cette qualité, par décision de S. M. Impériale. Comme sanction de cette dignité, le Recteur adjoint faisant fonctions de Directeur a été invité à présenter à la signature un diplôme certifié par l'apposition du sceau.

A cette pièce s'ajoute la décision suivante émanant de Catherine II :

Pour le bien et la gloire de la Russie

L'Académie Impériale des Beaux Arts de St Pétersbourg, fondée par Son auguste Majesté l'Impératrice Catherine II, en vertu des pouvoirs qui lui sont conférés par S. M. autocrate,

1. Lettre publiée par M. Guiffrey. — Il convient de mentionner ici, comme se rattachant à l'inauguration du monument de Frédéric V, l'estampe de *Preisler*. Cette planche a été exécutée d'après un dessin de *Saly*. Selon toute apparence, ce dessin ne put être fait que postérieurement au mois d'août 1768; or, dès l'année suivante, *Saly* fait parvenir à l'Académie Impériale de Saint-Pétersbourg un exemplaire de l'œuvre du graveur. *Preisler* s'était prestement acquitté de sa tâche. *Saly* fit également hommage de la gravure en question à l'Académie royale de Peinture de Paris. Il n'est pas sans intérêt de relever les restrictions formulées par le statuaire sur l'œuvre du graveur. Le 13 janvier 1770, le secrétaire de l'Académie de Paris consigne ces détails au procès-verbal de la séance : « M. *Saly* présente à l'Académie une estampe encadrée, de la statue équestre du feu Roy de Dannemarck, qu'il a exécutée en bronze. Dans cette lettre, il prévient l'Académie que ni le petit modèle, ni l'estampe ne peuvent en donner une idée juste. Les recherches qu'il n'a cessé de faire sur la nature, depuis le petit modèle, et la peine qu'il s'est donnée d'exécuter entièrement celui en grand, l'ayant mis à la portée d'y faire divers changements très avantageux, il ajoute qu'agité d'un côté par la crainte d'exposer cette estampe aux yeux des plus savants artistes de l'Europe, et de l'autre par la douleur de ne pouvoir au moins faire voir cet ouvrage tel qu'il est, il s'est néanmoins déterminé à l'envoyer, comme un tribut de l'amour et de la reconnoissance qu'il doit à l'Académie. » (*Procès-verbaux de l'Académie*, t. VIII, p. 32-33.)

en reconnaissance du zèle, du dévouement et du respect qu'a témoigné aux arts glorieux, M. *Jacques-François-Joseph Saly* sculpteur de S. M. le roi de France, membre de son Académie de Peinture et de Sculpture, membre des Académies de Florence et de Bologne, Directeur de l'Académie royale de Danemark.

Le reconnait et le proclame, après l'élection unanime, membre libre honoraire de sa Société académique, avec droit de présence et de vote dans les séances publiques et autres prérogatives y attachées. — Fait à St Pétersbourg, sous la signature du Président de l'Académie, et l'apposition de son sceau, l'an du Christ 1768, le 8 juillet. Signé : Ivan Betz-Koï.

Le Secrétaire-Rapporteur : A. Soltykow [1].

Cette nomination fut notifiée à l'intéressé le 2 septembre. C'est évidemment le secrétaire de l'Académie qui tient la plume :

Monsieur,

La lettre que vous avez écrite à M^r le Président ayant été présentée à l'Académie des Beaux-Arts, l'Assemblée, instruite et satisfaite du désir que vous avez témoigné d'être admis au nombre qui la compose, vous a agréé d'une voix unanime comme un de ses associés libres honoraires. Elle me charge, Monsieur, de vous en faire part et de vous annoncer le plaisir qu'elle a de se voir attachée une personne d'un mérite si reconnu.

L'Académie, persuadée du vif intérêt que vous prenez à tout ce qui la concerne, me charge de vous remettre, de sa part, le Diplome de cette qualité, accompagné de compliments et de félicitations [2].

Il résulte de ce texte que *Saly* a pris l'initiative d'une demande vis-à-vis de l'Académie de Saint-Pétersbourg. Il répondra le 29 octobre à ses nouveaux confrères. Selon sa méthode, il fera tenir deux lettres au secrétaire de l'Académie. L'une, personnelle à ce fonctionnaire, l'autre destinée à la Compagnie. La première est ainsi conçue :

Monsieur!

J'ai reçu la lettre que vous m'avez fait l'honneur de m'écrire le 2 du mois dernier, et le diplome qui me constituë membre

1. Documents fournis par M. V. Loboykoff, secrétaire de l'Académie (25 novembre 1895).
2. Même provenance.

associé libre honoraire de votre Académie impériale des Beaux-Arts.

Rien ne pouvoit m'être plus flatteur, Monsieur, que la réception de ces deux pièces et que les expressions obligeantes dont le respectable corps accompagne la faveur qu'il m'a faite. Je témoigne à cette illustre Compagnie les tendres sentiments que m'inspire une faveur aussi distinguée, dans la lettre ci-jointe que je vous prie, Monsieur, d'avoir la bonté de lui communiquer, quoi que vous ayez part au contenu de cette lettre, permettez, Monsieur, que je vous rende grace ici de la part que vous avez eue à toute cette affaire.

Persuadé, Monsieur, du plaisir que vous avez à obliger, j'espère que vous voudrez bien m'informer de ce que je dois faire touchant ce qui peut avoir rapport à l'Académie, mon intention étant de remplir mes devoirs, je serois fâché, si, faute d'en être informé, j'en obmettois quelques-uns, soit à l'égard des frais d'expédition de mes Lettres patentes ou autres, soit à l'égard de quelques formalités. Enfin, Monsieur, je vous prie de m'instruire de tout. La confiance que j'ai en vous, me persuade que je ne manqueroi en rien lorsque je me conformeroi à ce que vous voudrez bien me dicter.

J'ai l'honneur d'être, avec tous les sentiments que l'estime et la considération peuvent inspirer, Monsieur, Votre très humble et très obéissant serviteur.

SALY[1].

Plus bref, lorsqu'il s'adresse à l'Académie, *Saly* lui fait parvenir les lignes suivantes :

Messieurs !

Sensiblement touché de l'honneur que vous m'avez fait de m'admettre au nombre des associés libres honoraires de votre respectable et illustre corps, permettez que je vous témoigne toute la reconnoissance que je ressens d'une époque aussi flatteuse pour moi. S'il y a des circonstances, Messieurs, qui touchent fortement, il y a des sentiments qui sont difficiles à exprimer : tel est le cas où je me trouve; mais je vous prie, Messieurs, d'être bien persuadés, que malgré la foiblesse de

1. Document fourni par M. V. Loboykoff (25 novembre 1895).

mes expressions, je ne ressens pas moins vivement l'étendue de la faveur que vous m'avez faite, et que je conserveroi toute ma vie le souvenir le plus entier.

Rien ne peut égaler, Messieurs, les sentiments d'amour et d'attachement que je voue à votre Compagnie et rien n'altèrera jamais l'estime et la gratitude que je dois à chacun de vous en particulier.

J'aÿ l'honneur d'être, avec un respect infini, Votre très humble et très obéissant serviteur.

SALY [1].

Cette élection de *Saly* à l'Académie de Saint-Pétersbourg eut son épilogue l'année suivante. L'artiste ne voulait pas rester débiteur de ses confrères. Il avait à cœur de doter la Compagnie de deux de ses ouvrages. Voici en quels termes il écrit au secrétaire de l'Académie le 5 août 1769 :

Monsieur,

Lorsque j'eus l'honneur d'écrire à Monsieur le Conseiller Privé actuel de Betzkÿ, le 3 mai de l'année dernière, pour témoigner à S. E. le désir que j'avois d'être admis dans l'Académie impériale des Beaux-Arts, je finissois ainsi ma lettre : *Si de pareils morceaux à ceux qui se trouvent deja chez Monsieur le Conseiller d'Etat de Stehlin, peuvent trouver place à l'Académie, je me ferai un devoir et un plaisir de les lui faire parvenir par la première occasion qui se présentera*; et dès le moment que j'appris la faveur que votre illustre corps m'avoit faite, je ne perdis pas un instant pour faire préparer ces deux morceaux.

Depuis ce tems là, Monsieur, j'ai toujours attendu ce qui me seroit mandé à ce sujet; mais comme d'un côté je ne recevois aucune sorte de décision, et que d'un autre côté je craignois de manquer à l'Académie, j'ai témoigné mon embarras à Monsieur de Lÿsakewitz, secrétaire d'ambassade de votre Cour à celle-ci, qui par la voix de M. le Conseiller d'Etat de Stehlin, a bien voulu m'informer : *que Mgr S. E. le Président de l'Académie étoit dans la pleine persuasion de m'avoir répondu à ce sujet et que les pièces en question seroient bien reçues.*

Dans cette espérance je me suis déterminé à les faire embarquer sur le vaisseau le « Postillon-poste », avant-hier 3, et j'ai pris la liberté de les mettre à votre addresse, Monsieur, vous

1. Document fourni par M. V. Loboykoff (25 novembre 1895).

priant d'avoir la bonté de les remettre à l'Académie en lui présentant mes hommages. Je la supplie de les recevoir comme un tribut de reconnoissance pour l'honneur qu'elle m'a fait et des sentiments d'amour et de vénération que je lui ai voués.

Aussitot que je pourroi disposer d'une épreuve de l'estampe du monument de Frédéric V, pour l'exécution du quel la Cour de Danemark m'a emprunté à la mienne, je prendroi la liberté d'en faire une offrande à l'Académie. Je serois très flatté si les morceaux qui viennent d'être embarqués pour elle, ainsi que l'estampe pouvoient mériter ses bontés et son approbation.

Je joins à cette lettre une note contenant la façon de décaisser le *Faune* et l'*Hébé*; et le connoissement signé du capitaine, nommé Gems Andersen Ell, chargé du transport des deux caisses.

J'ai l'honneur d'être, avec une considération distinguée et une estime infinie, Monsieur, Votre très humble et très obéissant serviteur.

SALY [1].

L'artiste fut remercié en ces termes, le 2 octobre, de son double envoi :

1. La feuille d'instruction annoncée dans cette lettre est ainsi libellée :

FAÇON DE DÉCAISSER LA STATUE DU FAUNE QUI SE TROUVE DANS LA CAISSE N° 1.

1° Il faut placer la caisse debout et oter toutes les viz marquées O, qui sont des deux cotés de la caisse sur lesquels il est écrit *devant* et *derrière*. 2° Oter les 4 viz marquées A, ainsi que les 2 tasseaux que ces 4 viz attachent à la caisse. 3° Oter les 4 viz marquées B, et tirer bien doucement et bien horizontalement les deux planches qui traversent la figure. 4° Oter les 8 viz marquées C, et lever les 4 tasseaux que ces 8 viz attachent. 5° Tirer avec beaucoup de précaution la figure dehors de la caisse. N. B. Si la rouille empêche d'oter les viz avec facilité, il faut en dégager les têtes fort doucement avec des petits outils qui coupent bien, et surtout de bien prendre garde de frapper aucun coup, soit de marteaux, soit de maillets.

FAÇON DE DÉCAISSER LA STATUE D'HÉBÉ QUI SE TROUVE DANS LA CAISSE n° 2.

1° Il faut placer la caisse debout et oter toutes les viz marquées O, qui sont des deux cotés de la caisse sur lesquels il est écrit *devant* et *derrière*. 2° Oter les 4 viz marquées A, ainsi que les 2 tasseaux que les quatre viz attachent à la caisse. 3° Oter les 4 viz marquées B et tirer bien doucement et bien horizontalement les deux planches qui traversent la figure. 4° Oter les 8 viz marquées C et lever les 4 tasseaux que ces 8 viz attachent. 5° Tirer avec beaucoup de précaution la figure dehors de la caisse. N. B. Si la rouille empêche d'oter les viz avec facilité, il faut en dégager les têtes fort doucement avec de petits outils qui coupent bien, et surtout de bien prendre garde de frapper aucun coup soit de marteaux soit de maillets (Document fourni par M. V. Loboykoff, 25 novembre 1895).

A M. *Saly* associé libre honoraire de l'Académie, à Copenhague.

Monsieur,

J'ai reçu la lettre obligeante que vous m'avez fait l'honneur de m'écrire le 6 d'aoust dernier; je l'ai communiquée à l'Académie qui l'a très bien agréée. Les deux pièces que vous m'annoncez lui sont parvenues à bon port et lui ont fait également plaisir. J'ai donc ordre, Monsieur, de vous faire de la part de l'Académie de sincères remerciemens. Quant à la faveur que vous me faites l'honneur de me dire que vous en avez reçu, elle n'est, Monsieur, qu'une suite de la justice qu'elle vous rend, et de l'estime qu'elle a pour vous. L'Académie recevra avec le même empressement l'épreuve de l'Estampe du monument de Frédéric V, et se fera un vrai plaisir de vous envoyer réciproquement ce qui pourroit mériter votre approbation. En mon particulier, je vous prie d'agréer les assurances sincères de l'estime parfaite, et de l'entière considération avec lesquelles j'ai l'honneur d'être, Monsieur,

Votre serviteur.[1]

Cette lettre émane, évidemment, du secrétaire de l'Académie.

Nous avons vu que Christian VII n'assistait pas à l'inauguration du monument de Frédéric V. Le jeune roi de Danemark avait entrepris, au cours de l'été de 1768, de visiter plusieurs cours d'Europe. C'est ainsi qu'il se rendit auprès des souverains de Hollande, d'Angleterre, d'Allemagne et de France. Struensée, son médecin, et déjà son favori, accompagne le monarque dans ce voyage. Christian était en France au début de novembre[2]. Ce fut lui qui sollicita du roi Louis XV le titre de chevalier de l'Ordre de Saint-Michel en faveur de *Saly* et de *Jardin*. Le roi de France accorda la faveur qui

1. Comme dernier renseignement, nous donnons ici deux extraits des registres de l'Académie, relatifs aux envois faits par *Saly* à cette Société, en 1769. « *L'an 1769, le 17 août*, en présence des membres du Comité de l'Académie Impériale des Beaux-Arts, il a été décidé que, en réponse à la lettre de M. *Saly*, membre libre honoraire, on lui écrirait pour le remercier de l'envoi fait à l'Académie de deux figurines d'albâtre représentant un *Faune* et *Hébé*, que M. le Trésorier Golovatchersky a été invité à accepter et à inscrire dans le catalogue des objets appartenant à l'Académie. — *L'an 1773, le 23 mars*, dans la séance ordinaire des membres du Comité de l'académie impériale des Beaux-Art, il a été décidé : 4° objets entrés à l'Académie § 2 ; inscrire parmi les objets non encore inscrits une estampe représentant une statue équestre de Frédéric V, estampe envoyée en 1769 par M. *Sally*, membre libre honoraire. » (Documents fournis par M. V. Loboykoff, le 25 novembre 1895.)

2. Voir plus haut, p. 113.

lui était demandée. Le 11 novembre, le comte de Bernstorff écrit de Paris au sculpteur du monument de Frédéric V :

Monsieur !

Je ne puis céder à personne le plaisir de Vous annoncer que mes vœux sont remplis et que Vous avez été créé Chevalier de l'Ordre du Roi Très Chrétien. J'en ai la promesse positive de Sa Majesté, annoncée par Monsieur le marquis de Marigny. M. *Jardin* recevra le même honneur. Je n'attends que le retour de la Cour de Fontainebleau pour presser les expéditions nécessaires.

Tout ce que je souhaite c'est que cette décoration qui sera si bien placée et que Vous méritez si parfaitement, Vous fasse autant de plaisir qu'elle m'en a fait à moi.

J'ai l'honneur d'être avec les sentiments les plus distingués, Monsieur,

Votre très humble et très obéissant serviteur,

BERNSTORFF [1].

Deux jours plus tard, Ogier, conseiller d'Etat, ancien ambassadeur de France en Danemark, écrit à *Saly* :

J'ai appris, Monsieur, avec trop de plaisir l'usage que M. de Bernstorff vient de faire de la considération singulière dont il jouït dans ce païs-ci, pour différer de Vous informer qu'il a obtenu pour Vous et pour M. *Jardin* le cordon de l'Ordre de Saint-Michel. Cette grâce est d'autant plus singulière qu'indépendament de Vos talens connûsdans ce païs-ci et de Vos succès en Dannemarck, elle Vous est accordée avant de l'èttre à M. *Pigalle* et à M. *Le Moine*, Vos anciens ; je me fais un vrai plaisir d'être au moins un des premiers à Vous en informer et à Vous en marquer ma joie.

M. le marquis de Blosset doit Vous en informer aussi par ce même courrier. Recevez-en mes compliments bien sincères [2].

L'Ambassadeur en titre, le marquis de Blosset, qui n'a pas encore quitté Paris, écrit de son côté :

Je suis trop enchanté, Monsieur, de la grâce distinguée que

1. Archives communales de Valenciennes, section D. N° 620.
2. Archives communales de Valenciennes, *loc. cit.*

le Roi vient de Vous accorder, pour ne pas Vous en témoigner ma satisfaction, Mme de Blosset la partage et Vous prie de recevoir son compliment. C'est à M. le comte de Bernstorff que Vous devez vos remerciements. Il est déjà bien payé par le plaisir qn'il a eu de trouver l'occasion de Vous donner des preuves de son estime. Pour moi, je serai toujours très flatté de pouvoir Vous en donner du véritable attachement avec lequel j'ai l'honneur d'être, Monsieur, Votre très humble et très obéïssant serviteur,

BLOSSET [1].

Encore que le titre de chevalier de l'Ordre de Saint-Michel entraînât l'anoblissement pour celui qui le recevait, le comte de Bernstorff désira que des Lettres de noblesse fussent adressées au nouveau chevalier. Il écrit dans ce sens au comte de Saint-Florentin, ministre d'Etat :

Monsieur !

Le Roi Très Chrétien ayant bien voulû accorder aux instances du Roi mon maître, l'Ordre de Saint-Michel au sieur *Saly*, Directeur de Son Académie de Peinture et de Sculpture, et au sieur *Jardin*, Intendant de ses bâtiments et son premier Architecte, c'est de la part de Sa Majesté que j'ai l'honneur de prier Votre Excellence de leur procurer et faire expédier les titres de Noblesse qui doivent précéder leur décoration.

Le Roi mon maître est bien aise de témoigner par cette démarche le cas qu'il fait des talens distingués et du mérite personnel de ces deux artistes célèbres, et il se fait en même tems un vrai plaisir d'obtenir cette récompense pour des hommes qui font honneur à leur patrie et à une nation qui lui est si chère.

J'ai l'honneur d'être avec respect, Monsieur, de Votre Excellence le très humble et très obéissant Serviteur,

BERNSTORFF [2].

Cette lettre doit être du 6 décembre. En effet, il existe aux Archives de Valenciennes la copie d'une dépêche de Bernstorff au marquis de Marigny, conçue dans des termes identiques à ceux de sa lettre au comte de Saint-Florentin. Cette répétition d'un même

1. Archives communales de Valenciennes, *loc. cit.*
2. Archives communales de Valenciennes, *loc. cit.*

texte nous interdit de publier ici la lettre écrite à Marigny. Mais dans sa réponse, datée de Versailles le 19 décembre 1768, Marigny accuse réception de la dépêche qu'il a reçue le 6 du même mois. Voici d'ailleurs en quels termes s'exprime le directeur des Bâtiments :

A M. le Comte de Bernstorff, Ministre d'État du Roi de Dannemarck.

Monsieur!

J'ai reçu la lettre que Votre Excellence m'a fait l'honneur de m'écrire le 6 de ce mois en faveur des Srs *Saly* et *Jardin*, artistes françois, attachés à Sa Majesté Danoise, à la protection et aux bontés de laquelle ils devront l'honneur d'être admis dans l'Ordre de Saint-Michel. Je supplie Votre Excellence de mettre aux pieds de Sa Majesté Danoise la très humble assurance de mon zèle et de mon dévouement pour tout ce qui peut lui plaire, et de l'assurer en même tems que dès que les Srs *Saly* et *Jardin* auront rempli l'article indispensable de la Noblesse, suivant les instructions que j'ai données au dernier, je ne perdrai pas un instant pour les faire jouïr d'une grâce que toutes les circonstances doivent leur rendre infiniment précieuse.

J'ai l'honneur d'être, avec la plus parfaite considération, Monsieur, de votre Excellence, le très humble et très obéissant Serviteur,

LE MARQUIS DE MARIGNY [1].

Les Lettres de noblesse sont préparées. Mais certains détails ne peuvent être fournis que par les intéressés. Le comte de Saint-Florentin écrit à *Jardin* le 3 janvier 1769 :

Je vous donne avis avec plaisir, Monsieur, que le Roi Vous a accordé et au Sr *Saly* les Lettres de noblesse que vous avez fait demander à Sa Majesté. Je suis fort aise qu'Elle se soit portée à Vous favoriser de cette grâce. Vous voudrez bien m'envoyer et faire avertir le Sr *Saly* de m'addresser pareillement un projet des Lettres qui Vous sont nécessaires, dans lequel Vous établirez vos titres et vos moyens pour me mettre en état de les faire rédiger, et Vous faire jouïr de la faveur que Vous venez

1. Archives communales de Valenciennes, *loc. cit.*

d'obtenir de Sa Majesté. On ne peut Vous être, Monsieur, plus parfaitement dévoué que je le suis.

SAINT-FLORENTIN [1].

Jardin se trouvait en France à la fin de 1768. C'est ce qui explique que Marigny et Saint-Florentin le chargent d'être leur intermédiaire dans les explications qu'ils désirent faire parvenir à *Saly*. Celui-ci, toujours à Copenhague, a écrit au marquis de Marigny sous la date du 3 janvier, et il s'est permis de faire observer combien la faveur dont il est l'objet lui paraît imméritée, alors que MM. *Pigalle*, *Le Moine* et *Coustou*, ses maîtres et ses aînés, n'ont pas bénéficié d'un pareil honneur. Marigny répond à *Saly* le 23 janvier :

Je Vous confirme avec bien du plaisir, Monsieur, ainsi que Vous me paroissez le désirer par Votre lettre du 3 du mois dernier, la décision par laquelle Sa Majesté Vous a agréé ainsi que M. *Jardin* pour être admis dans son Ordre de Saint-Michel. La protection de Sa Majesté Danoise, la distinction que Vous avez sçû mériter l'un et l'autre par vos talents, ne m'ont en quelque sorte laissé d'autre soin que celui de témoigner combien je Vous crois tous deux dignes de la grâce dont Vous êtes honorés. Je ne doute pas qu'elle ne devienne pour Vous un nouveau motif d'émulation. J'ai lû avec une véritable satisfaction l'expression de vos sentimens sur ce qui concerne MM. *Pigalle*, *Le Moine* et *Coustou*. Cette façon de penser ne peut que vous faire un honneur infini.

M. *Jardin* vous a sans doute informé de ce que Vous avez à faire sur l'article des Lettres de noblesse. Dès que Vous serez en règle à cet égard, j'ordonnerai toutes les expéditions convenables pour que Vous puissiez jouir des honneurs de l'Ordre, en attendant que les circonstances vous permettent d'être reçu en Chapitre.

Je suis, Monsieur, votre très humble et très obéïssant Serviteur,

LE MARQUIS DE MARIGNY [1].

Quelques semaines plus tard, *Saly* reçut, à Copenhague, les Lettres royales dont voici le texte :

ANOBLISSEMENT DU SIEUR SALY.

Versailles, du mois de X^bre 1768.

Louis... à tous présens et à venir, salut.

Le désir que nous avons d'encourager le progrès des sciences

1. Archives communales de Valenciennes, *loc. cit.*

et des beaux-arts, dans notre Royaume, par des récompenses propres à exciter l'émulation dans la classe de ceux de nos sujets qui s'y destinent, et qui, par leur application, parviennent à s'y distinguer, a toujours excité notre attention la plus particulière.

La connoissance que nous avons des talens et de l'expérience qu'a acquise notre cher et bien amé le sieur *Jacques-Francois-Joseph Saly*, l'un de nos sculpteurs et membre de notre Académie de Peinture et de Sculpture de Paris, Directeur de l'Académie Royale de Peinture, Sculpture et Architecture de Copenhague, associé libre honoraire de l'Académie Impériale des Beaux-Arts de Saint-Pétersbourg[1] et membre de l'Académie des Arcadiens[2], et de celles de Florence[3], de Bologne[4] et de Marseille[5], mettant aussi en considération la bienveillance que notre bien amé frère et cousin le Roi de Danemarck nous a marqué avoir pour le dit sieur *Saly* auquel il a confié la direction de son Académie de Peinture et de Sculpture à Copenhague, et la satisfaction qu'il ressent du zèle avec lequel il travaille depuis nombre d'années pour son service. Etant aussi informé que le sieur *Saly*, né à Valenciennes d'une famille honnête, originaire de Toscanne, est élève de Notre Académie de Peinture et de Sculpture de Paris, où il a remporté les premiers prix de la sculpture en 1737 et 1740[6]; que pour se perfectionner de plus en plus dans son art il a travaillé à Rome, pendant huit ans, en qualité de Notre pensionnaire; qu'à son retour, voulant laisser dans la Ville de Valenciennes, sa patrie, un témoignage permanent de sa reconnoissance et de ses sentimens en concourant à son

1. Voir plus haut, p. 164-169.

2. Quelques efforts que nous ayons fait pour obtenir du président de l'Académie des Arcades, à Rome, Mgr Bartolini, la date précise de l'admission de *Saly* dans cette Compagnie, nous n'avons pu obtenir ce renseignement.

3. Il résulte clairement de ce texte, que *Saly* appartenait à l'Académie des Beaux-Arts de Florence, antérieurement à 1768. Or, sous la date du 14 août 1895, le président de cette Société ne craint pas de nous écrire que, d'après les registres qu'il a sous les yeux, « *Saly*, sculpteur français, » aurait été admis à l'Académie de Florence « le 10 janvier 1773. » L'erreur est évidente. D'autre part, l'abbé Lebrun, en 1777, s'exprime ainsi : « Toutes les académies dans lesquelles *Saly* avait été admis, n'étant encore qu'élève de celle de France, furent enchantées d'avoir son nom écrit dans leurs fastes. » (*Revue universelle des Arts*, t. XIII, p. 339). On a vu que *Saly* fut reçu à l'Académie de Bologne, avant son retour en France, en 1748. Il se peut que l'Académie des Arcades à Rome et celle de Florence aient ouvert leurs rangs à notre artiste pendant son séjour en Italie, c'est-à-dire entre 1740 et 1748.

4. Voir plus haut, p. 136.

5. *Ibid.*, p. 153-155.

6. *Saly* remporta, en effet, le second Grand-Prix de Rome en 1737, mais son premier Grand-Prix date de 1738, et non pas de 1740 (Voir plus haut, p. 109).

embelissement, il proposa de lui consacrer gratuitement les prémices de ses talens, en exécutant en marbre blanc Notre statue pédestre pour être élevée sur la place de cette ville, ce qu'il a fait à notre satisfaction; qu'il a encore été chargé de plusieurs autres travaux, qui, quoique moins considérables caractérisent son génie et lui ont acquis une réputation distinguée et justement méritée; qu'ayant été appellé en Dannemarck, il fut choisi pour y donner les modèles et exécuter en bronze la statue équestre du feu roi Frédéric cinq, alors régnant, qui vient d'être élevée en la place royale de Frédérichstadt à Copenhague; que depuis plus de quinze ans qu'il est dans ce Royaume où il ne passa qu'avec notre agrément, il a partagé tout son tems entre les travaux de ce grand ouvrage et ceux qu'exige la place de Directeur de l'Académie Royale des Arts de Dannemarck qui lui a été confiée; que le degré de perfection auquel elle est parvenue est dû à ses soins assidus, par le grand nombre d'élèves qu'il a formés; enfin qu'il ne s'est pas moins rendu estimable par la célébrité de son art que par son désintéressement et la pureté de ses mœurs. C'est pour lui en procurer une récompense convenable que notre bien amé frère et cousin le Roi de Dannemarck nous demande pour lui des Lettres de noblesse que nous n'accordons qu'aux personnes recommandables par leur mérite et leur vertu. Nous avons accordé au dit sieur *Saly* cette marque de notre bienveillance, d'autant plus volontiers, qu'avant de se transporter en Dannemarck il a laissé en France des fruits de ses talens et avoit commencé a y mériter la réputation dont il jouit.

A ces causes et autres à ce nous mouvans, désirant donner à notre cher et bien amé frère et cousin le Roi de Dannemarck les preuves les plus signalées du cas infini que nous fesons de sa recommandation, Nous avons de Notre grâce spéciale, pleine puissance et autorité Royale annobli, et, par ces présentes signées de notre main, annoblissons le dit sieur JACQUES-FRANÇOIS-JOSEPH SALY, l'avons décoré et décorons des titres et qualités de Noble et d'Ecuyer...

Donné à Versailles, au mois de décembre, l'an de Grâce 1768 et de notre règne le 54e [1].

1. Archives nationales O¹ 616 B. et X. 8787, f° 394. — Nous ne croyons pas utile de transcrire ici le formulaire relatif à la perpétuité des honneurs et privilèges conférés à *Saly*, celui-ci étant mort sans postérité.

Dans la liste des artistes nommés chevaliers de l'Ordre de Saint-Michel, publiée par M. Guiffrey en 1873[1], *Jardin* est inscrit sous la date de 1769, et *Saly* n'apparaît qu'en 1775. Or, l'un et l'autre furent créés chevaliers à la même date. Mais *Jardin* était venu en France en 1768, ce qui lui avait permis de se faire recevoir par le Chapitre de l'Ordre. *Saly*, au contraire, — c'est Morand, dans un discours prononcé, lors du décès de l'artiste, qui nous donne ce renseignement — « ne put être reçu lors de sa nomination, à cause de sa résidence à Copenhague, mais, en considération de ses talents, le Roi lui permit de porter le cordon en attendant qu'il revînt en France[2]. » *Saly* ne négligea point de remercier les hauts personnages qui s'étaient entremis pour hâter la délivrance de ses Lettres de noblesse. Il écrivit notamment au comte de Saint-Florentin, dont il reçut le 15 avril 1769 les lignes suivantes :

J'ai été fort aise, Monsieur, d'avoir eu occasion de vous obliger. Vous devez être d'autant plus flatté de la distinction que le Roi Vous a accordée que le Roi de Dannemarck a parlé à Sa Majesté en votre faveur d'une manière qui ne laisse aucun doute sur l'estime et la bienveillance dont il Vous honore. Je profiteroi avec plaisir des circonstances où je pourroi vous marquer les sentiments avec lesquels je Vous suis, Monsieur, entièrement dévoué, St FLORENTIN[3].

Charles-Nicolas Cochin, anobli en 1757 est, de longue date, l'ami de notre artiste. Il a gravé le portrait de *Saly* dès 1752[4]. Nous extrayons d'une lettre de *Cochin*, du 13 mai 1769, les lignes qui suivent :

Monsieur et Ami !

Je n'ai pas besoin de vous dire que j'ai lû Votre lettre du commencement de l'année, à l'Académie, qu'elle en a été très satisfaite et m'a chargé de Vous répondre ; Vous devinez bien tout cela. Mais je puis Vous parler de quelque chose de plus intéressant, c'est à dire de la satisfaction que j'ai éprouvée à Votre admission dans l'Ordre de St Michel et à la réception de Mr *Jardin* ; j'en étois le témoin ayant l'honneur d'être Votre confrère. J'en ai été d'autant plus charmé que j'avois été plus sensible aux sentiments que vous avez fait paraître dans la lettre que Vous écrivîtes sur ce sujet à Monsieur le Marquis de

1. Paris, Dumoulin, in-8 de 44 pages.
2. *Revue universelle des Arts*, t. XIII. p. 340.
3. Archives communales de Valenciennes, section D. n° 620.
4. Voir plus haut, p. 126.

Marigny, et dont il a bien voulu me faire part. Par un sentiment délicat, Vous y marquiez une sorte de déplaisir de recevoir ces honneurs avant Mr *Pigalle* et quelques autres qui sont Vos anciens : cette manière de penser à l'égard de ses confrères me paraît tout à fait digne de Vous et je ne la leur ai pas laissé ignorer.

Nous avons eu la satisfaction (et c'en est une aussi pour Vous) de recevoir en même tems Mr *Pigalle*. Nous espérons aussi qu'il y en pourra avoir encore quelque autre dans la suite. Cela nous a fait d'autant plus de plaisir que, jusqu'à présent, il n'y avoit point eu de Sculpteur, et que nous ne pouvions concevoir pourquoi on négligeoit un Art aussi estimable, et dont les monuments durables perpétuent la gloire des nations bien au-delà de la durée des productions des autres talens.....

J'ai, l'honneur d'être avec la plus parfaite estime et le plus sincère attachement, Monsieur et Ami, Votre très humble et très obéïssant Serviteur, COCHIN [1].

Il convient de faire halte, dans la vie de l'artiste, en l'année 1768. C'est le point culminant de son existence. On vient d'inaugurer sa statue de Frédéric V. Le roi de France le crée chevalier de l'Ordre de Saint-Michel. Il n'a que cinquante ans, et, c'est *Cochin* qui en fait la remarque, aucun sculpteur, jusqu'à lui, n'a été admis dans l'Ordre du Roi. Ses confrères de Copenhague l'ont récemment appelé à diriger l'Académie pour une nouvellle période de trois années. *Saly*, très sensible à cet honneur, en informe le marquis de Marigny[2]. C'est l'heure où *Cornélius Hojer* s'apprête à fixer, dans une miniature précieusement conservée à l'Académie de Copenhague, le portrait, quelque peu solennel, du statuaire. De face, à mi-corps, *Saly* appuie le bras droit sur un portefeuille rempli de dessins, tandis que la main gauche, négligeamment ouverte, pose sur une table. Le costume est de toute richesse : manchettes brodées, jabot de dentelles sur lequel tranche le ruban moiré de l'Ordre de Saint-Michel, passé en sautoir. La tête impassible de l'artiste respire une certaine fierté. A la droite du personnage, au second plan, se dessine, dans l'ombre, la statue équestre de Frédéric V. La miniature d'*Hojer* ne sera guère achevée que deux ans plus tard, mais déjà l'étoile de l'artiste aura pâli, sa situation morale sera diminuée.

Christian VII étant de retour dans ses États, au début de 1769,

1. Archives communales de Valenciennes, *loc. cit.*
2. *Nouvelles Archives de l'Art français*, 1re série, t. VI, p. 86.

Saly proposa aux académiciens d'organiser une exposition de leurs ouvrages. Ce Salon fut le point de départ des expositions annuelles qui, de nos jours encore, s'ouvrent au printemps dans le palais de Charlottenborg. Le 4 février, le Roi et toute la Cour assistèrent à l'ouverture du Salon. Notre artiste porta la parole au nom des académiciens et remit à Sa Majesté une médaille commémorative du voyage heureux qu'elle venait d'acomplir. Le portrait de Christian VII décore la face de cette médaille, et, sur le revers, est l'inscription : STATORI. SUO. REDUCI. REGIA. ACAD. PICT. SCULPT. ET. ARCHITECT. MDCCLXIX [1].

Saly s'était félicité, l'année précédente, en présence du Roi, du nombre croissant des artistes indigènes formés par l'Académie. Il ne se doutait pas que ceux-ci seraient bientôt en majorité et rendraient difficile la prolongation de son séjour en Danemark. Un incident l'avertit du péril qui le menaçait. Un de ses élèves, *Rachette*, peut-être un Français, à coup sûr un étranger, avait remporté le Grand-Prix, à Copenhague, en 1764. Sa naissance le priva de bénéficier d'une pension et de voyager au compte du Roi. Or, on ne pouvait entrer à l'Académie, sans, préalablement, avoir été pensionnaire de Sa Majesté. *Saly* n'en conservait pas moins le secret dessein de faire agréer *Rachette* comme académicien. Dans ce but, le 16 juillet 1770, il présentait à ses confrères une statue de *Jupiter*, modelée par *Rachette*, et demandait à l'assemblée de prononcer l'agrégation du sculpteur. Un silence profond se fit dans les rangs des académiciens, et l'on passa au vote. Deux voix seulement se prononcèrent en faveur de *Rachette*. C'étaient celles de *Saly* et de *Jardin*. Très surpris d'un pareil résultat, le directeur de l'Académie sollicita de ses confrères une déclaration écrite, motivant leur opposition. Ceux-ci alléguèrent que la cause était jugée par leurs suffrages et qu'ils n'avaient pas à expliquer leur vote. Ce ne fut pas tout. Quatre professeurs signèrent une protestation contre la conduite de *Saly*, et chargèrent le secrétaire de l'Académie de la transmettre au président, le comte de Moltke. A quelque temps de là, un artiste danois, ancien pensionnaire du Roi, était agréé à l'Académie. *Saly* comprit qu'il avait perdu toute influence. Le 31 décembre, le comte de Moltke présidait l'assemblée. Le directeur lui demanda l'autorisation de venir le lendemain, accompagné des membres de l'Académie, présenter ses hommages à Son Excellence. De Moltke répondit « que, bien volontiers, il les recevrait en amis, mais que Sa Majesté venait de le relever de toutes ses fonctions, et, qu'en conséquence, il n'était plus président de l'Académie [2]. »

1. Thiele, p. 144.
2. *Ibid.*, p. 145-146,

Nous avons vu *Saly* écrire au marquis de Marigny, en août 1768, qu'il lui restait des retouches à faire à la statue de Frédéric V. En effet, de hautes cloisons de planches entourèrent bientôt le monument, et, statuaire et fondeur se succédaient sur des échafaudages. Thiele nous apprend que le travail de soudure et de poinçonnage ne prit fin que le 17 novembre 1770[1]. A cette date, *Gor* était encore à Copenhague.

Les dépenses excessives occasionnées par le fastueux fondeur allaient rendre difficile la situation de *Saly* vis-à-vis de la Compagnie asiatique. Le statuaire n'avait pas fait d'économies sur ses honoraires. Songeant à son retour en France, il eut souhaité que la Compagnie lui offrît une forte gratification. A ses yeux, *Gor* avait été privilégié, et s'il comparait sa tâche à celle du fondeur, ses émoluments à ceux que *Gor* avait exigés; s'il considérait le long temps passé hors de son pays, pour l'exécution du monument de Frédéric V, il lui semblait qu'une gratification de 300.000 livres n'aurait rien d'excessif[2]. Il arguait, en outre, que le monument de Copenhague l'avait empêché d'accepter la commande du monument de Pierre le Grand pour Saint-Pétersbourg; que, d'ailleurs, tous les statuaires aux ordres des États avaient reçu, à l'achèvement de leur travail, de riches présents. C'était la coutume, et *Saly* rappelait de nombreux exemples à l'appui de son dire. Il envoyait ce plaidoyer au comte de Moltke, mais celui-ci n'étant plus investi de la présidence de la Compagnie, et se bornait à transmettre à qui de droit les réclamations de l'artiste[3]. Le 17 août 1771, la Compagnie prit connaissance des prétentions de *Saly*, et, le 3 septembre, on lui écrivit que l'assemblée ne pouvait, cette fois, que lui envoyer un témoignage d'estime, se réservant de lui offrir plus tard un présent, lorsque les ressources de la Compagnie le permettraient, l'année qui venait de s'écouler n'ayant pas été fructueuse. Un exemplaire en or de la plus petite des deux médailles, frappées lors de l'érection de la statue, était joint à cette déclaration.

Une récapitulation générale des dépenses occasionnées par le monument de Frédéric V, fut ordonnée en asssemblée de la Compagnie asiatique. Un premier chiffre de 464.000 rixdales (1.288.888 livres) est accusé par les comptables. Mais une révision des comptes permit de constater qu'on avait omis 126.836 rixdales, de telle sorte que le chiffre total des dépenses doit être porté à 590.836 rixdales (1.641.210 livres)[4].

1. Thiele, p. 144-145.
2. *Ibid.*, p. 147.
3. *Ibid.*, p. 148.
4. *Ibid.*, p. 169. — Il ne sera pas sans intérêt de rapprocher de ce chiffre fantastique les dépenses auxquelles se sont élevées, de l'aveu de *Saly* lui-même, les statues

Ces révélations n'étaient pas faites pour incliner la Compagnie à de nouvelles largesses envers notre artiste. Elle restait sourde aux réclamations répétées de *Saly*. Toutefois, le 3 février 1773, elle lui fit offrir 8.000 rixdales (22.222 livres), sous la condition qu'il renoncerait à la pension annuelle que lui servait la Compagnie. *Saly* n'accepta point. Il réclama d'abord 12.000 rixdales (33.333 livres), et, plus tard, 10.000 rixdales (28.000 livres). On ne trouve pas trace de la solution donnée à ces demandes diverses [1].

Pendant ce temps, l'existence de l'Académie se trouvait mise en cause. Une commission secrète avait été chargée d'étudier l'opportunité d'une pareille fondation. Struensée, alors ministre, fut d'avis de maintenir l'Académie, sous le prétexte « qu'elle forme des artistes dans la nation, qui coûteront moins cher que des étrangers. » Mais, d'un trait de plume, le ministre effaçait le rescrit royal du 25 septembre 1767, fixant, on se le rappelle, la dotation de l'Académie à 6.000 rixdales (16.666 livres) [2].

Dans ces conjonctures, un malaise général régnait au sein de l'Académie. Le Salon de 1771 n'eut pas lieu, personne n'ayant le courage d'exposer ses œuvres [3].

Le 21 janvier de cette même année, le ministre réclama des académiciens un exposé immédiat de leur administration intérieure, et un état de leurs ressources. Un mois plus tard, *Saly* dut convoquer l'Académie, sur l'ordre du Roi, pour donner connaissance à l'assemblé de l'annulation du rescrit de septembre 1767. Un silence morne accueillit cette déclaration. Au bout d'un certain temps, un académicien voulut élever la voix. *Saly* l'interrompit, faisant remarquer que toute parole était superflue, lorsque l'existence même de l'Académie se trouvait en jeu. Ces faits se passaient le 21 février 1771. Ce fut la dernière fois que *Saly* prit part aux travaux de l'Académie. Vers la fin du mois de mars, il prétexta que des douleurs aux jambes l'empêchaient de quitter son appartement. Durant trois mois il usa de la même excuse. Le 15 juillet, ayant reçu du ministère les nouveaux statuts imposés à l'Académie, et portant la date du 21 juin, *Saly* transmit ce document à ses confrères, en l'accompagnant de la lettre suivante :

Messieurs !

La nature des nouveaux règlements de l'Académie, pouvant faire considérer Votre assemblée, aujourd'hui, comme générale

de Louis XV érigées à Bordeaux et à Rennes par *Le Moyne*, à Paris par *Bouchardon*, à Reims par *Pigalle* et à Nancy par *Guibal* et *Chifflet* (Voir plus haut, p. 21-24).

1. Thiele, p. 171.
2. *Ibid.*, p. 149-150.
3. *Ibid.*, p. 152.

et, par conséquent, de nature à y procéder à l'élection du Directeur, permettez-moi de mettre sous Vos yeux le discours que je m'étois proposé, dès la fin de l'année dernière, d'avoir l'honneur de prononcer à ce sujet, aussitôt que la chose pourroit se faire légalement. Vous verrez, Messieurs, par le contenu de ce discours que, fidèle à la promesse que j'avois faite au feu Roi, lorsqu'il me demanda d'entrer dans son Académie, et d'y donner mes soins pendant tout le tems que je resterois à Copenhague, je m'offris de remplir, jusqu'à mon départ, tous les devoirs qu'imposent aux anciens directeurs les loix de l'Académie. Je me serois acquitté de ces devoirs avec tout le zèle que la reconnoissance exigeoit de moi, mais trouvant dans les nouveaux règlements que le service des anciens directeurs y est supprimé, et que par là je me trouve totalement inutile à l'Académie, et, par conséquent, entièrement dégagé de ma parole, je Vous prie d'agréer, Messieurs, que je prenne congé d'Elle par cette lettre.

Je joins ici, Messieurs, les assurances de la continuation de tous les sentiments exprimés dans le dit discours, tant à l'égard de l'Académie qu'au Votre.

J'ai l'honneur d'être, avec la plus profonde estime et la plus entière considération, Messieurs, Votre très humble et très obéissant serviteur, Saly.

Copenhague le 15 juillet 1771.

Voici maintenant le texte du discours dont *Saly* vient de parler :

Messieurs!

Les trois années de mon Directorat étant expirées depuis le 18 du mois de Septembre dernier, je ne saurrois me dispenser de Vous rappeler qu'il est du devoir de l'Académie de procéder incessamment à une nouvelle élection.

Dans cet état de chose, l'honneur que Vous m'avez fait, Messieurs, de me continuer dans cette place depuis plus de seize ans, m'a accoutumé de penser si favorablement de vos dispositions à mon égard, que je crois devoir Vous prévenir que, comme le monument que la Compagnie des Indes consacre à la gloire de Frédéric V, auguste fondateur de cette Académie, est sur le point d'être entièrement fini, et que la Cour de France, ma patrie, qui m'avoit prêté à celle de

Dannemark pour ce seul objet, ne m'a pas permis de m'en absenter que jusqu'à cette époque, il ne me seroit pas possible de me charger de cette place plus longtems.

Ainsi, en Vous assurant, Messieurs, de la continuation de tout mon zéle, de tout mon attachement et de tout mon dévouement pour le service de l'Académie, je me trouve indispensablement obligé de Vous demander la vétérance.

Quoique je vous demande, Messieurs, la vétérance, et malgré les motifs qui m'y obligent, je Vous prie néanmoins d'être persuadés, que je suis bien éloigné de vouloir me refuser entièrement au service de l'Académie dans tout ce qui pourra dépendre de moi, pendant le tems que je resteroi encore içi. Regardez-moi plutôt, Messieurs, comme y étant tousjours également voué et disposé, jusqu'au moment de mon départ, à remplir les devoirs relatifs à ma vétérance. Et soyez très assurés surtout qu'à telle distance que je puisse me trouver de l'Académie, j'y seroi à jamais présent d'esprit et de cœur, comme un objet qui emporte pour toujours mes plus chères affections, et qu'enfin jusqu'au dernier moment de ma vie je prendroi sans cesse le plus tendre et le plus vif intérêt à son maintien, à son illustration, à l'honneur que les productions de ses membres feront au Dannemarc, et à tout ce qui pourra arriver d'avantages à chacun de Vous, Messieurs, en particulier. [1]

Deux jours après, le 17 juillet 1771, le professeur *Carl-Gustav Pilo* était élu directeur de l'Académie, en remplacement de *Saly*. Aussitôt que notre artiste eut été dépossédé de sa charge, le Gouvernement le somma de quitter Charlottenborg. Cette mesure était des plus blessantes. L'artiste essaya de s'y soustraire, en intéressant M. de Marigny à la situation fâcheuse qui lui était faite. Sa lettre au Directeur des Bâtiments est du 27 août 1771. Elle a été publiée par M. Guiffrey. Nous n'avons donc pas à la reproduire. Toutefois, nous en détachons les lignes suivantes : « L'on vient de disposer de mon logement pour la Saint-Michel, sans m'en prévenir et sans m'en donner un autre, quoique ce logement m'ait été assigné par le feu Roi en vertu des conditions de mon contrat, que mes travaux et les affaires qui y sont relatives ne soient point encore finies, et ne pourront l'être que dans dix à douze mois, et que j'aie une sœur

1. Extrait du journal de l'Académie, transcrit par M. *Th. Stein* (22 novembre 1895).

qui, depuis plus de quatre ans, est dans le lit de la façon la plus cruelle et qui ne permet pas de la transporter sans exposer sa vie à des dangers évidents [1] ».

Marigny fit répondre au statuaire, qu'il s'était fait une loi de ne point s'entremettre dans les questions personnelles. En conséquence, les choses suivirent leur cours. Le ministre Reverdil écrit textuellement, dans ses mémoires, que *Saly* fut chassé de son logement où il fut remplacé par un fonctionnaire du nom de Sturz. Reverdil suppose que cet exode de *Saly* s'effectua en 1772. D'après la lettre du sculpteur au marquis de Marigny, nous avions lieu de penser que dès la fin de septembre 1771, *Saly* cessa de résider à Charlottenborg. Son séjour à Copenhague s'étant prolongé jusqu'au 2 juillet 1774, notre artiste aurait dû chercher une demeure où il pût vivre entre son vieux père et sa sœur malade, dans une humiliation et une gêne relatives.

La pensée nous vint de consulter le président actuel de l'Académie de Copenhague, M. *Th. Stein*, afin de savoir, s'il était possible, quelle demeure avait habité *Saly* en quittant Charlottenborg. Au reçu de notre lettre, M. *Stein* conçut des doutes sur l'exactitude des faits énoncés par Reverdil, et rappelés dans l'ouvrage de Thiele. Il lui parut inadmissible que l'on eût réalisé les menaces dont le statuaire français était l'objet. Sans doute, il avait cessé toute fonction officielle. Sa tâche, en Danemark, pouvait être considérée comme terminée ; il convenait qu'il partît. De là, les prétextes invoqués pour lui faire quitter Charlottenborg. Mais la courtoisie des Danois leur interdisait de prendre des mesures extrêmes. *Saly* tenait sa résidence d'un contrat régulier passé avec le feu roi. Il avait occupé depuis vingt ans une large place dans l'État. Certainement on dut avoir pour lui de sérieux égards pendant toute la durée de son séjour en Danemark. Telle était l'opinion de M. *Stein*. Ses pressentiments ne le trompaient pas. Sur son invitation, M. Weilbach, secrétaire de l'Académie, voulut bien compulser les registres de l'église de la Trinité, paroisse de Charlottenborg, et voici ce qu'il découvrit :

Le 16 janvier 1773 fut enterrée Mlle Marie-Rosalie-Josephe Saly, catholique, le matin, à 6 heures, au château de Charlottenborg. Le cadavre fut enterré au cimetière de Sainte-Trinité [2].

Ce texte est décisif. Il démontre ce qu'il y a d'erroné dans l'affir-

1. *Nouvelles Archives de l'Art français*, 1re série, t. VI, p. 94.
2. Document fourni par M. Ph. Weilbach, secrétaire de l'Académie des Beaux-Arts de Copenhague (28 décembre 1895).

mation de Reverdil. En 1773, malgré les sommations faites deux ans auparavant, *Saly* n'avait pas cessé d'habiter Charlottenborg, et c'est dans cette résidence que sa seconde sœur est décédée.

Quoi qu'il en soit, au cours de l'année 1773, c'est l'artiste lui-même qui l'affirme, ses ressources étaient précaires [1]. Il conservait, toutefois, assez de liberté d'esprit pour rédiger sa seconde plaquette sur le monument de Frédéric V, dont nous donnons le texte dans cette étude [2].

L'heure était venue pour lui de rentrer en France. Aussi bien, son compatriote et son ami, le professeur *Le Clerc*, était mort le 8 mars 1771, à l'âge de 83 ans; de son côté, l'architecte *Nicolas Jardin* avait déposé son mandat de professeur le 25 mai, et, au mois de décembre suivant, il regagnait Paris pour ne plus reparaître. *Saly* revint lui-même en France le 2 juillet 1774, ramenant avec lui son vieux père.

Si nous en croyons l'abbé Lebrun, l'existence de notre artiste était dès lors compromise. « *Saly* n'a pu revoir assez tôt sa patrie, écrit ce biographe, pour y rétablir une santé qui s'altérait sensiblement à Copenhague depuis plusieurs années, aussi n'est-ce qu'avec peine qu'il a pu se rendre à Paris où il est mort le 4 mai 1776, généralement regretté, dans la 59e année de son âge [3] ».

On le voit, l'historien semble n'avoir rien à relever de saillant dans la vie du statuaire, après son retour à Paris. Nous serons plus explicite, sans que les faits signalés par nous aient une importance sérieuse. Tout d'abord *Saly* alla demeurer rue du Doyenné Saint-Thomas du Louvre, à son retour à Paris. D'autre part, le sculpteur *Jean-Pierre-Antoine Tassaert*, ayant obtenu un congé, le 6 novembre 1774, pour se rendre en Prusse [4], un logement et deux ateliers qu'il occupait au Louvre allaient devenir vacants. Par lettre du 7 avril 1775, adressée à M. d'Angiviller, *Tassaert* prie le Directeur des Bâtiments de disposer de ces locaux. Un des ateliers, situé au rez-de-chaussée, fut attribué à *Saly* [5]. A la date du 5 août 1775, l'Académie étant assemblée, reçut une lettre du sculpteur, remerciant ses confrères « de la marque d'affection qu'ils lui ont donnée en le faisant monter au rang d'ancien professeur. » Cette nomination avait été faite le samedi précédent, 29 juillet, et le procès-verbal de la séance expose très nettement la faveur accordée au statuaire. « L'Académie, est-il dit dans cette pièce

1. Thiele, p. 171.
2. Voir plus haut, p. 74-104.
3. *Revue universelle des Arts*, t. XIII, p. 340-341.
4. *Nouvelles Archives de l'Art français*, 1re série, t. VI, p. 44.
5. *Ibid.*, 1re série, t. II, p. 183-184.

ayant observé que M. *Saly*, adjoint à professeur, ayant été, avec le consentement du Roy, exécuter une statue équestre en Danemark, qui l'a occupé pendant plusieurs années, cette longue absence l'a privé de pouvoir monter aux divers grades de l'Académie, auxquels il seroit arrivé à son rang; considérant de plus que la délicatesse de sa santé, altérée par ses travaux, ne lui permet pas de pouvoir exercer avec assiduité les fonctions de Professeur, la Compagnie a jugé convenable de le faire monter au rang d'ancien professeur[1] ».

A dater de ce moment, le silence se fait sur *Saly*. Son décès est notifié à l'Académie dans la séance du 25 mai 1776. L'artiste était mort le 4 mai[2]. Il fut inhumé dans l'église de Saint-Germain-l'Auxerrois. *Nicolas-Henri Jardin*, son exécuteur testamentaire, appose sa signature sur l'acte de décès de son ami[3].

Le père de *Saly*, âgé de 92 ans, ne survécut à l'artiste que peu de mois. Il mourut à Valenciennes le 28 décembre 1776. Nous devons à l'obligeance de M. Hénault, archiviste municipal, de connaître le testament et l'acte de décès du vieillard. Ces pièces se rattachent trop directement à notre étude pour ne pas trouver place ici.

TESTAMENT

Sçachent tous ceux qui cet Ecrit verront, ouïront qu'*in nomine Domini. Amen.*

Pardevant les notaire royal et jurés de Cattels résidens à Valenciennes, soussignés, Est comparû M. François-Marie Saly, Bourgeois, demeurant en cette ville, lequel étant en ses bons sens, mémoire et vray jugement, selon qu'il est apparu aux deux jurés de Cattels et notaire, a fait et dicté son présent testament qui fut écrit de la main dud. notaire comme s'ensuit:

Je recommande mon âme à Dieu et à toute la Cour Céleste, voulant être inhumé en la paroisse sous laquelle je décèderai au grand état.

1. *Procès-verbaux de l'Académie*, t. VIII, p. 194.
2. L'Académie qui s'était assemblée le 4 mai, ne se réunit ensuite que le 25 du même mois.
3. Voici cet acte : « Le lundy six may mil sept cent soixante seize, *Jacques-François Saly*, écuyer, chevalier de l'ordre de Saint-Michel, sculpteur du Roy, ancien professeur de l'Académie Royale de peinture et sculpture, ancien directeur de l'Académie de Copenhague, garçon, âgé d'environ cinquante-neuf ans, décédé d'avant-hier à une heure du matin, rue du Doyenné, a été inhumé en cette église en présence de *Nicolas-Henry Jardin*, écuyer, chevalier de l'ordre de Saint-Michel, architecte du Roy, son exécuteur testamentaire, de Me Jean-Baptiste Pellet, prestre, et de M. Jean-Baptiste-Nicolas Jardin, prestre, chanoine de l'église royale et collégiale de Saint-Louis du Louvre, amis. » (Eugène Piot : *Etat civil de quelques artistes français*. Paris, 1873, in-4°, p. 112). — On lit dans les *Nouvelles Archives de l'Art français* (2e série, t. VI, p. 298) que le « scellé » du sculpteur, dressé par le commissaire Mutel n'a pas été conservé.

Je veux qu'il soit célébré le plutot que faire se pourra, après mon décès, pour le repos de mon âme, de celles de mon épouse et de mon fils, le nombre de deux cens messes à la rétribution de douze sols et demi de France chaque.

Je veux qu'il soit distribué aux pauvres et plus nécessiteux, et non mandians, la somme de cinquante livres de France une fois.

Je donne et lègue à Albert-Joseph Palaprate, propre neveu de ma feue femme, lequel me fait compagnie, pour le récompenser des bons services qu'il me rend et des peines qu'il prend pour moi, mes habillemens, nippes, linges et effets servants à mes corps et chef sans y comprendre mes effets en bijoux.

Je veux et ordonne que le Sr Quesnet, veuf de Marie-Françoise Palaprate soit remboursé des fraix et dépenses qu'il a faits pour me venir prendre à Paris, par mes ordres, et me ramener en cette ville.

Je donne et lègue à Delannoie, petit neveu de feue mon épouse, et cousin germain de mon fils, quarante jettons à jouer, d'argent, à prendre dans ceux de ma bourse à jouer, et le surplus de mesdits jettons je les donne et lègue à M. Lejuste chanoine de Saint-Géry de cette ville, pour la peine que je le prie de se donner pour l'exécution de ma volonté dernière, et pour la bonne amitié qui a toujours régné entre mondit fils et mondit sieur Lejuste, et les services qu'il nous a rendus et me rend particulièrement. Je le prie d'accepter ma tabattière d'or enrichie du portrait de Louis quinze, et le portrait de mond. fils, peint en busque, grand comme nature, desquels tabatière et portrait, je lui fais don et leg.

Quant au surplus, que je délaisseroi après mes dettes, legs et fraix funéraires payés et acquittés, je veux qu'il appartienne aux parens de feu mon fils du cotté de sa mère, n'en connoissant aucun des miens ou de mon cotté, et soit partagé entre eux par classe dans le même ordre et à la même proportion que mondit fils a établi dans son testament en leur faveur, icelui passé devant Prévôt et Bontemps, conseillers du Roy, notaires à Paris, le sept mars mil sept cent soixante seize; les instituant à cet effet mes héritiers comme mondit fils les a institué le siens.

Je dénomme pour mon exécuteur testamentaire mondit sieur Lejuste, avec pouvoir de sasûmer qui bon lui semblera pour vacquer ainsy qu'il appartiendra aux frais de ma succession.

Ce fut ainsy fait, nommé, dicté et intelligiblement prononcé par le testateur à qui ledit notaire, les deux autres jurés de Cattels, toujours présens, ayant lû et relû son présent testament il a déclaré contenir ses volontés telles qu'il les a dictées, y a persisté et signé, audit Valenciennes, en sa chambre, chez le sieur Palliez, rue Cardon, l'an mil sept cent soixante seize, vers les cinq heures et demie du soir, le trente un octobre.

Sans divertir à autre acte sont signés Frans.-Marie Saly, A Mettels, Gadellin et Mabille notaire royal, avec paraphes.

Recordé l'original du testament cy dessus par les Jurés de Cattels y denommés, presens Mrs du Magistrat de la ville de Valenciennes, mayeur, établis le sieur Denis-Joseph Finaux ce 27 décembre 1776, puis M. Louis Lejuste pour et au nom de M. Lejuste, chanoine de Saint-Géry, en cette ville, son père, absent, ce dernier éxécuteur testamentaire dénommé au susdit testament, lequel après avoir été nommé exécuteur testamentaire jusqu'au retour dudit sieur son père, en vertu d'autorisation accordée par Mrs du Magistrat de cette dite ville, le susdit jour dont la teneur sera cy après reprise, s'est clamé de ladite exécution et y a été étably en présence de Michel-Joseph Quenoy, juré de Cattels, les jour mois et an susdit. S'en suit la teneur de l'autorisation :

Extrait des registres des autorisations accordées par Mrs du Magistrat de la ville de Valenciennes. Sur la requête présentée à Mrs les prévot, jurés et échevins de la ville de Valenciennes, par maitre Louis Lejuste, avocat en Parlement, contenant qu'ayant appris que le sieur Saly étoit mort, ayant choisi pour exécuteur de ses dernières volonté le père du Suppliant, lui laissant la liberté de s'assumer qui bon lui sembleroit pour tenir son lieu et place, en cas qu'il le trouva à propos; il croyoit nécessaire qu'en l'absence actuelle de sondit père, quelqu'un soit autorisé à exécuter les volontés dudit sieur Saly et à remplir ses intentions les plus pressantes; étant naturel que le fils remplace le père, le Suppliant requéroit qu'il plut à mesdits sieurs l'autoriser, aux fins susdites, jusqu'à ce que son père soit de retour, à la Caution de maitre Cretu, certifié par Me Mabille et le sieur Dufresnoy.

Vu laditte requête et le testament dudit Saly déposé au greffe des Werps, tout considéré, mesdits sieurs ont établi et établissent le Suppliant à l'exécution dont s'agit, provisoirement, et jusqu'au retour de son père, en prêtant le serment en tel cas requis, auquel il a satisfait à l'instant, sous les cautions et certificateurs offerts, dont les actes seront passés au greffe civil, en la forme ordinaire, et à la charge de rendre compte. Fait en jugement à Valenciennes le vingt sept décembre mil sept cent soixante seize. Signé Waroquet, avec paraphe.

Il résulte de ce texte que le sculpteur *Saly* avait fait son testament le 7 mars 1776. Nous regrettons de n'en pas connaître la teneur. Aux portraits de *Saly*, signalés plus haut, s'ajoute une peinture que le sculpteur avait conservée, et qui passe entre les mains d'un parent, au décès du père de l'artiste. Enfin, ce que celui-ci appelle « sa tabatière », ornée du portrait de Louis XV, nous paraît être l'un des présents faits au statuaire lors de l'inauguration du monument de Valenciennes [1].

Nous avons mis au jour tous les documents dont nous disposions sur *Saly*. L'heure est venue de nous résumer. Essayons de dégager en quelques lignes la physionomie complexe de l'artiste. Chez lui, l'homme privé est à l'abri de tout reproche. Ses vertus filiales lui font honneur [2]. Il partage son foyer avec son père, sa mère et ses deux

1. Voir plus haut, p. 41. — Voici maintenant l'acte de décès du père de *Saly :* « L'an mil sept cent soixante seize, le vingt huit décembre, je soussigné prêtre curé et chanoine de Saint-Géry (à Valenciennes) ai inhumé dans le cimetière de cette église, après les cérémonies accoutumées, le sieur François-Marie Saly, natif de Florence en Italie, mort le vingt-six de ce mois à sept heures et demie du soir, âgé de quatre-vingt-douze ans, veuf de Marie-Michelle Jardez, restant chez le sieur Charles Joseph Pailliez, marchand libraire et épicier, rue Cardon, neveu au défunt. En présence d'Albert-Joseph Palapratte, tanneur, rue Capelle, neveu du défunt, et de Toussaint-Gabriel-Joseph Lannoy, rue de Mons, aussi neveu; lesquels ont signé le présent acte comme s'ensuit : T.-G.-J. Lannoy, Palaprate, F.-D. Lelièvre curé. » (Archives de Valenciennes. Etat-civil, registre 101, p. 105. — Document transcrit par M. Hénault).

2. L'abbé Lebrun, qui déclare tenir de *Jardin* les anecdotes dont il parsème la biographie du sculpteur, s'exprime ainsi sur le compte de notre artiste : « Instruit de la tendresse qu'il avait pour sa famille, dont il avait donné la preuve la plus éclatante, en emmenant avec lui en Danemark son père, sa mère et ses deux sœurs, Frédéric V, qui savait apprécier les qualités du cœur autant que les talents, dit un jour à M. *Saly* : « J'ai beaucoup de considération pour vous à cause de votre grande habileté; mais je vous estime beaucoup aussi à cause de l'attachement que vous avez pour votre famille, et par rapport à tout ce que vous faites pour elle. » (*Revue universelle des Arts*, t. XIII, p. 340.)

sœurs. Il est leur appui jusqu'à la dernière heure. Sa fidélité envers les confrères dont il vit éloigné par la distance, la sûreté, l'aménité de ses relations avec ses amis ou ses égaux sont attestées par ses lettres ou les témoins de sa vie. *Jardin* se portera garant auprès de l'abbé Lebrun, l'un de ses biographes, des qualités de cœur qui le distinguent[1]. Ses mœurs sont régulières. Il sera fait mention de ce trait, qui le caractérise à toute époque, jusque dans les Lettres de noblesse dont il est le bénéficiaire en 1768.

L'homme public, chez *Saly*, est moins exempt de lacunes. Appelé en Danemark, placé par une faveur précoce à la tête de l'Académie, le patronage du roi, l'amitié du Grand-Maréchal lui enlèvent cette possession de soi sans laquelle on risque de perdre la mesure. Il se montre à de certaines heures, étroit, partial, vindicatif. Le rôle qu'il joue n'est point à sa taille. Son but est de façonner l'Académie de Copenhague sur le modèle que lui offre l'Académie de Peinture de Paris. Il marche à son but, inquiet, fiévreux et parfois peu scrupuleux sur les moyens qu'il emploie. Le gouvernement des hommes exige plus de diplomatie que n'en dépense *Saly*. Une Académie veut être dirigée avec urbanité. La suprême magistrature dont il est redevable au libre suffrage de ses pairs aurait dû, ce semble, être exercée par lui avec plus de bienveillance.

Reste l'artiste. Il y a deux phases dans l'existence de *Saly* observé comme sculpteur : la phase française et la phase danoise. La seconde, la plus importante comme durée, la plus célèbre, n'aura pas été la plus fructueuse pour le talent de *Saly*. Tout d'abord le statuaire ne doit pas être fait seul responsable des mécomptes financiers dont le monument de Frédéric a été la source. Il est assurément fâcheux que la Compagnie asiatique ait été obérée d'un million et demi par l'exécution d'une simple statue équestre. Même en tenant compte de la pénurie des moyens dont l'artiste disposait, il est évident que les dépenses ordonnées ou consenties par *Saly* ont été exagérées. Les difficultés exceptionnelles qu'il eut à surmonter pour mener à terme son monument n'excusent pas les prodigalités que nous relevons plus haut. Mais *Saly* n'est pas seul en cause. Le fondeur, *Pierre Gor*,

1. « M. *Saly*, considéré comme artiste, eut les qualités qui caractérisent les grands hommes, le génie et le goût, l'exécution brillante et soignée, l'imitation de la nature la plus parfaite. Considéré comme citoyen, il se rendit recommandable par sa probité, par sa candeur, par son amour pour la vérité, par les mœurs les plus douces et les plus pures, par son amitié, présent du ciel qu'on trouve si rarement sur la terre; il eut la gloire de conserver toute sa vie ses premiers amis et d'en faire de nouveaux. Pendant les vingt années que M. *Saly* habita Copenhague, sa maison fut toujours ouverte aux Français que les événements conduisirent dans cette ville; il leur rendit avec empressement tous les services qu'il pouvait leur rendre, et il préféra toujours le doux plaisir de la bienfaisance à l'ignoble satisfaction d'accumuler. » (*Revue universelle des Arts*, t. XIII, p. 341.)

praticien sans éducation, rapace et brutal, a sa grande part de responsabilité dans des gaspillages qu'on ne peut expliquer. *Gor* semble n'avoir vu qu'une aubaine dans son voyage en Danemark. Comment départager, à la distance d'un siècle, les torts des deux collaborateurs? Il est à coup sûr regrettable que *Saly* n'ait pas pris soin d'exercer un contrôle sévère sur des dépenses que lui reprocherait un jour la postérité. Mais nous ne ressaisissons la vérité que par lambeaux. L'histoire est une reconstitution toujours partielle du passé. N'accusons pas l'artiste de négligence. Quelle preuve avons-nous de son incurie? Peut-être s'est-il efforcé de prendre les intérêts de la Compagnie asiatique? Il avait l'esprit droit et précis. Il a du prévoir la lourde dette qui allait résulter pour la Compagnie d'un travail qui ne dura guère moins de vingt années. Peut-être a-t-il vu ses efforts déjoués par des intermédiaires intéressés? Ce qui résulte des affirmations de *Jardin*, comme des dernières dépêches du sculpteur, c'est que celui-ci n'a pas thésaurisé, et qu'il a connu la gêne avant de quitter Copenhague. Ce détail laisse à penser et doit incliner à l'indulgence.

Saly, on l'a vu, exprima en 1771 le regret de n'avoir pas exécuté la statue de Frédéric V à Paris [1]. En tenant ce langage, le sculpteur se rendait compte non seulement des heures inutilement perdues, mais encore des forces vives qui s'étaient épuisées en lui sans espoir de retour. L'émulation, le milieu propice, l'air salubre de la terre natale qui maintiennent dans un juste équilibre la santé physique et les facultés créatrices de l'artiste, en stimulant son activité, manquèrent à *Saly* sous le ciel du Nord. Il rentre en France mortellement atteint et succombe à cinquante-neuf ans. Durant les vingt années qu'il a vécues à Copenhague il n'a produit qu'une œuvre, car je passe sous silence les deux ou trois bustes et les quelques médailles qui s'ajoutent à la statue équestre de Frédéric. Sans nul doute, cette œuvre est belle, distinguée, savante, d'une exécution irréprochable, mais nous sommes en présence de la statue classique. La composition n'a rien de spontané. Nulle audace. De l'étude, de la conscience, du talent, un réel savoir, mais où est le souffle? *Bouchardon* a plus de grâce, *Le Moyne* plus de solidité, *Pigalle* plus d'invention. Et cependant *Saly* appartient à leur groupe; il est de leur race, et antérieurement à 1753, il promettait d'être leur émule. Il avait dessiné sa suite de *Vases*, composé de nombreux *Tombeaux*, sculpté des *Caryatides*, une figure de l'*Amour*, une *Hébé* et ce *Faune* insaisissable que Christian VII voudra posséder en Danemark, et que nous avons inutilement cherché à Copenhague, à Saint-Pétersbourg et à Mar-

1. Voir plus haut, p. 52.

seille, ce *Faune* qui paraît avoir été l'œuvre la plus originale de l'artiste. A trente-sept ans, il mettait le sceau à ce premier ensemble d'ouvrages par sa statue pédestre de Louis XV. Subitement appelé hors de France, il sera l'hôte des rois de Danemark pendant vingt ans. Servitude dorée. *Saly* se dépense en harangues, en règlements maintes fois modifiés, en solennités d'apparat. *Saly* est un grand de l'État et c'est à peine s'il peut mener à terme une seule œuvre : la statue équestre de Frédéric. Il y a eu déviation dans sa carrière. Ce point établi, ne soyons pas injuste envers le statuaire.

L'effigie du roi de Danemark, avons-nous dit, est au premier chef une œuvre sage. Mais n'oublions pas que *Saly* avait à sculpter l'image d'un prince vivant, d'un chef de peuple éminemment paternel pour ses sujets, et simple de manières. *Saly*, l'eût-il voulu, n'aurait pu donner à son modèle, sans le blesser, l'allure hautaine et dominatrice de Pierre le Grand, tel que l'a conçu *Falconet*. Tenons compte des difficultés que l'artiste ne fut pas maître d'esquiver et soyons heureux pour *Saly*, dont l'œuvre sur terre de France se réduit au buste de *Pater*, que le Danemark conserve fidèlement sa page maîtresse : la statue équestre de Frédéric V qui, somme toute, honore l'école française du siècle dernier.

TABLES

TEXTE

CHAPITRE PREMIER

CHAPITRE II

CHAPITRE III

CHAPITRE IV

PLANCHES

MACON, PROTAT FRÈRES, IMPRIMEURS

www.ingramcontent.com/pod-product-compliance
Ingram Content Group UK Ltd.
Pitfield, Milton Keynes, MK11 3LW, UK
UKHW021137260726
13994UKWH00001B/182